Lucas Paolo Vilalta

SIMONDON
uma introdução
em devir

CONSELHO EDITORIAL

Andréa Sirihal Werkema
Ana Paula Torres Megiani
Eunice Ostrensky
Haroldo Ceravolo Sereza
Joana Monteleone
Maria Luiza Ferreira de Oliveira
Ruy Braga

Lucas Paolo Vilalta

SIMONDON
uma introdução
em devir

Copyright © 2021 Lucas Paolo Vilalta

Grafia atualizada segundo o Acordo Ortográfico da Língua Portuguesa de 1990, que entrou em vigor no Brasil em 2009.

Edição: Haroldo Ceravolo Sereza & Joana Montaleone
Editora assistente: Danielly de Jesus Teles
Projeto gráfico, diagramação e capa: Danielly de Jesus Teles
Assistente acadêmica: Tamara Santos
Revisão: Alexandra Colontini
Imagem da capa: *Los Bochornos*, de Lula Mari. Óleo sobre a tela 80 x 80

CIP-BRASIL. CATALOGAÇÃO NA PUBLICAÇÃO
SINDICATO NACIONAL DOS EDITORES DE LIVROS, RJ

V82s

Vilalta, Lucas Paolo

Simondon : uma introdução em devir / Lucas Paolo Vilalta. - 1. ed. - São Paulo : Alameda, 2021.

324 p ; 23 cm.
Inclui bibliografia
ISBN 978-65-5966-032-2

1. Gilbert Simondon. 2. Filosofia francesa - Séc. XX. 3. Individualidade (Filosofia). I. Título.

21-71412   CDD: 194
                  CDU: 1(44)

ALAMEDA CASA EDITORIAL
Rua Treze de Maio, 353 – Bela Vista
CEP: 01327-000 – São Paulo – SP
Tel.: (11) 3012-2403
www.alamedaeditorial.com.br

Com Exu, pré-individual que habita todos os seres e é o devir de cada devir.
Com Oxóssi, minha origem e essência, arco de horizonte que é
toda a floresta em uma única árvore, Iroco.

Para Adrián Cangi, pela filosofia como pensamento
dos paradoxos e das coexistências.
Para Mariana Morato Marques, por partilhar comigo, a cada
novo dia, a filosofia que se escreve como um modo de vida.

Em memória de Jorge Lescano, que me ensinou a ler.

seixos de filosofia
rolam
no leito do rio
(Oxum não é pensamento
é água
- ou é pensamento-água?)
a dúvida do ser-espiritual
é o que o forma um ser
espiritual
: a incerteza
densa
desse mar de águas doces.
Antonio Arruda

onde plantares Sementes com Amor
e com Amor cultivá-las
e com Amor à espera da Natureza te colocares
e quando observares o Tempo da colheita
e então, sem pressa, quando saboreares
os frutos delicados da Existência
serás o Semeador de Si no Todo
do Todo em Si
vivendo Cosmos e Semente
num mesmo instante de Silêncio e Prece.
Antonio Arruda

Lista de obras de Simondon

Abreviação dos livros e textos de Simondon citados neste livro:

Traduzidas ao português:[1]

ALG – Alagmática

API – A amplificação nos processos de informação

FIP – Forma, informação e potenciais

ILFI – A individuação à luz das noções de forma e de informação

MEOT *– Do modo de existência dos objetos técnicos*

NC *– Nota complementar sobre as consequências da noção de individuação*

Ainda sem tradução:

CI – Communication et information: cours el conferences

CP – Cours sur la perception

IMIN – Imagination et Invention

ST – Sur la technique

---

1   As traduções apresentadas ao longo do livro são de nossa responsabilidade, exceto nos casos indicados acima para os quais há traduções em português. Nestes casos, no geral, transcrevemos as traduções, apenas fazendo pequenas modificações quando julgamos necessárias. Com o intuito de seguirmos uma padronização no idioma, adotamos o termo "alagmática" com apenas um "l" seguindo a opção dos tradutores brasileiros. Contudo, é importante salientarmos que o termo *allagmatique* criado por Simondon, bem como as traduções inglesa (*allagmatic*) e argentina (*allagmática*) são oriundas dos termos gregos *allagè* (mudança) e *màthema* (conhecimento). Finalmente, todos os itálicos das citações são dos autores, exceto quando indicado.

Sumário

Prefácio – por Silvana de Souza Ramos	15
Pré-individuando – Como ler Simondon: entre a explicação e a implicação	21
Introdução geral	29
Parte I - A ontogênese como devir e o devir da ontogênese	47
Primeiro capítulo - O ser polifasado e a defasagem em relação a si	53
I. A alagmática – a individuação entre a estrutura e a operação	54
II. A metafísica da informação de Simondon	71
III. A operação teórica metaestável - as ferramentas conceituais e o excesso da teoria em relação a si	82
Segundo capítulo – Informação e amplificação: o esquematismo da ontogênese	87
I. A teoria simondoniana da informação	88
1. O que é a informação?	89
2. Condições da informação: metaestabilidade, comunicação e ressonância interna	103
3. Informação e individuação	110
II. A amplificação como esquema geral da ontogênese	113
1. A hipótese de uma teoria geral	113
2. As problemáticas ontogenéticas: a amplificação e as processualizações do devir	119

3. A operação de informação e os três modos da operação de amplificação 126

4. Uma síntese do esquema teórico geral 147

III. A informação como excesso da ontogênese **149**

TERCEIRO CAPÍTULO - O PRÉ-INDIVIDUAL: UM CONCEITO EM DEVIR EM CADA TIPO DE INDIVIDUAÇÃO **155**

I. A hipótese do pré-individual **156**

II. O conceito de pré-individual e a pré-individualidade dos pré-individuais **167**

III. Figuras do pré-individual **175**

PARTE II – ÉTICA: OS SENTIDOS DO DEVIR **189**

PRIMEIRO CAPÍTULO - CRÍTICA À ÉTICA TEÓRICA E À ÉTICA PRÁTICA **193**

SEGUNDO CAPÍTULO - AS CONDIÇÕES DE EXISTÊNCIA DA ÉTICA: COMUNICAÇÃO E INFORMAÇÃO [METAFÍSICA DA INFORMAÇÃO] **199**

I. Informação, significação e relacionalidade **200**

II. Comunicação, sentido e correlacionalidade **210**

1. A relação analógica entre ética e ontogênese 212

2. A correlação entre os conceitos éticos e ontogenéticos 218

3. Reciprocidade, mutuação e sentido 223

TERCEIRO CAPÍTULO - A OPERAÇÃO ÉTICA: NORMAS E VALORES [ALAGMÁTICA] **229**

I. A relação transdutiva entre normas e valores **230**

II. Norma, normatividade e normalização **236**

III. Os três modos de existência dos valores **242**

1. Figuras da complementaridade 243

2. O valor como ação 249

QUARTO CAPÍTULO - O CONHECIMENTO DA ÉTICA: 255
REDE DE ATOS E DEVIR [DEFASAGEM DA ÉTICA]

I. Rede de atos e a defasagem da ética   257

II. O puro devir e a moral normalizada: 267
crítica ao esteticismo e ao conformismo

III. O ato moral e o devir do sujeito ético   270

QUINTO CAPÍTULO - A ÉTICA RETICULAR E A   277
ESPIRITUALIDADE DO SUJEITO ÉTICO

I. Uma ética para todos os tipos de individuação?   277

II. Ética da individuação e ética reticular   282

III. O sujeito ético e a espiritualidade   294

CONCLUSÃO – A RELAÇÃO ANALÓGICA ENTRE ÉTICA E ONTOGÊNESE: 301
A GÊNESE DO SUJEITO

REFERÊNCIAS BIBLIOGRÁFICAS   313

AGRADECIMENTOS   321

Prefácio

Este livro se apresenta como uma introdução à leitura do filósofo francês Gilbert Simondon. Nada mais oportuno do que oferecer aos interessados a possibilidade de transitar de maneira guiada por essa obra ainda pouco conhecida entre nós. Pois, embora haja centros de pesquisa tanto no Brasil quanto no exterior em que podemos constatar o crescimento dos estudos em torno do filósofo, é fácil notar também que há ainda muito trabalho a ser feito para que seu pensamento seja dissecado e devidamente divulgado, ainda mais pela pertinência dos problemas que levanta. Simondon coloca em questão um dos pilares da ontologia, presente na filosofia desde os antigos gregos, qual seja, a ideia segundo a qual o indivíduo seria a instância basilar de todo e qualquer conhecimento. O pensamento ocidental, ao privilegiar o indivíduo, em detrimento dos processos de individuação, produz uma ontologia que pressupõe que este antecede a experiência, de modo que tanto o polo subjetivo quanto o polo objetivo são demarcados pela delimitação de seres cujas fronteiras seriam facilmente determináveis. De um lado, teríamos o indivíduo humano, racional e circunscrito e, de outro, um mundo de seres igualmente individualizados, segundo certas característica e comportamentos. O pressuposto do indivíduo marcaria, assim, a compreensão dos sujeitos, dos diferentes entes do mundo e de suas possíveis relações.

Ora, nada mais contrário às revelações trazidas pelo pensamento de Simondon, pois, ao mostrar que o indivíduo jamais se fecha sobre si mesmo, ao investigar os processos de individuação nos níveis físicos, vitais, técnicos e psicossociais, o filósofo propõe a escrita de uma filosofia compreendida como ontogênese. Em outras palavras, trata-se de criticar a ontologia tradicional de modo a abrir espaço para uma nova leitura do real, capaz de enxergar os seres em devir, nunca inteiramente acabados e sempre em interação com outros seres. Simondon propõe, portanto, uma perspectiva original para a construção de uma ontologia não-substancial, apta a privilegiar devires e interações, ao invés de dar precedência e protagonismo a supostas essências. Desse modo, seu pensamento abre um novo campo de compreensão da epistemologia, da estética, da técnica, da espiritualidade e mesmo da ética. Esse escopo faz dessa filosofia um marco para a discussão de problemas contemporâneos, uma vez que ela fornece uma chave de reflexão sobre os desafios da Modernidade, algo que, em consonância com o que dissemos anteriormente, pode ser sintetizado desse modo: o indivíduo não é ponto de partida da existência e da experiência, tampouco do conhecimento, pelo contrário, nosso olhar deve se voltar para os devires da própria individuação e para as conexões que enlaçam os seres. Trata-se de um convite para que abandonemos a soberania do sujeito, pressuposta pela ontologia tradicional, e assumamos a perspectiva inovadora da ontogênese, aquela que nos habilita a repensar o lugar do humano no mundo e sua articulação com os demais seres da natureza.

Decerto, a filosofia de Simondon, exatamente porque rompe com certa tradição, pode parecer um terreno árduo aos não-iniciados. O filósofo se alimenta dos estudos científicos, desde os dedicados à física, de onde retira, por exemplo, minuciosas descrições do devir de um cristal, até de estudos da biologia, da cibernética e da psicologia, entre outros, a fim de investigar o devir dos viventes em geral e da existência psicossocial humana, em sua complexidade própria. Esse procedimento, sempre atento às descobertas e invenções dos saberes positivos, traz para o interior da linguagem filosófica de Simondon um vocabulário complexo, cujas fontes nem sempre são completamente explicitadas. O filósofo não se preocupa com o uso exaustivo de citações, tampouco com a listagem precisa de referências. Contudo, é possível rastrear essas fontes e trazê-las à tona, trabalho sem dúvida salutar para a compreensão de seu pensamento. Sendo assim, o livro de Lucas Paolo Vilalta é sem dúvida um precioso guia de leitura, uma vez que repõe referências cruciais da pesquisa simondoniana e as disseca com paciência e cuidado. Em consonância com esse desafio, nas duas partes que compõem o presente livro, a leitora poderá encontrar, respectivamente, análises

SIMONDON: uma introdução em devir

precisas da construção da ideia de ontogênese e uma bela reflexão sobre a possível articulação desta com uma ética renovada.

É preciso acrescentar, contudo, que a estrutura do presente livro está afinada com algumas das exigências impostas à recepção de um filósofo, pois esta depende de pelo menos dois movimentos. Por um lado, segundo o que formulamos acima a respeito da identificação das fontes usadas por Simondon, algo que permite à leitora compreender em qual campo teórico o autor se inscreve, é preciso dar conta de certo contexto de produção da obra, para que esta seja devidamente alicerçada em seu tempo, algo que Vilalta realiza com rigor. Por outro lado, é também providencial que os conceitos trazidos por tal pensamento sejam capazes de iluminar problemas presentes, especialmente aqueles que inquietam uma determinada época. Assim, ao longo de seu livro, Vilalta convida a leitora a frequentar os principais campos problemáticos da filosofia simondoniana, sendo, portanto, capaz de identificar seus principais nós conceituais e a pertinência de cada um destes. O resultado desse trabalho se expressa no fato de que somos continuamente convidadas a pensar com Simondon e a explorar o mundo segundo suas diretrizes. É certo que a leitura de uma obra como *A individuação à luz das noções de forma e informação* tem um impacto imenso sobre o modo pelo qual observamos os seres: somos transformadas por essa reflexão audaciosa. O comentário de Vilalta explora sem cessar essa rede de relações em que o devir se expressa não apenas nos seres visados, mas também naquele que produz conhecimento e no próprio saber que daí decorre. O sujeito simondoniano desvenda a ontogênese dos seres no mesmo passo em que se individua e individua um saber sobre si e sobre o mundo. Há aqui um laço inevitável entre o devir dos seres, o devir sujeito e o devir do próprio conhecimento. Isso significa que a ontogênese não diz respeito apenas à visão de um mundo inacabado, em constate movimento, pois ela aponta para um novo tipo de relação entre os seres, a qual jamais admite a postura de sobrevoo ou de indiferença do sujeito em relação ao que este pretende conhecer.

Não é de espantar, portanto, que a segunda parte do livro de Vilalta explore os desdobramentos éticos dessa filosofia inovadora. O pré-individual e o transindividual, conceitos que indicam um fundo relacional e não individuado sem o qual não poderíamos compreender o modo de ser dos diferentes seres individuais, são abordados por Simondon para dar conta de uma perspectiva horizontal de conhecimento, atenta aos níveis de individuação e aos trânsitos que atravessam a natureza, da geração dos seres à produção do saber. Para Simondon, o humano é uma individuação em processo, a qual busca seu próprio sentido, sua ontogênese, na observação da natureza. Por consequência, conhecer a natureza e tornar-se humano são processos análogos. É por isso que, por exemplo, a história da relação entre o humano e o animal, descrita nas *Deux leçons sur l'animal et l'homme*, termina com uma reviravolta dialética em que o comportamento humano, aparentemente alheio à natureza, porque racional e não instintivo, acaba por descobrir-se enquanto vida capaz de inventar a cultura. Isso não significa uma hipóstase do instinto, o qual seria responsável por explicar todo e qualquer comportamento, natural ou cultural. Pelo contrário, essa reviravolta dialética mostra que o devir do conhecimento humano é uma descoberta de si no interior do processo de desvendamento da natureza, de modo que a filosofia nada mais é do que uma constante ontogênese, de si e do outro.

A dimensão ética alcançada por esse tipo de postura filosófica pode ser medida pelo grau de envolvimento sugerido por tal reflexão. Segundo as expressões utilizadas por Vilalta ao longo do presente livro, a explicação dos seres implica aquele que pretende explicá-las. Dito de outro modo, o sujeito não é indiferente seja à produção de conhecimento seja às próprias realidades às quais se volta. Há uma nova forma de responsabilidade ou de compromisso com o exterior desenhada por essa postura, pois ela recusa a reificação e a consequente dominação instrumental do mundo. Ela desfaz, portanto, a soberania do sujeito e repõe a dignidade dos demais seres, silenciados pela Modernidade por pretensamente existirem sob a mera rubrica de uma natureza passiva. Nas palavras de Vilalta: "A ética simondoniana é, simultaneamente, um convite para outra experiência do mundo e uma exigência de liberação dos mundos para que eles possam ser vividos e covividos de outras maneiras". Ao invés de uma ética voltada à afirmação da soberania e da autonomia do sujeito, essa filosofia desvela a conexão do humano com a natureza e a inevitável conexão desta com os desdobramentos sociais e técnicos. Não se trata de pensar um mundo exterior ao humano e sujeito ao seu domínio. Trata-se, ao contrário, de libertar o mundo da dominação, de dar-lhe voz e de descobrir-se nas suas dobras e devires.

Num momento histórico de profunda crise ética e política, em que a humanidade se vê confrontada com os resultados nocivos dos valores pretensamente universais que guiaram a instituição e o desenvolvimento da Modernidade sob a forma da dominação, da exploração e do progresso, a filosofia de Simondon tem um inegável papel propedêutico. Ela não nos fornece uma ética pautada em imperativos, tampouco nos diz o que fazer, pelo contrário, aberta ao improviso e sensível ao devir, essa filosofia nos lembra que estamos em conexão com todos os seres; que ao invés de sermos senhores do mundo, somos atravessados por ele e suportados pelo que nos cerca. Essa nova perspectiva de conhecimento e de envolvimento com o mundo nos ensina que nosso destino está atado aos desdobramentos das relações que empreendemos com aquilo que julgamos exterior, de tal modo que ela nos convida a encontrar a experiência da liberdade na libertação do mundo em que vivemos.

Em suma, mais do que uma introdução a Simondon, o presente livro é um chamado à reflexão sobre diferentes problemas ligados à ontologia, ao conhecimento e à ética, além de uma vigorosa oportunidade para que tenhamos uma fecunda experiência de uma dupla libertação, de nós mesmos e do mundo. Livro oportuno e pertinente: ao mesmo tempo uma inegável contribuição à recepção da obra de Simondon e uma rigorosa e original apresentação dos problemas tratados por esse autor. Leitura fecunda e mesmo necessária, responsável por desvelar novos devires, valores e saberes.

Silvana de Souza Ramos
Livre-docente do Departamento de Filosofia da Universidade de São Paulo

PRÉ-INDIVIDUANDO

Como ler Simondon: entre a explicação e a implicação (um convite para entrar neste livro)

> Não se pode conhecer a individuação – relaxemos – a individuação, o livro *A Individuação*, é um símbolo analógico da individuação, é um processo de escritura que, se deu certo, simplesmente em algum momento da leitura nos coloca na situação de sentir a individuação. E nada mais, e nada menos.
>
> Gonzalo Aguirre

Como afirma o amigo Gonzalo, o livro *A individuação à luz das noções de forma e de informação* (ILFI) é um ensaio filosófico-literário, um diário de bordo dos mergulhos de Simondon na individuação. Da primeira a última palavra deste livro, aparecem tijolos que contam da argila que tem moléculas de hidrossilicatos de alumínios em pulsante atividade físico-química, de moldes que rompem estruturas acabadas e estão prestes a irromper em tijolos acontecimentais, tijolos que nos contam a historicidade do trabalho imprensada na argila, a alienação expressa na divisão do trabalho: o tijolo não é o mesmo para o dono da fábrica, a máquina que aplica o molde e a trabalhadora que manuseia a argila. Para Simondon, no tijolo estão inscritos caminhos para superarmos a exploração do trabalho. Também aparecem plantas que se movem incessantemente e se espalham pela terra pelo encontro das raízes; fótons que iluminam simultaneidades e coexistências; membranas que são índices de contágio e permeabilidade entre todos os seres. O processo de cristalização pode descrever o mundo: conhecer um cristal é análogo a compreender como o cosmos se organiza, as potências e matérias se modulam, as individuações se transduzem. De narrar o funcionamento da percepção binocular ou de como as normas e os valores se reorganizaram na Revolução Argelina contra o autoritarismo colonizador, Simondon pode tirar uma lição: os seres no mundo nos pedem a todo o momento uma ampliação de perspectiva, um poder de imaginação que inventa uma terceira possibilidade. Tudo isto é a ontogênese simondoniana – e ela não é a mera gênese do indivíduo. Neste livro, a ontogênese se vive analogicamente (ou seja, autenticamente) nas aventuras da individuação. A vida da ontogênese já é uma ética – um devir de outra vida possível. O filósofo então, eticamente, diz: ontogênese: outra vida...

Mas, antes... há dois modos, duas veredas, para nos aproximarmos da individuação (seja o livro ou o processo de individuação). Podemos tentar *explicar* a individuação, produzir conhecimento sobre ela, fazendo-a um objeto de estudo; criar conceitos e noções que a tornem inteligível e compreensível nas relações que estabelece (com a História da Filosofia ou das Ciências, por exemplo). Ou podemos nos *implicar* na individuação, dobrando-nos e desdobrando-nos, limitando-nos e deslimitando-nos nos conceitos, entrando em ressonância com os excessos dos processos, abrindo-nos à comunicação com o pré-individual que excede a individuação e nos excede na individuação. Sentir-se em individuação e individuar-se de outras maneiras. Simondon toma as duas veredas, faz coincidir explicação e implicação na ontogênese.

Simondon, logo no início de *ILFI*, diz-nos que não é possível conhecer a individuação; apenas podemos individuar, nos individuar e individuar em nós; e, ainda, diz que o conhecimento da individuação exige uma individuação do conhecimento. Essa dupla individuação, esse duplo que surge na comunicação analógica de duas operações, é a duplicidade da própria individuação. Existe uma individuação da individuação. Ler Simondon é produzir um excesso na coincidência entre explicação e implicação, é operar uma individuação da individuação, é se abrir, na ontogênese e na ética, ao devir do devir. É a autenticidade paradoxal de um pensamento que é, simultaneamente, explicação e implicação.

Então, como ler Simondon? Como ler este livro? Como habitar esta duplicidade? Aqui os conceitos se dobrarão e se desdobrarão bordando uma rede conceitual, uma teia de cristal frágil e inquebrantável. É um processo transdutivo de leitura: ir compreendo aos poucos, ter a paciência de ir do abstrato ao concreto. Para quem leu as várias páginas em que Simondon individua um tijolo, o abstrato e o concreto são apenas duas películas de uma mesma membrana que permeabiliza a comunicação do mundo. A leitura vagarosa e esquemática está avançando, abrindo implicações; a escrita vai reticulando palavras, distribuindo a rede de pontos--chave para que na leitura se sinta a individuação. Mas, existe também o *leitor salteado* – como nos alertou Macedonio Fernández. Aquele que se equilibra na corda bamba de uma leitura de pontos-chave, ilhas de interesse. Este pode encontrar nas figuras que pululam, aqui e ali, uma radical experiência de leitura. Busque o tijolo, a floresta incendiada ou a casa em ruínas; as sociedades de moléculas, a corrida de revezamento, as relações entre a moral e a religião, o golpe jurídico-midiático-parlamentar brasileiro; a caverna em que nos meteu Platão, o pulo do gato do Cogito cartesiano, a teoria analógica de Fresnel, o caráter inter e intracientífico da cibernética; em todo lugar encontrarás a individuação e em cada lugar poderás individuá-la e se individuar com a individuação. Não é preciso ir do início ao fim, mas, como Alice no país das maravilhas, é inevitável entrar por alguma porta.

Quem quiser, assim, pode ir direto à conclusão? Sim, nela também se inicia uma leitura, assim como aqui. Este livro é uma introdução à filosofia simondoniana, e, como tal, é uma decisão sobre onde se encontra a sua potência política e espiritual que mais nos interessa: a relação entre a ética e ontogênese. Diferentemente de outras introduções e outros comentários sobre a filosofia de Simondon, não partimos dos conceitos epistemológicos centrais (transdução, analogia, metaestabilidade) para criar uma explicação de como Simondon revoluciona o conhecimento dos seres e dos fenômenos. Tampouco apenas tomamos um conceito ou um conjunto de conceitos como uma chave de leitura para chegar a uma compreensão da filosofia simondoniana. Quisemos, antes, captar o plano de fundo, a cosmovisão, o *espírito de pensamento* que nos parece mobilizar e no qual se movem as operações do conhecimento e os conceitos. A obra simondoniana pode ser abordada como uma máquina, um objeto tecnoestético que precisamos montar e desmontar para conhecer, amar e nos transindividuar. A rede que teceremos aqui de pontos ou conceitos--chave dessa obra é uma individuação cujo símbolo é o próprio livro que aqui se apresenta. A rede total ou o símbolo completo gostaria de coincidir obra simondoniana = leitura/interpretação da obra. Nosso desejo, ao contrário, é expandir essa obra, amplificá-la, coindividuando-nos. E é na relação de imbricação e analogia entre ética e ontogênese que encontramos a própria gênese desse espírito de pensamento, dessa cosmovisão que abriga e movimenta a filosofia simondoniana. Ela engendra uma *teoria metaestável*, um modo de pensar sempre aberto às novas transformações, problemáticas e potências das relações entre os seres e seus devires – como nos contaram Javier Blanco e Pablo Manolo Rodríguez.

Introduziremos, na Parte I, esta teoria metaestável, cujo nome é ontogênese, em primeiro lugar como uma ontologia criativa em que os processos se processualizam e as singularidades se singularizam – para tanto, a estratégia é sempre captar o devir por aquilo que o excede, o *devir do devir*. Mas, para que esta criação permanente seja consistente precisamos também introduzir os principais aspectos que a sustentam. Primeiramente, uma *epistemologia alagmática que* já não organiza o conhecimento por meio de dicotomias ou binarismos que opõe ser e devir, repouso e movimento, ativo e passivo, positivo e negativo, mas que apreende os processos na *complementaridade* entre os extremos e entre graus maiores de estabilização ou de transformação – estruturas e operações. Em segundo lugar, uma *metafísica da informação* em que essência e existência já não se opõem, em que os modos de existência não são a perda de realidade ou inteligibilidade que as essências possuíam – como reza a cartilha platônica. É o conceito de informação, como veremos, o que permite a Simondon religar ser e devir em uma metafísica renovada. Por fim, a criação de uma concepção de teoria que a coloca em situação metaestável, sendo mais rica que sua coerência consigo mesma – e, isto, por meio da criação de *ferramentas conceituais relacionais*.

Agora, essa teoria metaestável ganha os contornos de uma teoria geral no pensamento de Simondon, de um esquema geral que vemos sendo aplicado para todo o espectro da ontogênese. E, então, alguém se poderia perguntar: "tal teoria não termina por padecer de um esquematismo, de uma coagulação filosófica, como todas as outras?". É diante desta inquietação que colocamos a teoria para se individuar e amplificar pelo livro, e as individuações vão ganhando modos e se processualizam. E para produzir essa amplificação filosófica, o conceito chave para a individuação da teoria simondoniana será o de informação. Mas também o pré-individual, conceito siamês da informação, palavra da qual renascem as transformações, conceito inextricável de todos os devires que esculpe no corpo da teoria uma hipótese permanente como singularização constante do pensamento.

Se o processo de escrita da Parte I tiver dado certo, simplesmente em algum momento a leitora terá sentido a ética que se expressa nessa teoria, que se implica na ontogênese. E, então, o mais abstrato poderá ter ganhado a concretude de quem sente que a filosofia é no fundo um modo de inventar outras vidas possíveis, um espírito de pensamento que transforma o mundo quando o mundo se transforma. Então, na Parte II, trata-se de acompanhar a ontogênese da ética, o pensamento simondoniano tecendo outros modos de vida. Uma ética que existe nas processualidades de todos os seres, do cristal aos seres humanos, das moléculas aos animais, e também dos objetos técnicos. Desse mergulho na ética surge um novo sujeito, um indivíduo que, através da ação autoproblematizante do ser, passa a ser mais-que-unidade e mais-que-identidade em relação a si mesmo. Um sujeito paradoxal, uno e outro de si mesmo, individual e coletivo, pré-individual, individual e transindividual: uma potência política de transformação de si que ressoa e se conserva no mundo.

Convidamos a leitora a se individuar excedendo a individuação e se excedendo na *Individuação*. Ler é fazer horizonte navegável em barquinho de papel, é mergulhar no mar pré-individual da outridão. E, assim, o *eu* pode viver um lampejo da disjunção conjuntiva de ser um *e/ou*. Se algo nestas páginas puder tocar esta experiência, do transduzir-se, então, o indivíduo terá sido feito sacrifício e a hospitalidade do espiritual estará aberta. É uma viagem sem volta, à semente, para reencontrar os devires do devir e, então, afirmar, eticamente, ontogênese: outra vida...

INTRODUÇÃO GERAL

As duas teses críticas centrais de Simondon

Gilbert Simondon inicia seu livro *A individuação à luz das noções de forma e informação* (*ILFI*) mapeando as duas vias principais que a tradição filosófica desenvolveu para pensar a realidade do ser como indivíduo: a substancialista e a hilemórfica. Ambas, segundo Simondon, concedem um privilégio ontológico ao indivíduo constituído e, assim, supõem um princípio de individuação anterior à individuação mesma. O que Simondon irá propor, então, a partir de uma crítica a essas duas tradições, é uma filosofia que busque "*conhecer o indivíduo pela individuação muito mais do que a individuação a partir do indivíduo*" (ILFI, p. 16). Esta é a primeira tese crítica de Simondon e ela vem rechaçar simultaneamente dois modos de captação do ser que não conseguem pensá-lo em relação ao seu devir, às suas transformações.

O primeiro modo, o que estabelece um conhecimento que procede dos indivíduos constituídos para assim *deduzir* seus processos de constituição – ou individuação –, é insuficiente, pois subsume o devir do ser às realidades já individuadas. O segundo modo, o que supõe que é preciso conhecer a operação de individuação a partir de um princípio de individuação, ou seja, que a individuação deve ser conhecida *indutivamente* a partir de um princípio; também é insuficiente, pois tende teleologicamente ao indivíduo constituído (princípio de individuação -› operação de individuação -› indivíduo), considerando a operação de individuação como "coisa a ser explicada, e não como aquilo em que a explicação deve ser encontrada" (IFLI, p. 15). Ambos os modos, segundo Simondon, passam rapidamente pela operação de individuação, pois concebem o indivíduo como o único produto da individuação. Ambos concebem a ontogênese parcialmente porque restringem o seu sentido inexoravelmente à constituição do indivíduo.

Assim, Simondon irá propor uma filosofia que investigue o devir do ser, não por seus supostos produtos ou fundamentos, mas em suas processualidades próprias, em suas operações de individuação. Essa perspectiva, então, tem por correlato o surgimento de uma segunda tese, a saber, que o indivíduo é uma realidade relativa:

> O indivíduo seria apreendido como uma realidade relativa, uma certa fase do ser que supõe, antes dela, uma realidade pré-individual, e que não existe completamente só, mesmo depois da individuação, pois a individuação não esgota de uma única vez os potenciais da realidade pré-individual e, além disso, o que ela faz aparecer não é só o indivíduo, mas o par indivíduo-meio. Dessa maneira, o indivíduo é relativo em dois sentidos: porque ele não é todo o ser e porque resulta de um estado do ser no qual ele não existia nem como indivíduo, nem como princípio de individuação (ILFI, p. 16).

Primeiramente, mapeemos resumidamente algumas das consequências das duas teses anteriores:

1. O indivíduo não é uma realidade anterior, nem posterior a sua individuação, mas lhe é contemporâneo.

2. A operação de individuação deve ser compreendida em sua gênese e não ser inferida reflexivamente, seja por dedução ou indução, de um princípio de individuação.

3. O indivíduo não é apenas o que resulta de uma operação de individuação, mas também meio de novas individuações.

4. A individuação não é coextensiva ao ser, ela é apenas um momento do ser, é a defasagem deste consigo, sem que ela o esgote. Não apenas o indivíduo não é toda realidade do ser, mas os processos de individuação também não esgotam a realidade do ser; pois, partindo da realidade pré-individual, a individuação produz o indivíduo e seu meio, também se mantendo associadas ao indivíduo cargas pré-individuais, energias e potenciais, que podem disparar novas individuações.

Deste modo, a segunda tese de Simondon vem complementar a primeira e estabelecer seu sentido, pois a primazia do indivíduo, como fonte de dedução da individuação ou como princípio de indução da operação de individuação, está calcada em um postulado ontológico que consiste em *atribuir mais realidade aos termos do que às relações*. A segunda tese – a que estabelece que o indivíduo deve ser apreendido como uma realidade relativa – está vinculada a dois postulados ontológicos centrais:

1. O ser possui uma realidade individual e uma realidade pré-individual;

2. As relações possuem estatuto de ser.

Feito esse breve mapeamento geral, detenhamo-nos por um momento em cada um desses aspectos para que possamos compreender o que está implicado nessas teses de Simondon. O ser como realidade pré-individual constitui umas das principais hipóteses apresentadas pelo filósofo.[1] Isto porque, antes de operar como um postulado ontológico, a hipótese do ser como realidade pré-individual surge dos estudos e apropriações que o autor realiza a partir de teorias científicas. Simondon afirma que "A individuação não pôde ser adequadamente pensada e descrita porque só se conhecia uma única forma de equilíbrio, o equilíbrio estável; não se conhecia o equilíbrio metaestável" (IFLI, p. 18). A noção de equilíbrio metaestável e de energia potencial, propostas pela termodinâmica, possibilitaram a compreensão do ser enquanto sistema tenso e repleto de potenciais que está sempre em excesso consigo, que sempre está em defasagem e transformação com relação ao seu estado atual. O que está em questão aqui é a constituição de *ferramentas teóricas* que as ciências dos séculos XIX e XX ofereceram para que os indivíduos físicos e viven-

---

1   O conceito de pré-individual será paulatinamente abordado ao longo de todo este livro e, mais especificamente, no capítulo "O pré-individual – um conceito em devir em cada tipo de individuação". Nossa aposta interpretativa consiste em não produzir uma definição do conceito de pré-individual justamente por ele ser o conceito que está em devir em cada um dos tipos de individuação – física, vivente e psicossocial. Ainda, mais do que isso, por ser também um conceito que precisa ser reatualizado, recriado, a cada novo processo com o qual o conhecimento se correlaciona. O conceito de pré-individual é aquele que descreve as realidades singulares de cada processo, mas é também uma criação conceitual singular para cada operação de conhecimento, para cada ato de pensamento.

tes – ou, de modo geral, o ser – pudessem ser pensados como realidades que não se fecham em uma identidade e uma unidade. "A unidade e a identidade só se aplicam a uma das fases do ser, posterior à operação de individuação; essas noções não podem ajudar a descobrir o princípio de individuação; elas não se aplicam à ontogênese, entendida no sentido pleno do termo, isto é, ao devir do ser enquanto ser que se desdobra e se defasa individuando-se" (ILFI, p. 18).

O ser enquanto sistema metaestável que possui uma realidade individuada e uma realidade pré-individual nunca é uno e idêntico a si mesmo, está em excesso em relação a si, é mais que um, *mais que unidade e mais que identidade*" (IFLI, p. 19). Como explica Muriel Combes:

> Em expressões enigmáticas como "mais que unidade" e "mais que identidade", podemos ver aparecer a ideia de que o ser é constituído, imediatamente, como um poder de transformação. Na verdade, a não autoidentidade do ser não é meramente a passagem de uma identidade a outra, por meio de uma negação da identidade prévia. Pelo contrário, como o ser contém potenciais, e porque eles existem como uma reserva de devir, a não autoidentidade do ser pode ser chamada de mais que identidade. Nesse sentido, o ser está em excesso em relação a si (2013, p. 3).

O que o conceito de metaestabilidade permite a Simondon é uma revisão da operatividade das categorias lógicas e ontológicas que a tradição filosófica utilizou para pensar o ser. Isto por dois motivos: por um lado, os sistemas físicos e biológicos já não podem ser adequadamente pensados se apenas compreendemos os elementos desse sistema como indivíduos ou termos já constituídos ou que estão em processo de constituição, já que parte dos elementos desses sistemas não se apresenta sob a forma de indivíduos acabados ou em processo de individuação, sem que, por isso, sejam menos efetivos e reais; por outro lado, categorias ou conceitos distribuídos em dualismos ou binarismos já não servem para descrever os fenômenos, dado que esses, compreendidos a partir da metaestabilidade, possuem apenas momentos, *graus* maiores ou menores de estabilidade. Assim, categorias como movimento e repouso, instabilidade e estabilidade, unidade e multiplicidade, identidade e não-identidade, verdadeiro e falso etc., servem apenas para descrever momentos dos processos, para descrever relações e não termos fixos ou indivíduos em suas essências.

Entretanto, Simondon, em vários momentos de *ILFI*, condiciona a existência da realidade pré-individual do ser como uma hipótese a ser verificada no estudo dos diferentes tipos de individuação. A que se deve isto? Por que Simondon caracteriza uma das principais criações de sua filosofia como uma hipótese a ser verificada ao longo do estudo da individuação? E isto não ocorre apenas no caso do ser pré-individual, mas também, por exemplo, no caso da possibilidade de substituir a noção de forma pela de informação, na possibilidade de se elaborar uma teoria geral das relações entre estruturas e operações – que ele denominará *alagmática* –, na possibilidade de elaboração de uma axiomática das ciências humanas – que ele apresentará na conferência "Forma, informação, potenciais" (*FIP*) –, na possibilidade de que "a classificação das ontogêneses permitiria *pluralizar a lógica* com um fundamento válido de pluralidade" (IFLI, p. 34). Interpretamos que esse gesto de Simondon está na base de um dos aspectos centrais da relação entre ontogênese e ética que constituem sua filosofia, a saber, qualquer postulado ontológico, qualquer categoria lógica, qualquer conceito só possuirá sentido em relação ao campo de relações que está em operação em um processo específico. Dito de outro modo, a ontogênese como verdadeiro pensamento que capta o ser em seu devir, não pode constituir um pensamento sem devir. Se o ser é mais que unidade, mais que identidade, se ele é um excesso em relação a si mesmo, o pensamento que capta o ser não pode se fechar em uma unidade, em uma identidade, mas deve ser um pensamento capaz de comportar em relação a si um excesso, uma abertura com relação a suas próprias hipóteses e formulações. O pensamento que acompanha a criação do devir deve ser capaz de um devir pensante, sempre aberto a novas problemáticas.[2]

---

2   Como caracterizou brilhantemente Pablo Manolo Rodríguez "Pensar é estar atento ao devir para o qual não há imagem. O pensamento deve ser fiel a esse devir e captar o movimento não de modo objetivo, para dizer a verdade do que

Aqui já podemos encontrar uma primeira dimensão ética do pensamento de Simondon que é aberta por sua segunda tese, a que enuncia que os indivíduos e, mais ainda, que o ser pode ser pensado como uma realidade relativa. "Seria possível considerar *toda verdadeira relação como tendo posto de ser e como se desenvolvendo no interior de uma nova individuação*; a relação não surge entre dois termos que já seriam indivíduos; ela é um aspecto de *ressonância interna de um sistema de individuação*; faz parte de um estado de sistema" (ILFI, p. 22). Esse aspecto da filosofia de Simondon, que postula que as relações possuem estatuto ontológico de ser, é o que a tradição de comentadoras denominou "realismo das relações" – um dos postulados centrais do devir de seu pensamento. Acompanhemos como Combes formula as consequências desta tese, simultaneamente, ontológica e epistemológica:

> Se é verdade, de fato, que essa relação não é algo que liga dois termos preexistentes, mas que é algo que advém pela constituição dos próprios termos como relações, então compreendemos como o conhecimento aparece como uma relação de relações. [...] Mas por que Simondon, em uma frase em que o uso do itálico a faz parecer tão decisiva quanto redundante, insiste em especificar: '*O postulado epistemológico deste estudo é que a relação entre duas relações é ela mesma uma relação*'? Que a relação entre duas relações é ela mesma uma relação é precisamente aquilo que parece óbvio. Nós apenas podemos compreender a insistência do autor sobre esse ponto se visamos as implicações ontológicas da formulação; então, percebemos que o conhecimento [...] *existe do mesmo modo em que os seres se conectam entre si, considerado a partir do ponto de vista pelo qual se constituem*

ocorre, mas como simples participação no que o mundo é, e não no que necessitamos que seja. E isto não deveria ser entendido como um eterno 'deixar-se fluir', mas exatamente o contrário, como aquilo que funde pensamento e ação. Colocar-se fora do devir para descrevê-lo é perder a única característica do devir que merece ser descrita. Interpretar, por outro lado, que o devir é uma corrente na qual não intervém vontade alguma é ingênuo e estéril. Portanto, mais que falar do devir, temos que ser capazes de um pensamento do devir, ou de um devir pensante. Assim, liberado da imposição de sua autoimagem, o pensamento se torna contemporâneo de seu próprio movimento" (2009, p. 14).

SIMONDON: uma introdução em devir

suas realidades. Dito de outro modo, do postulado da realidade da relação, do que ele produz para a realidade do conhecimento, e de todo o ser nesse sentido, decorre que o ser é relação (2013, p. 17-8).

O que está em questão nesse ponto – e que é um dos aspectos que paulatinamente Simondon desenvolve na parte do livro sobre a individuação física – é a possibilidade da criação, simultaneamente, de uma teoria do conhecimento, de uma teoria do ser e, de uma ética que compreendam os termos ou os indivíduos como apenas um momento, provisório, de *estabilização* de um conjunto de relações que configuram a realidade dos processos e dos sistemas. Por isso, os indivíduos e termos individuais serão entendidos como relações entre relações; o conhecimento é um processo análogo de relações de relações; a realidade do ser é uma comunicação entre relações de relações. A radicalidade dessa tese e do que ela significa para o pensamento pode ser interpretada do seguinte modo: é a eliminação de qualquer possibilidade de compreensão do ser como realidade substancial, é a tese antisubstancialista central do pensamento simondoniano. Daí uma afirmação como: "O indivíduo é realidade de uma relação constituinte, e não interioridade de um termo constituído" (IFLI, p. 77).[3] Esse movimento que a filosofia de Simondon opera lhe permite criar uma nova concepção de relação entre ser e devir, um verdadeiro pensamento da ontogênese.

---

3   Antecede essa afirmação o seguinte trecho: "A relação, para o indivíduo, tem valor de ser; não se pode distinguir o extrínseco do intrínseco; o que é verdadeira e essencialmente o indivíduo é a relação ativa, a troca entre o extrínseco e o intrínseco; há extrínseco e intrínseco relativamente àquilo que é primeiro. O que é primeiro é esse sistema de ressonância interna, singular, da relação alagmática entre duas ordens de grandeza. Quanto a essa relação, há intrínseco e extrínseco, mas o que é verdadeiramente o indivíduo é essa relação, e não o intrínseco, que é apenas um dos termos concomitantes: o intrínseco, a interioridade do indivíduo não existiria sem a operação relacional permanente, que é a individuação permanente" (IFLI, p. 77).

A ontogênese simondoniana

> A palavra ontogênese ganha todo o seu sentido se, em vez de lhe concedermos o sentido, restrito e derivado, de "gênese do indivíduo" (em oposição a uma gênese mais vasta, por exemplo, a da espécie), fizermos com que ela designe o caráter de devir do ser, aquilo por que o ser devém enquanto é, como ser. A oposição do ser e do devir só pode ser válida no interior de certa doutrina que supõe que o próprio modelo do ser é a substância (ILFI, p. 16).

As duas teses críticas de Simondon apresentadas anteriormente estão na base da configuração de um pensamento renovado das relações entre ser e devir. Estas relações e o pensamento que as capta o filósofo as denominará ontogênese. A ontogênese simondoniana postula que não há separação ou oposição entre ser e devir, pois essa separação é apenas resultante de uma perspectiva que introduz um termo substancial ou o indivíduo como ponto necessário de *aparição, mediação e inteligibilidade do ser*. Apenas em relação ao indivíduo é que o ser pode aparecer substancializado e o devir como oposto a esse caráter substancial, separado da realidade constituída. Dito de outro modo, somente concebendo o devir como devir dos indivíduos e não do ser, sendo reservada a esse a imobilidade substancial, é que o devir pode ser considerado separado do ser. É a própria realidade individual que separa ser e devir.

No entanto, se o ser é uma realidade relacional, sendo os indivíduos apenas um momento provisório de sedimentação das relações; se o ser carrega em si uma realidade pré-individual, um excesso, cheio de potenciais, em relação a si; se o ser é mais que unidade e mais que identidade; então, o ser já é devir. Ser e devir não são opostos e separados, pois o devir do ser já é a realidade relacional, já é potência de novas individuações, já é a atividade de transformação permanente que constitui a realidade, o ser no que ele é. O devir apenas será – como veremos no primeiro capítulo – o processo de defasagem do ser em relação a si; processo – cujo nome é individuação – que produz duas realidades comunicantes e complementares: a individuada e a pré-individual. Em síntese, "*o devir não é devir do ser individuado, mas devir de individuação do ser*: o que advém chega sob a forma de um questionamento do ser, isto é, sob a forma de *elemento de uma problemática aberta* que é aquela que a individuação do ser resolve: o indivíduo é *contemporâneo de seu devir*, pois esse devir é o de sua *individuação*" (ILFI, p. 479-80).

Veremos mais adiante o que significa o devir da individuação como um questionamento do ser, como elemento de uma problemática aberta. O que apresentamos até agora foi uma aproximação dos aspectos que nos permitem começar a compreender como na base da filosofia de Simondon está uma reelaboração das relações entre ser e devir que o autor denomina ontogênese. Pudemos assim, introduzir o sentido geral do pensamento da ontogênese. No primeiro capítulo, abordaremos como a ontogênese opera, como essa concepção da ontogênese será também relacional, ou seja, como a própria ontogênese é uma operação que é o devir e que está em devir em relação a cada tipo de individuação que abordamos. No entanto, antes, gostaríamos também de introduzir em linhas gerais as relações entre ética e ontogênese no pensamento de Simondon – dado que essas relações constituem o cerne de nossa leitura introdutória.

As relações entre ética e ontogênese

O livro *A individuação à luz das noções de forma e de informação* (IFLI) está estruturado, em linhas muito gerais, da seguinte forma:

> • uma introdução abre o livro inserindo as teses filosóficas e as reformulações epistemológicas que serão necessárias, ou melhor, que estarão operando no estudo dos tipos de individuação;

> • na sequência, a partir do estudo de casos paradigmáticos (moldagem do tijolo, cristalização, tropismo, colônias polimorfas etc.), ou seja, casos que condensam e melhor exemplificam a generalidade do funcionamento da operação de individuação abordada, Simondon irá desenvolver os processos singulares envolvidos em cada tipo de individuação – física, vivente e psicossocial; [4]

---

4 Simondon esclarece que a divisão da individuação psicossocial em individuação psíquica e individuação social (coletiva), como aparece no livro, é apenas uma maneira

40 Lucas Paolo Vilalta

> • ao final da segunda parte – aquela referente à individuação dos seres viventes, entre os quais estão incluídos os psicossociais –, Simondon desenvolverá, a partir de uma teoria dos afetos, emoções, sensações e percepções, uma nova compreensão de como se constitui a interioridade do vivente, a partir de processos de individualização, personalização e autoproblematização, e como, com isto, torna-se possível formular uma nova compreensão de sujeito;[5]

> • por fim, na conclusão, Simondon retomará, resumidamente, o sentido dos processos e operações analisadas em seu livro, delineando as consequências filosóficas da teoria da individuação, realizada por meio do estudo das ontogêneses específicas.

Até que, nas últimas páginas do livro, uma pergunta sobrevém: "Por intermédio da noção de informação, pode uma teoria da individuação fornecer uma ética?" (IFLI, p. 492). Nessas últimas páginas, Simondon desenvolve sua concepção da relação entre ética e ontogênese como sendo a ética o sentido das individuações. "Apreender a ética em sua unidade exige que se acompanhe a ontogênese: a ética é o sentido da individuação, o sentido da sinergia das individuações sucessivas. É o sentido da transdutividade

---

encontrada para garantir a clareza da exposição, dado que o nível psicossocial é de fato um complexo indissociável. "As duas individuações, psíquica e coletiva, são recíprocas uma relativamente à outra; elas permitem definir uma categoria do transindividual que tende a dar conta da unidade sistemática da individuação interior (psíquica) e da individuação exterior (coletiva)" (IFLI, p. 23). Também é importante lembrarmos que Simondon analisa outro tipo de individuação complementar: a dos objetos técnicos – processo denominado "concretização" e apresentando no primeiro capítulo de *Do modo de existência dos objetos técnicos* (MEOT).

5 Já é bom anteciparmos aqui que, nessa "nova compreensão", os humanos não possuem mais a exclusividade de existirem como seres sujeitos. Como esclarece Barthélémy: "Simondon utiliza o termo 'sujeito' para se referir ao ser bio-psíquico que resulta da duplicação somatopsíquica que é interna ao vivente. O ser humano assim não possui o monopólio de ser um sujeito. [...] por individualizar-se através da duplicação somato-psíquica (*sic*), o animal devém um 'sujeito' que já não é um simples indivíduo, mas o conjunto indivíduo/carga pré-individual, com a sua afetividade psíquica sendo capaz de reunir a metaestabilidade mantida no vivente a partir do qual este sujeito surge, e que continua a ser" (2012, p. 227-8).

do devir" (IFLI, p .497).[6] Mas, como podemos compreender essa relação de extrema imbricação entre ética e ontogênese?

Simondon constrói em *ILFI* uma teoria da individuação que liga, da introdução à conclusão, um modo de relação do ser com o devir – que ele denomina ontogênese – a uma concepção do sentido ético aí implicado. No entanto, ao tecer tal movimento que liga tão intimamente ética e ontogênese em sua filosofia – sendo uma o sentido da outra – ele não estaria produzindo um tipo de relação que torna ambas indissociáveis, mas também indistintas? Como afirma Jean-Yves Chateau: "A coerência desta ética com a doutrina da individuação e do ser é estreita e visível; é a mesma doutrina, apresentada como uma ética" (2008, p. 74). No entanto, considerando que a leitura de Chateau esteja correta, se a ética e a ontogênese – enquanto pensamento da individuação que capta o devir do ser – são a mesma doutrina, então, deveríamos dizer que não apenas na conclusão do livro Simondon apresenta a ontogênese como uma ética, mas que a própria ética é apresentada como uma filosofia da ontogênese já na introdução.

Acreditamos, porém, que tanto essa consequência quanto a interpretação global de Chateau, sobre este aspecto, são apenas parcialmente corretas. Para uma filosofia como a de Simondon, a noção de uma identidade plena entre dois processos distintos, o da ética e o da ontogênese, redundaria em uma estabilização do pensamento e do sentido da relação entre esses processos. Poderíamos dizer que se a ética e a ontogênese configurassem uma unidade, se elas fossem a *mesma* doutrina, apenas apresentada de modos distintos, elas terminariam por configurar um *sis-*

---

6   O conceito de transdução será progressivamente explicado e compreendido ao longo de todo este livro. Por agora, podemos introduzi-lo genericamente. Assim, podemos considerar a transdução como uma operação na qual as estruturações ocorridas em um processo estão relacionadas às fases anteriores desse processo e impulsionam as novas operações que ocorrerão resultando em novas estruturações. A transdutividade do devir é, então, esse duplo movimento de estruturação e impulsionamento de novas operações; é a absorção dos momentos anteriores do processo e projeção das potencialidades de novas transformações; é o momento de estabilização do devir e, ao mesmo tempo, o excesso que dispara novas processualidades.

tema estável de pensamento do devir. Como se um pensamento do devir se encerrasse, por fim, em uma imagem de pensamento sem devir, em uma autoimagem do pensamento. Ou, como desenvolveremos detalhadamente no primeiro capítulo, a filosofia de Simondon almeja construir um pensamento da ontogênese que seja anterior à toda lógica e toda ontologia, e, portanto, caberia perguntarmos: se houvesse uma identidade entre ética e ontogênese isso não configuraria um modelo lógico e/ou ontológico fixo de funcionamento da ontogênese?

Em outras palavras, mesmo que nenhuma das duas instâncias seja determinante no engendramento da outra, o resultado da relação entre ética e ontogênese não pode ser o da criação de mais uma filosofia que opera de modo transcendente em relação aos processos que pensa. Essa relação não pode pré-determinar os processos de individuação. É preciso que essa relação seja a de pluralização das lógicas e ontologias envolvidas na descrição das operações ontogenéticas e, consequentemente, seja também um questionamento renovado do ser, a abertura de uma problemática ética e ontogenética para cada nova individuação.

Hipóteses orientadoras

Então, como podemos compreender a relação entre ética e ontogênese na filosofia de Simondon? Um dos aspectos centrais da reformulação da teoria do conhecimento que Simondon efetua em seu livro consiste em "fundar um novo pensamento da analogia" (BARTHÉLÉMY, 2013, p. 136). A analogia não será um modo de comunicação entre *essência e existência*, pois, para uma teoria do ser como a de Simondon em que devir e essência coincidem, a separação entre essência e existência já não possui qualquer sentido nos indivíduos e em seus processos de individuação. Tampouco a relação de analogia poderá ser confundida com a de *semelhança*, isto porque a semelhança estabelece uma relação de identidade entre termos ou indivíduos, já *a analogia estabelece relações de identidade entre processos, estabelece identidade entre relações.* Assim, por exemplo, a possibilidade de conhecimento dos processos de individuação não será estabelecida por adequação ou conformidade entre um processo de indi-viduação e a individuação do conhecimento que visa ou representa esse processo, mas por um ato analógico do sujeito que coloca em relação ambos os processos – o conhecimento da individuação exige uma indivi-duação do conhecimento.[7] Nisto consiste o método analógico que é uma das bases da teoria do conhecimento de Simondon – e que tem como uma de suas funções manter a autonomia dos processos. As operações de conhecimento, em sua processualidade própria, não subsumem as pos-sibilidades de uma individuação. Há, como sugere Combes (2013, p. 10-1), uma "coindividuação" entre pensamento e individuação, processos *correlativos* de individuação entre conhecimento e ser. Assim, a *primeira hipótese* que desenvolveremos e que orientará esta introdução é a seguinte: ética e ontogênese são duas operações distintas que *estão em relação ana-lógica em cada processo singular de individuação*. Isto significa dizer que não há uma doutrina ontogenética ou uma doutrina ética na filosofia de Simondon e que, consequentemente, elas não são "a mesma doutrina" – como afirmou Chateau.

Um dos objetivos deste livro consiste em analisar como ética e onto-gênese operam na filosofia de Simondon, propondo que essas instâncias não podem ser consideradas "doutrinas" ou um conjunto-sistema com uma estrutura fixa de normas por meio das quais opera, pois – como mostrare-mos na Parte I – isso significaria sedimentar uma lógica e uma ontologia por meio das quais as individuações devem operar. Apresentaremos como

---

7   Como reza a máxima simondoniana: "*Não podemos, no sentido habitual do termo, conhecer a individuação*; podemos somente individuar, individuar-nos e individu-ar em nós; portanto, esta apreensão, à margem do conhecimento propriamente dito, *é* uma analogia entre duas operações, o que é um certo modo de comunica-ção. A individuação do real, exterior ao sujeito, é apreendida pelo sujeito graças à individuação analógica do conhecimento no sujeito; mas é *pela individuação do* conhecimento, e *não* só pelo conhecimento, que a individuação dos seres não sujeitos é apreendida. Os seres podem ser conhecidos pelo conhecimento do su-jeito, mas a individuação dos seres só pode ser apreendida pela individuação do conhecimento do sujeito" (ILFI, p. 35). Tal concepção do conhecimento será tematizada na Parte II deste livro.

a filosofia ética e ontogenética de Simondon realiza o movimento de estabelecer as bases gerais de um modo de compreensão que nos permite visar cada processo de individuação de acordo com sua singularidade.

Então, como consequência dessa hipótese orientadora, propomos que: *a relação de analogia entre as operações ética e ontogenética abre uma problemática para a qual cada nova individuação funciona como uma resolução*, como uma resposta ao "questionamento do ser". *Isto significa que a comunicação da operação ética e da ontogenética não é a resolução de uma problemática de individuação, mas a abertura de uma problemática.* Se o devir não é uma realidade exterior e acidental ao ser, mas a operação de sua própria processualidade, e se Simondon substitui a ontologia – como descrição da realidade do ser – pela ontogênese, como operação de defasagem do ser consigo – e como teoria que capta essa defasagem –, não é com o intuito de tornar o devir uma imagem ética ou ontogenética que resolve a problemática do ser. Dito de outro modo, a relação entre ética e ontogênese não é o resultado da teoria e da operação de individuação, mas sua *condição*. Por isso, nosso objetivo maior aqui é demonstrar como *a ontogênese produz um novo pensamento ético – a partir de uma ontogênese da ética –*, e se a ética está na base da elaboração de uma filosofia ontogenética – *havendo correlatamente uma ética da ontogênese* – isto não significará que nosso objetivo final é fornecer um constructo teórico que resolve o "questionamento do ser" – que sempre se renova nos devires de cada processo.

Nosso objetivo teórico será, assim, mostrar como a relação entre ética e ontogênese na filosofia de Simondon é correlata ao surgimento de dois tipos de problemáticas. Por um lado, uma problemática que surge da ressonância interna de um sistema metaestável que opera como constituição de significações e normatividades físico-vitais das individuações. Por outro, o surgimento de uma autoproblemática do ser que o filósofo denominará "sujeito". Analisaremos como Simondon cria uma concepção de sujeito como processo analógico de imbricação entre ética e ontogênese no qual pensamento e ação estão correlacionados em sua transdutividade. Isso significa dizer que ética e ontogênese são

SIMONDON: uma introdução em devir

correlatos complementares em seus sentidos e que estes são a correlacionalidade entre pensamento e ação no próprio movimento do devir – na abertura de uma problemática no ser.[8]

A confluência entre a primeira hipótese orientadora, suas consequências e os objetivos teóricos que norteiam esta introdução, abre uma questão que Simondon não abordou diretamente em seus escritos – mas que nos parece ser consequência inevitável de suas formulações. Trata-se de nos perguntarmos: é possível falar de ética em relação a todos os tipos de individuação ou ela estaria restrita aos indivíduos viventes – individuação na qual surge o sujeito? Como veremos na Parte II, a construção do pensamento ético de Simondon parece nos permitir vinculá-lo a todo o espectro da ontogênese, ou seja, a todos os tipos de individuação. Uma formulação como a seguinte parece legitimar a leitura que propomos:

> Essa afirmação pode parecer paradoxal, mas ela não o é realmente, se se realiza uma extensão da noção de relações sociais: moléculas, células elementares, podem estar, umas com relação às outras, numa relação de tipo social, implicando controle, modulação, redução da atividade; o fenômeno psicossocial é, então, somente a propagação transdutiva de uma perturbação que, tendo realizado uma mudança de equilíbrio no nível elementar, ressoa no nível coletivo por recrutamento de todos os elementos. [...] Talvez as grandes etapas filogenéticas tiveram por condição fenômenos sociais e psicossociais; assim, a noção de sociedade, inicialmente definida para o homem, se estende às espécies animais; mas ela pode ser mais completamente generali-

---

8   Talvez tenha sido Gilles Deleuze o primeiro a salientar a importância do "questionamento do ser", da noção de problemática na obra de Simondon: "No pensamento de Simondon, a categoria de 'problemático' ganha grande importância, justamente por estar provida de um sentido objetivo: com efeito, ela já não mais designa um estado provisório do nosso conhecimento, um conceito subjetivo indeterminado, mas um momento do ser, o primeiro momento pré-individual" (DELEUZE, 2006, p. 119). Os desenvolvimentos realizados na Parte I deste livro sobre a teoria da informação de Simondon e seu conceito de pré-individual permitirão que na Parte II abordemos em detalhe como há uma disjunção na filosofia do autor entre problemática físico-vital e autoproblemática do sujeito que darão lugar a dois modos de relação entre ética e ontogênese.

> zada, englobar relações entre vegetais e mesmo entre moléculas; da mesma forma, a relação de tipo psicossocial, definida inicialmente nas relações interindividuais humanas, é suscetível de receber uma generalização (API, p. 297).

Então, perguntamo-nos: é possível falar de uma ética em operação na individuação dos seres físicos? É possível falar de ética em relação aos cristais? Abordaremos essa questão a partir de uma segunda hipótese orientadora – que será desenvolvida na Parte II deste livro –: *há na filosofia de Simondon uma disjunção entre a ética e o sujeito ético*. Procuraremos analisar como há significações éticas nos processos de individuação dos seres físico-viventes que constituem uma existência ética; mas como é apenas em relação ao sujeito que podemos falar de uma autoproblematização e de uma ação autotranscendente que são condições do surgimento do *sentido ético e da ação moral*. Tal compreensão implicará radicais consequências políticas e espirituais.

PARTE I

A ontogênese como devir e o devir da ontogênese

APRESENTAMOS NA INTRODUÇÃO GERAL alguns dos aspectos que constituem a possibilidade da constituição da ontogênese como teoria que capta o devir do ser. Nesta primeira parte, gostaríamos de apresentar uma interpretação da ontogênese simondoniana que difere de interpretações que a pensam como uma "ontologia genética" ou como uma "doutrina ontológica". Mostraremos, basicamente, porque a ontogênese não é uma ontologia. Propomos que a ontogênese simondoniana tem que ser entendida como uma teoria, mas, simultaneamente, também como uma operação. A compreensão da ontogênese como uma estruturação teórica, como uma imagem de pensamento, como um conjunto de conceitos, categorias e parâmetros lógicos sedimentados, é insuficiente para captar a filosofia de Simondon. Isto porque o devir é mais que uma realidade lógica ou ontológica, ele é uma realidade ontogenética que opera como uma problemática sempre renovada para o próprio pensamento. *A ontogênese é uma teoria do devir do ser que está aberta ao devir da própria teoria.* As filosofias, teorias e conceitos também estão prenhes de potências pré-individuais, de forças de transformação. O pensamento capaz de apreender o devir cria um excesso em relação a si mesmo, a própria teoria da individuação de Simondon deve ser compreendida como um sistema metaestável – como propuseram Javier Blanco e Pablo Manolo Rodríguez (2015, p. 98) – ela mesma deve ser uma *teoria metaestável,* em individuação.

É preciso que haja uma disjunção na compreensão da ontogênese: por um lado, como a teoria que capta o devir do ser; por outro lado, como a operação ontogenética que produz um devir para o próprio devir captado pela teoria. Há um *devir do devir* no pensamento de Simondon, uma operação ontogenética afetando a própria ontogênese. Gostaríamos, então, nessa primeira parte do livro, de introduzir esse duplo aspecto da ontogênese simondoniana abordando as relações que ela estabelece com alguns problemas da tradição do pensamento filosófico e analisando a centralidade dos conceitos de pré-individual e de informação.

Para tanto, dividimos esta Parte I em três capítulos:

• O primeiro capítulo abordará a *teoria das fases do ser* como maneira de construir uma teoria das relações entre ser e devir que faz com que a ontogênese esteja estruturando uma captação do ser, mas, ao mesmo tempo, impulsionando um excesso do ser em relação a si.

• O segundo capítulo é uma análise de como a ontogênese, por meio de uma renovada teoria da informação, funciona como um *esquema geral de pensamento* que Simondon utiliza na captação dos processos. Trata-se de mostrar como a teoria da informação que Simondon formula estabelece um esquema geral de pensamento que o filósofo aplicará em suas análises da individuação, da técnica, da comunicação, da percepção etc. Esse aspecto, que aparentemente estaria em contradição com uma filosofia do devir – uma filosofia que não se fecha em esquemas ou modelos – e que pretende estar aberta a um devir do devir, tentaremos mostrar que é coerente com o pensamento do autor. Mostraremos como *a amplificação* constitui, simultaneamente, um esquema geral da ontogênese, mas também um modo de processualização dos processos ontogenéticos. Uma *individuação da individuação*.

• Por fim, no terceiro capítulo apresentaremos como o conceito de pré-individual é central para a filosofia da ontogênese, por ser um conceito em devir em cada tipo de individuação e que renova o devir da própria ontogênese como teoria e operação. Sendo o próprio conceito de pré-individual uma realidade metaestável, em individuação, havendo, portanto, uma *pré-individualidade do pré-individual*.

"O estudo da ontogênese deve ser anterior à lógica e à ontologia. A teoria da individuação deve então ser considerada como uma teoria das *fases do ser*, de seu *devir* como lhe *sendo essencial*" (IFLI, p. 478 – trad. modificada). Qual o lugar que a ontogênese, como devir do ser, ocupa no corpo do pensamento filosófico em geral e no de Simondon? Das teses críticas apresentadas na introdução e do rechaço à tradição hilemórfica e substancialista, como também da constituição de um realismo das relações que estabelece a anterioridade ontológica da relação aos termos constituídos, não se pode derivar imediatamente a razão que estabelece a anterioridade da ontogênese em relação à lógica e à ontologia. Que as lógicas e ontologias de certa tradição filosófica não tenham conseguido acompanhar o devir do ser, redundaria em dizer apenas que elas não foram suficientemente ontogenéticas em suas abordagens. O que falta ainda explicar é porque somente com a anterioridade da ontogênese em relação à lógica e à ontologia é que conseguimos formular um pensamento capaz de captar o devir do ser. Explicar de que modo a ontogênese é uma *pluralização da lógica e a produção de uma ontologia diferida e criativa para a captação do ser*. O primeiro aspecto dessa compreensão surge ao abordarmos o estudo da ontogênese como a constituição de uma teoria da individuação que é pensada, como diz Simondon, como "uma teoria das fases do ser".

PRIMEIRO CAPÍTULO
O ser polifasado e a defasagem em relação a si

> *A individuação corresponde ao aparecimento de fases no ser, as fases do ser*; ela não é uma consequência disposta ao lado do devir, isolada, mas é essa própria operação se cumprindo; só se pode compreendê-la a partir dessa supersaturação inicial do ser homogêneo e sem devir que, em seguida, estrutura-se e devém, fazendo aparecer indivíduo e meio, de acordo com o devir, que é uma resolução de tensões primeiras e uma conservação dessas tensões sob forma de estrutura; em certo sentido, poder-se-ia dizer que o único princípio pelo qual se pode guiar é *aquele da conservação do ser através do devir*; essa conservação existe através das trocas entre estrutura e operação (ILFI, p. 17).

Para compreendermos a relação entre a ontogênese e a teoria da individuação de Simondon, precisamos, primeiramente, compreender em que sentido o filósofo pensa a individuação como a aparição de fases do ser. O ser se defasa em relação a si mesmo e esta defasagem constitui seu devir como realidade que lhe é essencial. O ser se conserva em si mesmo por meio de seu devir, pela produção de fases que são uma troca, ou melhor, um intercâmbio permanente entre estrutura e operação. Este modo de descrever a relação do ser com o devir como um processo de defasagem do ser em relação a si mesmo possui ao menos três sentidos na filosofia de Simondon: é um postulado epistemológico que relaciona uma teoria das estruturas com uma teoria das operações (alagmática), é também um postulado metafísico (metafísica da informação), e é ainda a operação que instaura um excesso da teoria em relação a si mesma (operação teórica metaestável). O próprio entrecruzamento e imbricação desses três sentidos faz com que a teoria das fases do ser, as relações entre estrutura e operação, e a ontogênese se tornem às vezes indistintas e confusas em sua filosofia. Como um pensamento em devir, a experimentação das ferramentas conceituais mais adequadas para a descrição dos processos muitas vezes faz Simondon oscilar entre uma formulação e outra. Analisemos, então, cada um desses sentidos da teoria das fases do ser.

I. A alagmática – a individuação entre a estrutura e a operação

> Para formalizar o status complexo do indivíduo, Simondon utiliza, especialmente em seus dois textos programáticos, os termos "estrutura" e "operação". *Como estrutura*, o indivíduo pode sempre ser considerado como sistema defasado; Simondon empresta o termo "fase" da física e da química com o intuito de indicar como diferentes processos, paralelos, divergentes ou convergentes, tem lugar simultaneamente em um sistema. *Como operação*, o indivíduo é envolvido necessariamente em processos "transdutivos"; o conceito de "transdução" tem uma origem biológica (contaminação) e tecnológica (amplificação), e refere-se a um modo de propagação – uma sequência não determinada que apresenta lacunas e descontinuidades (BARDIN, 2015, p. 4).

O indivíduo em relação a seus processos de individuação é um complexo que possui em si a capacidade de transformar-se em relação a si mesmo e a seu meio. A individuação, como já foi dito, é o meio de conservação do ser em seu devir por meio de intercâmbios entre estrutura e operação. Simondon entenderá o indivíduo como um sistema metaestável complexo que ora está sofrendo estruturações, ora está operando processos. Sendo que o indivíduo compreendido apenas como estrutura ou apenas como processo será apenas um caso limite, praticamente hipotético. Um indivíduo que se sedimente em uma estrutura conformando-se em uma unidade e em uma identidade intransigente a qualquer processualidade, é um indivíduo morto, ou melhor, inexistente – nem mesmo os cristais ou as rochas se estruturam definitivamente. Por outro lado, um indivíduo que seja apenas processualidade, apenas operação, não constitui uma unidade transdutiva mínima – ou seja, uma unidade múltipla de relações –, não se condensa em um estado ou fase, sendo, portanto, ainda pré-individual.

O problema – que remonta a uma matriz bergsoniana – começa, então a se desenhar: a individuação é concebida como estrutura e operação, como espaço e duração. "A operação é o complemento ontológico da estrutura e a estrutura o complemento ontológico da operação" (ALG, p. 560). Para que se estabeleça um conhecimento da individuação se fará necessária a *complementaridade* de uma teoria das estruturas e de uma teoria das operações – *este é o postulado epistemológico que a teoria da individuação exige.*

"A *alagmática* é a teoria das operações. Na ordem das ciências, ela é simétrica à teoria das estruturas, constituída por um conjunto sistematizado de conhecimentos particulares: astronomia, física, química, biologia" (ALG, p. 559). É neste texto programático *Alagmática* (ALG) – um manuscrito preparatório para *ILFI* – que Simondon avalia de maneira mais detalhada a possibilidade do estabelecimento de uma teoria das operações. O termo alagmática é constituído, segundo Bardin (2015, p. 13), a partir dos termos gregos *allagè* (mudança) e *màthema* (conhecimento). Assim, a proposta da formulação de uma teoria das operações vem responder à incapacidade – já denunciada anteriormente por Bergson – das ciências objetivas, que apenas conhecem estruturas e modelos, de captar processos transdutivos, a mudança, a duração. "Para Simondon, topologia e cronologia – assim como estrutura e operação, descontinuidade e continuidade, matéria e energia – são características complementares de todos os sistemas e, simultaneamente, maneiras complementares de compreender os sistemas de individuação" (BARDIN, 2015, p. 14). Com essa compreensão, é que Simondon chega a formular a tarefa de uma epistemologia alagmática: "O dever da epistemologia *alagmática* é determinar a verdadeira relação entre a estrutura e a operação no *ser*, e, portanto, organizar o nexo rigoroso e válido entre o conhecimento estrutural e o conhecimento operatório de um ser, entre a *ciência analítica* e a *ciência analógica*" (ALG, p. 568-9).

Conjugar o conhecimento estrutural e o conhecimento operatório, a ciência analítica e a ciência analógica, será o principal desafio da epistemologia alagmática. Apenas enfrentando este desafio é que Simondon poderá estabelecer a *complementaridade entre estrutura e operação* para pensar as relações entre ser e devir, para apreender as individuações em suas processualidades. Isto coloca Simondon diante de uma dificuldade dupla. Por um lado, a tradição científica, nos últimos séculos, esteve focada majoritariamente em construir modelos gerais e encontrar estruturas invariantes ou probabilísticas nos fenômenos que estuda, sendo que o estudo daquilo que é o indeterminado, o desviante, a epigenética, e mesmo o estudo da mudança, da ambivalência, das energias e dos potenciais metaestáveis, um conjunto de aspectos operatórios dos fenômenos têm encontrado apenas nas últimas décadas foco prioritário de atenção por parte da atividade científica. Por mais que as ciências tenham avançado no conhecimento dos processos ontogenéticos, elas ainda, em larga medida, restringem-se ao seu caráter modelador de ciências analíticas. Há um déficit histórico destas em relação ao conhecimento dos processos e das transformações. Há muito ainda para ser desenvolvido em relação à atividade científica para que ela possa incorporar as potencialidades do conhecimento operatório e das ciências analógicas em suas práticas.

Por outro lado, em relação ao problema do conhecimento, o pensamento filosófico parece oscilar entre a primazia da estrutura ou da operação. Ora predomina o "objetivismo fenomenológico" de Kant e Comte que destacam como primordiais as estruturas, ora, "o intuicionismo dinâmico" de Bergson que, por meio do conhecimento imediato, afirma a primazia das operações (ALG, 567). Ambas as tendências padecem do que Simondon chama de "monismo epistemológico", ou seja, privilegiam ou o aspecto estrutural ou o operatório do conhecimento, delegando ao outro aspecto um lugar meramente acessório para o conhecimento. A proposta da epistemologia alagmática de Simondon indica os caminhos para a superação dessa dificuldade dupla, estabelecendo a complementaridade entre estrutura e operação por meio do desenvolvimento do conceito de *ato*, da exploração de sua *dimensão axiontológica* e de caracterização de dois tipos de ato: *o analógico e o modulador*.

Antes de adentramos na análise detalhada do texto *Alagmática*, convém explicar o que Simondon entende por axiontologia e porque a alagmática para ele deve se constituir como uma teoria axiontológica para poder enfrentar o desafio descrito acima. "A *teoria alagmática* introduz tanto à teoria do saber como à teoria dos valores. Ela é *axiontológica*, pois apreende a reciprocidade do dinamismo axiológico e das estruturas ontológicas. Ela apreende o ser não fora do espaço e do tempo, mas antes da divisão em sistema espacial e esquematismo temporal" (ALG, p. 569). A alagmática é uma teoria ontogenética, ou seja, uma teoria que apreende o ser por seu devir, por seus processos e transformações, pois capta justamente o dinamismo dos valores que faz com que as descrições ontológicas digam respeito a uma cultura e a uma historicidade específicas. Assim como nos textos *A Mentalidade Técnica* e *Cultura e Técnica* – ambos presentes no em *ST* – Simondon apresentava como o pensamento da técnica precisava se reconectar com a dimensão afetiva e cultural das técnicas, também no caso da axiontologia trata-se de o pensamento ontológico se reconectar com as normatividades que estão implicadas na teoria. Em outras palavras, trata-se de afirmar que descrições sobre o que é o pensamento, o ser, a realidade, a existência de Deus, os fenômenos físicos etc., já carregam implicitamente um conjunto de valores e normas que dizem que maneiras de viver seriam válidas e verdadeiras. A teoria apreende ou descreve o ser em um dinamismo espaço-temporal, nas relações com os contextos físicos, biológicos, psicossociais e técnicos envolvidos, dentro de desenvolvimentos históricos e político-sociais, em relação ao meio e ao conjunto de normas e valores em que os fenômenos e a vida aparecem. É, em suma, uma ontologia viva, histórica e em devir. Os exemplos que comentaremos agora explicitarão um pouco mais essa dinâmica de complementaridade e implicação entre ontologia e axiologia nas operações do conhecimento.

Simondon inicia sua análise em *ALG* diferenciando a prática de uma ciência das operações da prática das ciências das estruturas. Se a química, a física, a biologia e outras ciências puderam fornecer analítica e objetivamente um conhecimento sobre as estruturas, não caberia à ciência das operações proceder de modo semelhante, ou seja, reduzindo sua abordagem ao conjunto de elementos objetivos que constituem modelos teóricos para apreender as operações. Deste modo, um estudo analítico das operações físico-químicas, psico-fisiológicas, mecânica-termodinâmicas etc., apenas redundaria em derivar das estruturas a classificação das operações a partir de esquemas que constituem sua exterioridade. Diante disto, Simondon afirma a necessidade de retrocedermos aos aspectos mais básicos e gerais das operações, classificando-as a partir dos dinamismos transformadores que as caracterizam. Estes dinamismos estão condensados no que Simondon denomina *ato*. "O *ato* contém a operação e a estrutura de uma só vez; e também, segundo a vertente do ato sobre a qual incide a atenção, ele retém o elemento operação ou o elemento estrutura, deixando seu complemento de lado (ALG, p. 560)".

Para expor esse processo, Simondon começa com um exemplo preciso. O filósofo analisa o ato do geômetra que traça uma reta paralela em relação à outra reta. "O geômetra presta atenção, na totalidade de seu ato, ao elemento estrutural, único que interessa ao pensamento geométrico, a saber, o fato de que é uma reta que é traçada, e com tal relação a uma outra reta" (ALG, p. 560). O pensamento geométrico retém do ato de traçar uma reta os seus elementos estruturais: o tipo de traço e a relação geométrica e espacial que se estabelece entre esse traço e os outros elementos do conjunto. No entanto, outros elementos estão em operação no ato do traçado:

> Mas o geômetra também poderia prestar atenção ao aspecto de operação do seu ato, isso é, ao gesto pelo qual ele traça, sem se preocupar com aquilo que está traçando. O gesto de traçar possui seu esquematismo próprio. O sistema do qual ele faz parte é um sistema operatório, não um sistema estrutural; aquele gesto procede, com efeito de uma volição que é ela mesma um certo gesto mental; ele supõe a disponibilidade de certa energia que se encontra liberada e comandada pelo gesto mental através de todos os elos de uma cadeia de causalidades condicionais complexas. A execução daquele gesto põe em jogo uma regulação interna e externa do movimento num esquema operatório de finalidade (ALG, p. 560).

Simondon escolhe propositadamente o exemplo do geômetra por constituir a via divergente do pensamento operatório. O pensamento geométrico é, por excelência, aquele que retém do ato seu caráter estrutural. Mas, não há ato que possa ser separado de seu aspecto de operação, apenas se pode afastá-lo desse aspecto por abstrações. Esse exemplo nos esclarece o problema da relação de inseparabilidade entre estrutura e operação e da dificuldade de compreendê-los isoladamente. A geometria é provavelmente a ciência estrutural que mais longe foi no isolamento do aspecto estrutural em relação ao aspecto operatório. Não pensem que a questão de Simondon é se seria possível ou não uma ciência pura das estruturas ou das operações – discussão que, do ponto de vista dos problemas traçados aqui, parece bastante infecunda. O fundamental aqui é a explicitação da possibilidade de observar, simultaneamente, em um ato de pensamento, seja geométrico ou outro, o aspecto estrutural e o aspecto operatório. "Talvez pudéssemos apreender os encontros em que o próprio ato é apreendido como operação e como estrutura de uma só vez. Esses casos, privilegiados e excepcionais, ganham um sentido ao mesmo tempo metafísico e normativo" (ALG, p. 560). Esses casos raros, Simondon os denomina *axiontológicos*. Um dos exemplos que o filósofo nos oferece é o *cogito* de Descartes. Detenhamo--nos no breve comentário que Simondon faz do *cogito* cartesiano – um dos pontos de partida tradicionais para quem estuda a história da filosofia.[1]

---

1 Para quem não está familiarizado com o conceito do *cogito* cartesiano, apresenta-mos uma brevíssima explicação. Ele sintetiza a famosa frase de Descartes "penso, logo existo" (em latim *cogito ergo sum*). Em suas *Meditações*, Descartes procede com a dúvida metódica que passo a passo vai questionando todas as opiniões, per-cepções, sentidos e mesmo a própria existência das coisas. Esta busca sistemática de questionamento de toda evidência e de todo fundamento mal estabelecidos é proposta por Descartes com o intuito de que, após a revisão metódica de todos os princípios e certezas pré-dadas, seja possível chegar a certezas claras e distintas para o pensamento. Um destes pontos fixos e seguros, certos e indubitáveis, como queria Descartes, é para ele o *cogito*, ou seja, a certeza de que "sou uma coisa que existe e existe na medida em que pensa". Este é, resumidamente, o sentido do *co-gito* cartesiano: assegurar a certeza da existência do pensamento e do ser humano como uma coisa que pensa. Para testar a certeza alcançada, Descartes a coloca à prova diante da figura do "gênio maligno" – espécie de suposição demoníaca em que a própria certeza se reverteria em força maior da produção do engano. Assim, a figura do "gênio maligno" – que enganaria o ser pensante, fazendo todas as

Para Simondon, o *cogito* constitui-se como um ato de pensamento que se apreende objetivamente como uma estrutura e subjetivamente como uma operação, isto na simultaneidade da apreensão de si como ato que é, ao mesmo tempo, objeto e sujeito. A descrição que Simondon faz desse processo é a seguinte: "Quanto mais o pensamento duvida de sua própria existência estrutural, mais essa operação da dúvida, apreendida como estrutura, isto é, como realidade-objeto frente ao pensamento reflexivo, apresenta-se ela mesma ao pensamento como uma existência da qual não se pode duvidar" (ALG, p. 560-1). Ou seja, o primeiro momento do ato de pensamento que constitui o *cogito* é a substituição da existência estrutural do pensamento como realidade dada pela operação de constituição de uma nova estrutura, o pensamento reflexivo. Este, ao constituir-se, simultaneamente, como pensamento que duvida de uma estrutura dada e que constitui uma estrutura baseada na dúvida, passa a ser inexoravelmente um pensamento do qual não se pode duvidar.

No entanto, a esse momento metodológico da constituição do *cogito* cartesiano deve somar-se um segundo momento axiontológico – que possui duas dimensões. Primeiramente, o pensamento como evidência da existência do pensamento deve se consolidar como objetivamente e subjetivamente válido. Na leitura de Simondon, isto se dá pela confrontação com um segundo sujeito, "o gênio maligno".

> Esse segundo sujeito que nega, que é o gênio maligno, tem por papel tornar necessária a instabilidade oscilante da consciência de si, criando uma consciência reflexiva dessa instabilidade: o sujeito, obrigado a se pensar não apenas relativamente a si mesmo, mas em seu nexo ao gênio maligno, aprende-se como se ele deviesse exterior e superior à dupla situação que ocupa relativamente a si mesmo: ele devém sujeito reflexivo ao tomar, para resistir ao gênio maligno, o ponto de vista não apenas do ser sujeito ou do ser objeto, mas do ser do *ato de*

---

certezas claras serem no fundo apenas ilusões – é elaborada por Descartes, como veremos, como uma artimanha para garantir reflexivamente a validade da certeza do *cogito*. Esta garantia será completada com o estabelecimento da correspondência entre a existência de Deus e a realidade do pensamento.

> *pensamento* que a atenção da consciência decompõe em operação e
> estrutura (ALG, p. 561).

Não basta apenas que o pensamento exista e que sua existência seja construída por um ato reflexivo do pensamento que se estrutura a partir da dúvida em relação a si mesmo; é preciso que a realidade do *cogito* seja primeira e necessária, daí a necessidade de que a operação do *cogito* corresponda à estrutura, ou realidade, de Deus. Descartes coloca em operação a ficção do gênio maligno para, reflexivamente, produzir a garantia da não-ficção do *cogito*. A inestabilidade da consciência de si só pode ser superada pela garantia de que o *cogito* não é apenas o resultado da dúvida metódica, mas o próprio ato de pensamento que passa a ser identificado com Deus, ou com o ser. Essa identificação entre o ser e o pensamento é o que caracteriza tal ato de pensamento como axiontológico: fornece uma ontologia e uma axiologia ao mesmo tempo; garantido como válido e verdadeiro este pensamento por corresponder à realidade do ser e oferecer os valores que estruturam e operam nessa realidade.

A primeira dimensão axiontológica, então, do *cogito* é a produção de um ato de pensamento que estabelece a dupla correspondência objetiva, por um lado, entre a existência de Deus e a ideia (ou essência) de Deus, por outro, da validade e verdade desse pensamento com a realidade do ser. O valor do ato de pensamento é obtido como uma consequência dessa dupla correspondência; no entanto, por meio da *circularidade* da dúvida metódica, podemos supor, como faz Simondon, que ela já era também sua condição (ILFI, p. 428-9).

Entretanto, há também uma segunda dimensão axiontológica que Simondon não aborda em *ALG*, mas apresenta no capítulo "Necessidade da ontogênese psíquica" (IFLI, p. 425-33). Trata-se do problema da identidade entre ser e pensamento, entre *res extensa* e *res cogitans*. A doutrina cartesiana estabelece a radical separação entre substância pensante (*res cogitans)* e substância extensa (*res extensa*). No entanto,

> Descartes constata que existe um caso em que a substância pensante
> e a substância extensa, embora metafisicamente separadas, na rea-

> lidade se encontram unidas formando um composto indissociável, quase como se fosse uma outra substância. É o caso do homem, na medida em que nele o espírito e o corpo estão *substancialmente* unidos. [...] o espírito não está apenas *alojado* no corpo, mas forma com ele um único todo, de maneira que não é possível separar, na vida desse ser composto que é o homem, aquilo que diga respeito apenas a uma ou outra dessas substâncias, de maneira exclusiva (LEOPOLDO E SILVA, 1993, p. 75-6).

Ontologicamente, substância pensante e substância extensa estão separadas, no entanto, no homem elas estão unidas em uma unidade substancial. Simondon avalia que, ao estabelecer a correspondência entre pensamento e extensão, Descartes se aproximou das condições de existência da individuação (IFLI, p. 426). Também se aproxima do ato axiontológico que permite captar a individuação como complementaridade entre estrutura e operação. Porém, ao substancializar a operação que faz corresponder ser e pensamento, Descartes estabiliza a individuação na unidade e homogeneidade do indivíduo.

> Descartes pode substancializar o que não é, propriamente falando, uma substância, a saber, uma operação; a alma é definida como *res* e como *cogitans*, suporte de operação e operação se cumprindo. Ora, a unidade e homogeneidade desse ser feito de um suporte e de uma operação só pode ser afirmada à medida que o conjunto ser-operação continua a se perpetuar segundo o mesmo modo. Se a atividade cessa ou parece cessar, a permanência e a identidade da substância assim definida está ameaçada: donde o problema do sono e da perda de consciência em Descartes relativamente à concepção da natureza da alma (ILFI, p. 428).

Resumidamente, então, a axiontologia cartesiana falha ao identificar a correspondência entre pensamento e ser com a unidade substancial, com uma estrutura que precisa ser permanentemente atualizada, mas que nega, ao se substancializar, seu caráter de "conjunto de ser-operação contínua". O ato de pensamento realizado pelo *cogito* que se aproximaria das condições de captação da individuação, detém-se na unidade e homogeneidade da operação substancializante. A alagmática simondoniana fornece outra axiontologia por meio da dessubstancilização das relações de complementaridade entre estrutura e operação. Vejamos como isto ocorre.

A alagmática é simultaneamente, uma teoria das operações e uma epistemologia da complementaridade entre estruturas e operações. No entanto, a alagmática como estudo das operações, possui uma limitação de base:

> Não é possível definir uma operação à parte de uma estrutura; a partir disso, o sistema estrutural estará presente na definição da operação sob sua forma mais abstrata e mais universal; e definir a operação consistirá em definir uma certa conversibilidade da operação em estrutura e da estrutura em operação, já que a operação realiza a transformação de uma estrutura numa outra estrutura, e é portanto investida de uma estrutura antecedente que vai se reconverter, no final da operação, na estrutura seguinte (ALG, p. 562).

Já de início, ao começar a construir o programa de uma *alagmática geral,* Simondon constata essa outra dificuldade de base: não é possível analisar as operações separadamente das estruturas. Mas, como já vimos, a filosofia de Simondon enfatiza as relações e não os termos separadamente. Assim, as próprias noções de "estrutura" e "operação" devem ser compreendidas como relações, como um modo de vincular aspectos operativos e aspectos estruturais. A alagmática deve ser compreendida, portanto, como uma epistemologia de nexos entre relações; *nem estrutura, nem operação existem ou podem ser apreendidas fora de seu aspecto relacional.* Simondon descreve dois modos de estruturas e relações serem vinculadas: o *ato analógico* e o *ato modulador.*

"Portanto, podemos prever que a *alagmática* deverá definir o nexo de uma operação a uma operação e o nexo de uma operação a uma estrutura. Esses nexos podem ser nomeados, os primeiros *transoperatórios,* e os segundos, conversões" (ALG, p. 562). O ato que vincula duas operações será denominado *ato analógico* e o que vincula uma estrutura e uma operação, *ato modulador.*[2]

---

2   Nossa análise daqui em diante se deterá no modo de funcionamento geral desses dois atos. Mas, uma discussão detalhada do que Simondon compreende por analo-

O ato analógico é transoperatório, pois ele é a passagem de uma operação à outra. Simondon salienta que apenas o estudo de cada caso irá permitir o estabelecimento dos casos em que a passagem de uma operação à outra depende de uma intermediação mínima de uma estrutura, e em que casos tal mediação não se faz necessária. Analisemos o exemplo que Simondon nos traz de um caso em que um método de abordagem analógico efetua um ato analógico para a compreensão do nexo entre duas operações. Trata-se dos estudos de Fresnel sobre os fenômenos de propagação da luz e do som.

> O uso da analogia começa com a ciência. Assim, Fresnel verdadeiramente empregou o método analógico quando definiu as leis de propagação da luz; enquanto se quis conservar a *semelhança* entre a propagação da luz e a propagação do som, ficou-se paralisado pela *semelhança* entre a onda luminosa e a onda sonora. Caso se suponha uma identidade *estrutural* entre a onda luminosa e a onda sonora, fica-se obrigado a dispor identicamente da amplitude e da oscilação sonora e da onda luminosa; ao contrário, a genialidade de Fresnel consistiu em abandonar a semelhança em favor da analogia: supondo uma *estrutura* diferente da onda luminosa e da onda sonora, ele representa a onda luminosa como tendo uma amplitude perpendicular ao sentido da propagação, e deixa para a onda sonora sua amplitude longitudinal, paralela ao sentido do deslocamento. Daí, então, a *analogia* aparece. Entre esses diferentes termos estruturais, as *operações* são as mesmas: a combinação de ondas, sejam luminosas ou sonoras, se faz da mesma maneira tanto no caso das ondas sonoras quanto das ondas luminosas (ALG, p. 566).

O primeiro aspecto que temos que abordar – mesmo que brevemente, dado que voltaremos a ele em outros momentos deste livro – é a diferença entre semelhança e analogia. A semelhança, segundo Simon-

---

gia e método analógico, e por modulação, serão feitas, respectivamente, no capítulo "A relação analógica entre ética e ontogênese" e no capítulo "A amplificação como esquema geral da ontogênese". Essa discussão mais geral sobre os dois modos de estabelecer nexos entre estruturas e operações nos fornecerão subsídios para o aprofundamento posterior nos aspectos específicos da analogia e da modulação.

SIMONDON: uma introdução em devir

don, é *uma relação de identidade entre termos*; já a analogia é uma *relação de identidade entre relações*. No exemplo em questão, a postulação da semelhança entre a propagação da luz e do som fazia com que a ciência não conseguisse perceber um aspecto da diferença entre a estrutura do som e da luz: a direcionalidade da amplitude incide de maneira diferente em cada um dos casos. No entanto, constatada a estruturação diferente, é possível perceber a analogia existente entre os fenômenos: ou seja, em estruturações diferentes, tanto as ondas luminosas como as sonoras se combinam de forma análoga. Há um modo das ondas luminosas e sonoras operarem que é análogo, pois ambas possuem um modo de produzir combinações entre ondas que é idêntico. Ou seja, não são as ondas luminosas e as ondas sonoras que são idênticas, mas uma relação que elas estabelecem e um nexo que estabelecemos entre elas, a operação de combinação de ondas, que é análoga em ambos os casos.

A analogia opera a partir de uma identidade de relações que abarca as diferenças estruturais, e mesmo operatórias, de cada fenômeno. A analogia, segundo Simondon, abre um caminho para as ciências que permite a expansão da compreensão dos fenômenos dado que a compreensão simultânea das diferenças estruturais e das analogias entre operações permite uma compreensão dos fenômenos que a mera ciência analítica não poderia possuir. Daí, a afirmação de que no caso do fenômeno de difração as diferenças estruturais das ondas sonoras e das ondas luminosas são determinantes na produção de resultados diferentes, mas no caso das ondas estacionárias, as diferenças estruturais não são determinantes, de modo que possamos dizer que o fenômeno das ondas estacionárias sonoras é idêntico ao das luminosas (ALG, p. 566).

Em síntese, podemos dizer que a teoria de Fresnel realiza um ato analógico ao comunicar transoperatoriamente duas operações, a das ondas luminosas e das ondas sonoras. Enquanto ato, ele é a realização de uma teorização que estabelece a complementaridade entre o aspecto estrutural e o aspecto operatório de dois fenômenos; mas é também uma operação do conhecimento que estabelece um nexo de equivalência entre duas operações. Simondon define a analogia como "uma equivalência transoperatória" (ALG, p. 563); assim o *ato analógico* de conhecimento operado por Fresnel é a constituição de nexo de identidade entre um tipo de relação que ocorre tanto no fenômeno das ondas sonoras, como no das ondas luminosas, a saber, o da combinação de ondas.

O segundo caso, o ato modulador, é definido por Simondon como a transformação de uma energia em estrutura (modulação) ou da transformação de uma estrutura em energia (desmodulação). O caso exemplar de ato modulador é encontrado na elétrica e na eletrônica – conforme Simondon apresenta em *API*. Isto porque o funcionamento dos sistemas elétricos ou dos aparelhos eletrônicos opera constantemente essas transformações. A análise que Simondon realiza dos fenômenos de modulação é extremamente complexa e para sua compreensão teríamos que discutir suas reformulações da teoria da informação para compreendermos os processos de comunicação entre receptores e emissores nos sistemas analisados, seja em seu caráter informacional ou energético de transmissão de sinais. Para o que nos interessa nesse momento, apenas queremos mostrar como o ato modulador é, de certa forma, complementar ao ato analógico – apresentado anteriormente.

> O esquema da amplificação moduladora é obtido domesticando-se a propagação transdutiva; isto é, dominando-a e a alimentado localmente, para fazê-la produzir e trabalhar em condições regulares. Na transdução, o fenômeno de basculamento, de passagem da metaestabilidade à estabilidade, muda constantemente de suporte, ao avançar; na modulação, o local de passagem do estado energético metaestável ao estável é fixo (API, p. 289).

O ato modulador – ou ato de amplificação moduladora (por enquanto, os termos podem ser tomados como sinônimos) – consiste em um controle impingido a um processo de propagação transdutiva. Tomemos, desta vez, para ficar mais claro, um exemplo do domínio social: a relação entre moral e religião.[3] As relações psicossociais constituem

---

3 Utilizaremos como pano de fundo das discussões apresentadas aqui as reflexões tecidas por Simondon em *Do modo de existência dos objetos técnicos* (MEOT) de

SIMONDON: uma introdução em devir

um sistema metaestável em que cada fase de constituição de normas e valores partilhados em uma sociedade produz modificações no grupo social que poderá disparar um novo processo de constituição. No transcorrer desses processos,

> Uma moral se distingue de uma religião, por esta comportar um código, um conteúdo de sinais de ação, um programa de ação ritualizado, ao passo que uma moral é uma polarização sem programa, fornecendo uma escala de valores em cada circunstância, mas sem sequência programada, sem ritualização. Por sua própria natureza, sendo um programa, a escala de valores religiosa é rígida, fixa, enquanto aquela das morais é variável, podendo se modificar em função do regime médio dos acontecimentos (API, p. 294).

A religião realiza um ato modulador que fixa nos rituais, como uma espécie de "dispositivo de alimentação" ou "dispositivo de entrada" – para empregarmos o vocabulário que Simondon utiliza ao se referir aos sistemas elétricos –, o lugar de passagem e sedimentação da metaestabilidade da escala de valores em estabilidade de um programa ou de um código. As energias da vida psicossocial são estruturadas em valores, há um ato modulador, e essa escala de valores perde seu caráter metaestável e se es-

---

como o pensamento religioso e o pensamento técnico têm sua gênese na totalidade perdida do pensamento mágico. Resumindo o esquema apresentado por Simondon, podemos dizer que a técnica e a religião são contemporâneas uma da outra e surgem como uma resposta, objetiva e subjetiva, respectivamente, à perda da totalidade do pensamento mágico. Dessas instâncias, derivarão posteriormente o pensamento científico e o pensamento ético-moral. A influência e a imbricação do pensamento religioso na moral ou na ciência fazem com que estas tendam a se constituírem como aportes da aspiração a totalidades – um exemplo dado por Simondon é o imperativo moral kantiano como a constituição de um caráter absolutizante para a ética. Por outro lado, a influência das técnicas nesses modos de pensamento faz com que eles tendam a constituição dos meios parciais de ação ou conhecimento – Simondon chega a falar em "técnicas éticas" como abordagem particularista dos elementos que compõe uma ação. No esquematismo simondoniano de MEOT, a técnica e a religião chegam mesmo a serem definidas como abordagens, prática e teórica, respectivamente, das ciências e das éticas. Ver o capítulo "Gênese da tecnicidade" de MEOT, p. 241-266.

tabiliza na fixidez ou rigidez dos códigos estabelecidos pela ritualização. Já a moral realiza-se transdutivamente, ou de modo transoperatório, ao realizar a passagem das energias psicossociais para uma escala de valores de modo sempre provisório, relativo às circunstâncias. A escala de valores como uma estabilização que estrutura as energias sociais é, na verdade, uma realidade metaestável, pois é um sistema tenso e supersaturado em cada circunstância histórico-social específica.

No entanto, para sermos fiéis à análise apresentada por Simondon em *API* sobre a moral, temos que demarcar sua ambivalência. Isto porque, por um lado, a moral, em sua capacidade de devir, procede de modo transoperatório, na transformação das energias psicossociais em uma escala de valores. Contudo, por outro lado, "no domínio social, religiões e morais operam um regime permanente de limitação da atividade" (API, p. 294). Isto significa dizer que há também uma tendência de *polarização*[4] na constituição das morais que é a sedimentação em uma escala de valores fixos que *limita* a própria constituição de novos valores e a efetividade transformadora das energias psicossociais e políticas.

Dito de outro modo, se por um lado, a escala de valores pode ser analisada em seu caráter transdutivo, ou seja, de operação que permanen-

---

4   Na época em que estas páginas foram escritas, provavelmente entre 2016 e 2017, valia-me aqui da noção de polarização apenas em seu sentido físico, como distribuição de forças em um campo. Não poderia imaginar como esta descrição sobre a constituição de morais políticas que polarizariam os valores sociais iria ser tão aplicável ao contexto político brasileiro. Já no final de 2017, e por todo o ano de 2018, me engajei na construção e coordenação de um projeto do Instituto Vladimir Herzog chamado *Usina de Valores*. Nosso objetivo era disputar e disseminar valores que pudessem fomentar e promover uma cultura de direitos humanos. Para tanto, percebemos que a religião – e, especificamente, a evangélica – era um farto campo de disputa; com esta compreensão é que realizamos o livro *Jesus e os Direitos* Humanos, organizado por Ronilso Pacheco e João Luiz Moura. Sigo acreditando – e é uma alegria ver como o *Usina* segue realizando isso de forma tão encantadora – que, para transformar as morais teológico-políticas que aí estão, precisamos da criação e disseminação de novos valores para mobilizar afetos e energias psicossociais e políticas. Para conhecer o projeto, entre em: https://usinadevalores.org.br

temente transforma as energias psicossociais em valores, com esses impulsionando uma renovação das energias psicossociais; por outro lado, a escala de valores tende a se estabilizar como um *ponto fixo* – a constituição de uma cultura ou ideologia em determinada sociedade – que limita, normaliza ou estrutura a relação entre normas, valores e energias psicossociais permitidas em certo contexto histórico-social. A ambivalência da moral no pensamento de Simondon – como veremos em capítulos posteriores – explicita essa dupla expressão paradoxal dos valores: simultaneamente limitadores e transformadores.

Ao realizarmos essa comparação, muito brevemente, entre o procedimento da religião e o da moral – esta discussão será retomada em detalhe na Parte II –, esperamos ter explicitado as diferenças entre dois modos de relacionar estruturas e operações, o do ato analógico e o do ato modulador. No entanto, ambos os modos de operação são complementares, pois, por exemplo, a própria religião pode se abrir para novas circunstâncias que desloquem a fixidez de seus códigos e ritualizações; e a moral, muito frequentemente, produz normas de conduta para a vida social, redundando em modelos de ação que deveriam ser válidos para qualquer circunstância.

***

Retomemos o que vimos e tentemos resumir, então, o que a epistemologia alagmática de Simondon postula e como ela constitui um dos sentidos da teoria das fases do ser. A alagmática é um estudo das relações de complementaridade entre operações e estruturas. Estruturas e operações são dois conceitos gerais que definem uma tendência de maior ou menor grau à estabilização ou à mudança. Uma estrutura é um conjunto de elementos provisoriamente agrupados de acordo com um conjunto de relações que se fixam entre si; uma operação pode ser tanto uma transformação realizada em uma estrutura, portanto, em um conjunto de relações, como uma reorientação da operação prévia. A dificuldade que o estudo das operações encontra consiste no fato dele visar um conjunto de nexos que se apresentam para as ciências analíticas e para o pensamento objetivo como estruturas consolidadas. Assim, a própria teoria das operações pode ser compreendida como um estudo das transformações e modificações que estão em devir no conjunto de relações analisado.

Dito isso, a alagmática apresenta dois modos gerais de captação dos nexos de complementaridade: o ato analógico e o ato modulador. A diferença basilar de ambos os atos se encontra no papel que as estruturas desempenham. A operação continua sendo o elemento que articula o devir no conjunto de relações, no entanto, a estrutura no caso do ato analógico é o *grau mínimo de diferenciação de duas realidades processuais distintas*, mas que se comunicam por uma equivalência entre relações e nexos próprios a cada processo. No caso do ato modulador, a estrutura pode servir como "dispositivo de entrada" ou "dispositivo de alimentação", ou seja, *um ponto fixo que determina a incidência e a produtividade de novas energias*, ou como suporte de uma transição entre momentos metaestáveis e estáveis em um conjunto de relações e nexos.

Com esses conceitos, parece-nos que Simondon cumpre um dos objetivos esboçado em seu texto, a saber, a constituição de ferramentas que possam abrir o caminho para o estabelecimento de uma teoria das operações que conjugue os elementos oferecidos pelas ciências analíticas e pelo que ele denomina ciências analógicas – apontando, também, para a necessária complementaridade no estudo científico das relações e nexos entre estruturas e operações.

O segundo objetivo de Simondon nos pareceu melhor se apresentar no que o filósofo denomina o caráter *axiontológico* da epistemologia. Simondon afirma que "toda teoria do conhecimento supõe uma teoria do ser" (ALG, p. 567). Para entendermos melhor o caráter axiológico implicado na epistemologia, precisaríamos já contar com as análises que só desenvolveremos na Parte II sobre a relação entre normas e valores no pensamento do filósofo. No entanto, para esse momento de nossa discussão, podemos afirmar que o "dinamismo dos valores" em relação às "estruturas ontológicas" refere-se à *qualificação* das categorias que estão sendo utilizadas. Por exemplo, ao falarmos em relações entre processos podemos estar nos referindo ao *aspecto contingencial* que é produzido pela conexão entre dois termos ou ao *aspecto operativo* e produtor que faz com que os próprios termos existam e se conectem. Do ponto de vista axiontológico, toda epistemologia supõe uma teoria do ser e a qualificação dos aspectos ontológicos mobilizados por essa teoria – sua valoração.

Por fim, a epistemologia alagmática constitui um dos sentidos da teoria das fases do ser, pois ela oferece, simultaneamente, um modo de compreensão e aproximação dos domínios e momentos do ser, ao pensar as próprias fases como resultantes de um processo de complementaridade entre estruturas e operações. O ser se defasa em relação a si, pois se propaga ora estruturando um conjunto de relações, ora operando transformações nesse conjunto ou sistema. Por outro lado, as próprias fases do ser fazem surgir domínios e tipos de individuação que exigirão modos de operação diferidos da ontogênese, ou seja, cada fase do ser em suas operações de individuação realiza uma axiontologia própria. Vejamos agora que "para além do lado científico, a ontologia genética da individuação [ontogênese] também possui o que chamamos de um 'ponto metafísico', como ápice especulativo mobilizador dos conceitos de ser e devir. Este será certamente a 'teoria das fases do ser'" (BARTHÉLÉMY, 2008, p. 45).

II. A metafísica da informação de Simondon

> Antes de colocar a questão crítica anteriormente a toda ontologia, o pensamento filosófico deve colocar o problema da realidade completa, anterior à individuação de onde sai o sujeito do pensamento crítico e da ontologia. A verdadeira filosofia primeira não é a do sujeito, nem a do objeto, nem a de um Deus ou de uma Natureza buscados segundo um princípio de transcendência ou imanência, mas a de um real anterior à individuação, de um real que não pode ser buscado no objeto objetivado nem no sujeito subjetivado, mas no limite entre o indivíduo e o que resta fora dele, segundo uma mediação suspensa entre transcendência e imanência (ILFI, p. 401).

Ao que tudo indica – e na contramão do que se esperaria de uma filosofia do século XX que se queira contemporânea de seu tempo –, há uma metafísica operando na gênese da ontogênese simondoniana. O filósofo se propõe elaborar uma "verdadeira filosofia primeira" como busca de um real anterior à individuação e, portanto, anterior as mediações que a individuação permite. Também seria possível mostrar como "o problema da realidade completa" caracteriza uma identificação no pensamento do autor entre metafísica e uma espécie de metaontologia. Entretanto, o que significa a existência de postulados de natureza ontológica anteriores à ontogênese, dado que a própria ontogênese é definida como uma realidade anterior à lógica e à ontologia? Para entendermos todos estes aspectos, precisamos retomar a discussão da teoria das fases do ser para compreendermos como ela configura um "ponto metafísico" da filosofia de Simondon. Posteriormente, veremos como ela constitui uma verdadeira metafísica que é condição da ontogênese e do pensamento ontogenético no qual estamos nos implicando aqui.

> Conceber a individuação como *operação*, e como operação de comunicação, portanto como operação primeira, é aceitar um certo número de postulados ontológicos; é também descobrir o fundamento de uma normatividade, pois o indivíduo não é a única realidade, o único modelo do ser, mas somente uma fase. Entretanto, ele é mais que uma parte de um todo, uma vez que ele é o germe de uma totalidade (ILFI, p. 471).

Este é o primeiro parágrafo da conclusão de *ILFI* e ele enuncia o movimento que Simondon irá realizar em toda a conclusão do livro. Simondon irá explicitar, um a um, os pressupostos e as consequências dos desenvolvimentos teóricos ao quais chegou em seu estudo. A hipótese de uma realidade pré-individual do ser parece consolidada, ao menos na postulação de que nem o indivíduo, nem a individuação – como vimos anteriormente – esgotam a realidade do ser e do devir. A individuação pensada em seu caráter ontogenético e comunicante é uma operação primeira, pois surge na realidade primeira do ser como um modo de relacionar duas fases do ser, ou melhor, *dois momentos*: o ser individuado, ou seja, o ser com fases, e o ser pré-individual, o ser sem fases.[5] Vejamos como Simondon define o conceito de fase:

---

5   Também devemos compreender que a fase individuada do ser é mais que uma parte
      de um todo que unificaria em si a totalidade das fases e do momento pré-individual,

> Entendemos por fase não um momento temporal substituído por outro, mas o aspecto resultante de um desdobramento do que ser que se opõe a outro aspecto; este sentido da palavra fase inspira-se no que a física estabelece com a noção de relação de fase; só se concebe uma fase vinculada à outra ou a várias fases; num sistema de fases há uma relação de equilíbrio e de tensões recíprocas; a realidade completa é o sistema atual de todas as fases, tomadas em conjunto, não de cada fase em si, uma fase só é fase relativamente às outras, das quais se distingue de maneira totalmente independente das noções de gênero e espécie (MEOT, p. 241 – trad. modificada).

O próprio conceito de fase que Simondon apresenta aqui é transdutivo. Isto porque a transdução é um modo de relacionar momentos do ser como uma estruturação que contém as resultantes dos processos anteriores e a tensão ou a latência da disparação de novos processos. O ser como um sistema de fases é estabilização – um equilíbrio – dos processos anteriores e a permanência das tensões inerentes a esses processos em seu aspecto de reciprocidade. Daí que possamos compreender, a partir do que vimos na epistemologia alagmática, as fases do ser como, simultaneamente, estrutura e operação. Enquanto estrutura, a fase é a consolidação de um processo de individuação que o ser realiza ao se individuar, já como operação a fase é a permanência da condição metaestável do ser e de um excesso, seja como energias potenciais, seja como realidade pré-individual que impulsionam o processo de defasagem. O conceito de fase apreende o devir do ser como um *sistema relacional espaço-temporal*, ou seja, um centro ativo que conjuga a complementaridade entre estrutura e operação, permanência e mudança, contínuo e descontínuo, espaço e duração, como processualidade múltipla. Por isto, é que Simondon a define como uma teoria do ser polifasado, a partir da atividade de ressonância e amplificação que ocorre entre as fases. "Na teoria do ser polifasado, a identidade é substituída pela ressonância interna que devém, em certos casos, significação, e autoriza uma ativi-

---

pois, como afirma Simondon, o próprio indivíduo se constitui como "germe de uma totalidade", ou seja, como defasagem amplificadora em relação a si.

dade amplificante. Tal doutrina supõe que a ordem das realidades seja apreendida como *transdutiva* e não como *classificatória*" (ILFI, p. 473).

Dito de modo resumido, a teoria das fases do ser é a própria maneira que Simondon cria para descrever o ser como realidade polifásica, como fases que sempre são constituídas em relação umas às outras, e de descrever o *indivíduo como um multidimensional*, mesmo em suas unidades provisórias. O conceito de fase é uma ferramenta teórica utilizada por Simondon para descrever a processualidade do ser em relação ao seu devir de modo transdutivo, ou seja, como uma propagação sempre renovada de estruturações – que surgem das individuações – e amplificação de novas operações de individuação. O ser é polifásico, pois a fase é, ao mesmo tempo, um momento do ser e do devir; é, na verdade, a propagação do devir no ser. "O devir é, com efeito, resolução perpetuada e renovada, resolução incorporante, amplificante, procedendo por crises, e tal que *seu sentido está em cada uma de suas fases*, não em sua *origem* ou em seu *fim* somente" (ILFI, p. 479).

No entanto, uma questão se impõe: qual a função desta explicitação que a teoria do ser polifásico realiza, se a ontogênese, descrita como operação transdutiva, já parecia desempenhar essa função na filosofia de Simondon? Por que inserir o conceito de fase como um intermediário entre ser e devir, se a própria concepção da ontogênese já havia dado conta de descrever as relações entre ser e devir? É porque a teoria das fases do ser e do ser polifásico, como veremos daqui em diante, cumpre uma *função metafísica* essencial na filosofia simondoniana.

"A teoria das fases do ser tem justamente a tarefa de realizar essa unificação do Ser e do Devir, em conexão com a tese da 'mais que unidade' do 'ser enquanto ser'" (BARTHÉLÉMY, 2008, p. 46). A ontogênese possui a tarefa de descrever as relações entre ser e devir, é a própria operação que realiza e descreve o devir do ser. No entanto, a ontogênese, como devir ou individuação em processo, não pode ser anterior aos próprios processos nos quais ela surge, assim, para estabelecer a tese metafísica da unificação do ser e do devir, Simondon precisa apelar a noções que sejam *anteriores* à própria ontogênese e descrevam "um real anterior à individuação".

Nesse aspecto, concordamos com a leitura de Barthélémy de que há um "ponto metafísico" anterior à ontogênese simondoniana – e a anterioridade não deve ser entendida aqui como temporal, mas apenas descritiva: é o reconhecimento de que a própria ontogênese carrega ao menos um pressuposto metafísico fundamental e funcional, *a unidade transdutiva do ser e do devir*.[6] Contudo, uma passagem de *ILFI* carrega uma dificuldade incontornável para essa interpretação:

> Segundo essa perspectiva, a ontogênese deviria o ponto de partido do pensamento filosófico; ela seria realmente a filosofia primeira, anterior à teoria do conhecimento e a uma ontologia que seguiria a teoria do conhecimento. A ontogênese seria a teoria das fases do ser, anterior ao conhecimento objetivo, que é uma relação do ser individuado ao meio, pós-individuação. A existência do ser individuado como sujeito é anterior ao conhecimento; um primeiro estudo do ser individuado deve preceder a teoria do conhecimento. Anteriormente a qualquer crítica do conhecimento, apresenta-se o saber da ontogênese. A ontogênese precede crítica e ontologia (ILFI, p. 425).

Aparentemente, mesmo que de modo hipotético, Simondon está aqui identificando a ontogênese com a teoria das fases do ser. No entanto, novamente, devemos ter o cuidado de entender o que significa para um pensamento como o de Simondon a identidade entre dois processos ou identidade entre conceitos. Toda identidade para o pensamento de Simondon é uma identidade de relações e não de termos. Assim, mesmo uma afirmação como "a ontogênese é a teoria das fases do ser" deve ser compreendida como uma analogia entre relações, uma equivalência entre processos. *A ontogênese e a teoria das fases do ser são análogas porque tem como relação de equivalência estruturante a concepção transdutiva do devir*

---

6   Recordemos a afirmação de Simondon sobre a que tipo de conceito de "unidade" estamos nos referindo aqui: "A concepção de ser sobre a qual repousa este estudo é a seguinte: o ser não possui uma unidade de identidade, que é a do estado estável, na qual nenhuma transformação é possível; o ser possui uma *unidade transdutiva*, isto é, pode defasar-se relativamente a si mesmo, transbordar-se a si mesmo de um lado e de outro de *seu centro*" (ILFI, p. 27).

do ser. Nesse sentido, ambas descrevem as relações e os nexos do ser com o devir de modo equivalente. No entanto, operam e desempenham funções distintas em relação a essa filosofia. "Para tentar chegar a essa instituição de uma ontologia pré-crítica que é uma ontogênese quisemos criar a noção de fases do ser. Essa noção nos pareceu poder ser estabelecida a partir da noção de informação" (ILFI, p. 463).

A teoria das fases do ser é também uma teoria e uma operação, só que é uma operação metafísica que, apesar de ser análoga ao modo de estruturação da ontogênese, é *condição fundamental* para a ontogênese. Já a ontogênese é uma teoria dos processos de individuação e do devir do ser, mas também é – como veremos posteriormente – uma operação que se realiza de modo singular em cada fase do ser: pré-individual, individuada e transindividual (ILFI, p. 462). Há um duplo aspecto em jogo, por um lado, ambas são análogas na maneira como estruturam a unidade transdutiva entre ser e devir, por outro lado, operam de maneiras distintas: uma como operação *metafísica* e a outra como operação físico-vivente nas relações entre ser e devir. Finalmente, é a partir desse duplo aspecto que podemos compreender que a teoria das fases do ser realmente é anterior à ontogênese por sua função metafísica, mesmo não sendo, enquanto processo, uma operação lógica, ontológica ou crítica que exista anterior à ontogênese. Agora, como a teoria das fases do ser possibilita e condiciona a ontogênese por meio do "ponto metafísico" de unificação do ser e do devir?

Relembrando o que vimos até aqui e resumindo essa criação filosófica – que se espraia por toda a leitura de *ILFI* – podemos dizer que a teoria das fases do ser é a ferramenta metafísica que Simondon inventa para recuperar a unidade, que agora podemos também chamar de identidade, entre ser e devir. No entanto, esta recuperação necessita, primeiramente, substituir o modo de identificação entre ser e devir que operou anteriormente na tradição filosófica. É preciso rechaçar veementemente que o indivíduo seja o *termo de mediação* entre ser e devir, e que a ele seja identificada a possibilidade do devir do ser como lugar em que o devir se realiza. Como já mostramos anteriormente, a crítica ao hilemorfismo e ao substancialismo prepara a possibilidade de que o devir seja um devir do ser, não dos indivíduos, e que a ontogênese seja o nome dessa coincidência e imbricação entre ser e devir. Essa coincidência está sustentada por duas operações, por um lado, pela substituição da noção de indivíduo pela de individuação, por outro lado, pela criação de uma metafísica que torne novamente possível a identificação entre ser e devir, agora, em uma unidade que a noção de fase do ser caracteriza como transdutiva – por ser simultaneamente, operação de estruturação e defasagem em relação às estruturas.

Dito isto, retomemos alguns dos problemas que abrimos nesse subcapítulo, com o intuito de argumentarmos que não apenas existe um "ponto metafísico" na filosofia de Simondon – como propõe Barthélémy – mas que as ambiguidades que a teoria das fases do ser produz em relação à ontogênese simondoniana são elas mesmas sinais de que o seu pensamento constitui uma nova metafísica – mesmo sem defendê-la explicitamente.

A *primeira ambiguidade* surge, então, na coexistência de duas afirmações que pareceriam contraditórias: por um lado, que a ontogênese deve ser anterior a toda lógica e todo ontologia, por outro lado, que haja uma tese metafísica – a unificação entre ser e devir – como condição da própria ontogênese simondoniana. A *segunda ambiguidade* surge da aparente indistinção entre a ontogênese e a teoria das fases do ser ou do ser polifásico – como maneira de instituir a tese metafísica supracitada. Gostaríamos de agora introduzir a leitura de que a operação metaestável que a filosofia de Simondon esboça, para destrinchar essas ambiguidades, consiste em sinalizar a possibilidade de uma metafísica que não esteja mais calcada no privilégio da forma ou da matéria, mas que seja uma *metafísica da informação*.

Há um exemplo privilegiado para entendermos como a noção de informação permite a Simondon a elaboração de uma metafísica renovada, trata-se da leitura que o autor faz do conhecido mito da caverna de Platão e do modelo de inteligibilidade que ele propagou no pensamento filosófico:[7]

---

7   Para quem não está familiarizado com o mito da caverna, uma alegoria que Platão apresenta no Livro VII de *A República*, apresentamos aqui um breve resumo a partir da adaptação que o filósofo Alain Badiou propõe do clássico de Platão

Dois modelos tecnológicos parecem ter influenciado o célebre mito platônico da caverna: a projeção taumatúrgica de sombra retas e a projeção colorida e invertida em câmera escura *(camera)*.

Estes dois modelos têm uma característica em comum, que é fundamental no pensamento de Platão: a informação projetada é degradada, a imitação é sempre inferior ao modelo. Contudo, essa degradação é histórica e não essencial; no tempo de Platão, as técnicas utilizadas para modular e amplificar implicam uma perda enorme de informação; a fonte luminosa é um fogo; a potência deste é proporcional a sua magnitude e a falta de foco da imagem projetada é ela mesma proporcional à dimensão do fogo. Na medida em que é impossível, então, possuir uma fonte luminosa de grande potência que seja pontual, a degradação da informação é necessária (CI, p. 193-4).

(BADIOU, 2014, p. 217-43). Platão-Badiou nos pedem para imaginarmos uma gigantesca sala de cinema na qual os espectadores encontram-se aprisionados em seus assentos com os olhos fixos em uma tela que cobre todo o espaço que podem ver e os ouvidos estão tapados por fones de ouvidos. Para esses espectadores, a realidade se confundiria com as sombras projetadas na tela e com os sons que chegam diretamente a seus ouvidos. Agora, imaginem que um dos espectadores fosse retirado à força de seu lugar e fosse obrigado a olhar diretamente para a luz do projetor e que, ainda, na sequência, fosse levado para fora da sala de cinema, e fosse colocado diretamente diante da luz do Sol. Esta lhe ofuscaria a visão e seus olhos teriam que paulatinamente se acostumar não a mirar as sombras ilusórias, mas as estrelas brilhantes, os reflexos luminosos nas águas cristalinas, até que pudesse enxergar a fonte de toda luminosidade. Por compaixão, aquele que encontrou a luz, voltaria à caverna/ sala de cinema com o intuito de levar aos espectadores a luz da Verdade. Regressaria, então, com os olhos desacostumados com as sombras e com seu conhecimento adquirido daria *spoilers* aos outros do que se projetaria na grande tela. Isto já irritaria àqueles que socializam entre si o amor pelo espetáculo das sombras; mas quando aquele que viu a Luz quisesse lhes contar sobre a Verdade acerca da tela, das sombras, do projetor e de toda luminosidade, os outros espectadores dele ririam, o chamariam de louco e, alguns desorientados e raivosos, poderiam inclusive querer matá-lo. Na alegoria platônica, o espectador que se torna filósofo ao conhecer a luz do projetor e a luminosidade solar, passaria, então, a conhecer a distinção entre as Ideias que são a fonte do conhecimento e as cópias reproduzidas e os simulacros projetados na grande tela que aprisionam os espectadores em um mundo de sombras.

A primeira coisa para a qual devemos atentar no trecho é a importância que Simondon dá aos modelos tecnológicos em relação ao pensamento filosófico. O filósofo afirma que é "a contingência que conecta imitação e degradação" (CI, p. 194). A degradação da informação projetada não é parte da essência da realidade, mas uma contingência que está vinculada ao estado das técnicas e tecnologias de um determinado contexto e período histórico. Como explica Simondon, há aperfeiçoamentos técnicos que só viriam surgir muito tempo depois: os sistemas óticos que propiciam a obtenção de fontes luminosas pontuais e de grande potência. A metafísica platônica se estrutura a partir de uma operação de conhecimento que percorre o sentido inverso ao da produção das sombras. O múltiplo e o devir aparecem como uma projeção que tem como fonte o Bem. O mito da caverna de Platão encena o teatro da degradação progressiva que vai da fonte inteligível até a apresentação sensível. O filósofo revolta-se contra a pantomima da contemplação e faz o movimento em direção à fonte da inteligibilidade.

> A dialética filosófica, que se volta em direção aos inteligíveis, permite assistir à demiurgia que projeta as existências como se um espectador, ao invés de permanecer entre os taumaturgos e a tela, com os olhos direcionados à parede na qual se projetam às sombras, passa-se a se situar entre a fonte de luz e o palco no qual os taumaturgos movem as silhuetas que projetam sombra (IMIN, p. 59).

Contrário à leitura que vê na metafísica platônica apenas um exemplo de teoria contemplativa, Simondon enfatiza o *ato* platônico que direciona a atenção do filósofo ao que seria a fonte produtora de informação. Esse ato instaura uma analogia entre o processo de conhecimento dos inteligíveis e a adequação do modelo tecnológico imperfeito. "A passagem da essência inteligível perfeita à existência a partir da geração e da corrupção é análogo, como cópia demiúrgica, à projeção que degrada e distancia" (IMIN, p. 59) A leitura de Simondon instala a metafísica platônica em uma disjuntiva: por um lado, o filósofo se retira do teatro de produção do sensível para se colocar como o contemplador do processo de projeção do inteligível, por outro lado, ao realizar tal ato, o filósofo descobre uma maneira de participar da fonte inteligível que opera a atividade demiúrgica. Segundo Simondon, o filósofo descobre que a Ideia lhe permite participar do inteligível por meio da intuição do movimento dos raios que realizam a projeção. "Instala, então, o espírito, como se diz o Bem, para além da essência e da existência, ou seja, na fonte, muito antes das sombras projetadas (existências) e também antes dos modelos (essências)" (IMIN, p. 59) A metafísica platônica aponta para essa possibilidade, que se configurará plenamente no Iluminismo, de o sujeito contemplativo coincidir com a unidade da fonte do conhecimento – metaforicamente, a Luz.

Outras metafísicas como, por exemplo, a do hilemorfismo aristotélico serão apenas figuras alternativas ao ato platônico de aproximação ou coincidência com a fonte do inteligível. Tanto as metafísicas que colocam a forma como fonte do inteligível, quanto as que colocam a matéria, carregam o mesmo pressuposto: a informação projetada é inevitavelmente uma degradação; o sensível, o múltiplo, a cópia é uma corrupção do princípio incondicional, da inteligibilidade do Uno. O filósofo é, então, um iniciado no caminho que leva à fonte inteligível e sua elaboração metafísica é uma regeneração da informação degradada.

> A iniciação filosófica mais elevada não é, então, um conhecimento dos modelos (Ideias), mas um modo de ser que faz coincidir o filósofo com a fonte absoluta das formas e das existências; aquilo que se busca nessa ascensão ao princípio mais incondicional, ao *a priori* mais completo e mais radical, o mais anterior a todo modo de ser, é a intuição da antecipação em estado puro. Não é o movimento, mas a intuição de toda projeção em direção à existência e ao múltiplo (IMIN, p. 59).

Tudo se passa como se a metafísica e as mais distintas teorias do conhecimento buscassem um retorno à perspectiva na qual ainda não havia degradação ou forjassem a constituição de limites intrínsecos às possibilidades do conhecimento. Em ambos os casos, a gênese está comprometida com uma limitação de base que é a separação ou exterioridade

SIMONDON: uma introdução em devir

de ser e devir. A restituição da adequação entre ser e devir responderá ao paradigma hilemórfico, substancialista etc., com uma metafísica que prevê uma conformação do mundo a um princípio de inteligibilidade. Nem mesmo a cibernética – como veremos no capítulo sobre a teoria da informação de Simondon – escapa a essa limitação. Dado que, ao conceber a informação como coisa e não como processo, e que tem mais realidade na emissão sendo degradada em seu percurso até a recepção, a própria cibernética se insere em um paradigma linear, não conseguindo pensar a informação como processualidade.

Em oposição, a ontogênese simondoniana tem como condição uma metafísica que unifique ser e devir, concebendo-os como um processo de imbricação. Os conceitos de fase e defasagem estabelecem a unificação metafísica do ser e do devir como um processo ontogenético, assim, podemos dizer que *a ontogênese é, ao mesmo tempo, uma metafísica e o que torna possível uma renovação da metafísica.* Como veremos em detalhe no próximo capítulo, a própria concepção simondoniana da *informação como processo e como disparadora da ontogênese,* não como um resultado inevitável da degradação de um processo, é o que possibilita um novo tipo de aproximação aos mais distintos fenômenos. O inteligível já não é fonte do sensível, tampouco o contrário, ambos são correlatos concretos que surgem em cada individuação.

As ambiguidades que surgiram ao abordarmos a relação entre a teoria das fases do ser e a ontogênese simondoniana estão diretamente ligadas a uma coexistência que a metafísica da informação instaura. A unificação entre ser e devir cria a possibilidade de uma processualidade já não mais concebida como degradação. Simultaneamente, a própria noção de processo – trazida pelo paradigma da informação – permite que ser e devir sejam reunificados. O pensamento filosófico passa a ser, então, a participação no devir do ser e a ontogênese o acompanhamento do devir que se cria e recria incessantemente em cada processo. "Pode ser que a ontogênese não seja axiomatizável, o que explicaria a existência do pensamento filosófico como perpetuamente marginal relativamente a todos os outros estudos, sendo o pensamento filosófico aquele que é movido pela pesquisa implícita ou explícita da ontogênese em todas as ordens de realidade" (ILFI, p. 343).

III. A operação teórica metaestável –
as ferramentas conceituais e o excesso da teoria em relação a si

Vimos até aqui como a teoria das fases do ser institui para a relação entre ser e devir uma epistemologia alagmática que estabelece a complementaridade entre estrutura e operação e uma metafísica da informação que postula a unidade transdutiva entre ser e devir. Agora gostaríamos de apresentar como a teoria das fases do ser opera instaurando um excesso da teoria em relação a si mesma – seguindo Pablo Manolo Rodríguez e Javier Blanco, denominaremos este aspecto da filosofia de Simondon de *operação teórica metaestável*. Veremos, brevemente, como essa operação teórica descreve o ser como *"mais rico que a coerência consigo"* (ILFI, p. 486) e que a própria operação teórica é mais rica que suas possibilidades descritivas e que sua coerência consigo. A consistência e coerência teórica é determinada por sua funcionalidade, sendo avaliada segundo a capacidade de exceder-se a si mesma, para acompanhar os processos e excessos do ser. Andrea Bardin resume esse duplo aspecto:

> O desempenho verdadeiramente filosófico de *A Individuação* reside na tentativa de possibilitar diferentes 'esquemas' – modulação, cristalização, fase, metaestabilidade, transdução, e muitas outras ferramentas conceituais – para a análise dos diferentes domínios do ser, das suas condições estruturais e estado operacional: ferramentas que permitem definir o limiar entre os diferentes domínios no sentido de constituir um problema com eles, ao invés de corrigi-los. Os conceitos de Simondon, de fato, não definem 'reinos' separados – matéria, seres vivos, psique, sociedade – que seriam atravessados por indivíduos ou qualquer tipo de substâncias pelas quais os indivíduos estariam compostos. Pelo contrário, eles indicam 'fases', processos, cuja composição dinâmica, continuamente, constitui e modifica a configuração dos indivíduos, tal como acontece dentro de um campo magnético e gravitacional, em que diferentes forças e processos constituem um espaço irregular e ins-

> tável, cheio de potenciais, que pode modificar ou ser modificado por qualquer coisa – matéria ou energia – que devenha parte dele. Nenhuma garantia ontológica, então, de um domínio estável e seguro, e nenhuma ciência capaz de definir os processos específicos que caracterizam um domínio, é possível sem uma investigação prévia da ontogênese singular e do funcionamento das diferentes estruturas que a constituem (2015, p. 16).

Mesmo sem dizê-lo explicitamente, Bardin estabelece aqui uma analogia fecunda entre como os conceitos simondonianos funcionam em sua teoria e um sistema metaestável (campo magnético e gravitacional). Simondon descreve os conceitos como uma realidade energética e processual o que os aproxima da percepção e do sensível. Como veremos em detalhe no Capítulo 3, os próprios conceitos possuem uma plasticidade que se constitui nas relações que esses estabelecem. O conceito é uma *ferramenta relacional* e não um termo fixo, autoidêntico e uno. O conjunto de conceitos que estão em relação também poderia ser compreendido no pensamento de Simondon como um sistema metaestável, ou seja, um sistema tenso carregado de energias potenciais.

> Ademais, como a percepção, o conceito necessita de uma permanente reativação para se manter em sua integridade; ele é mantido pela existência de limiares quânticos que sustentam a distinção dos conceitos; essa distinção não é uma prioridade intrínseca de cada conceito, mas uma função do conjunto dos conceitos presentes no campo lógico. A entrada de novos conceitos nesse campo lógico pode conduzir à reestruturação do conjunto dos conceitos, como o faz toda nova doutrina metafísica; ela modifica, antes dessa reestruturação, o limiar de distinção de todos os conceitos (ILFI, p. 365-6).

Partindo desta citação, podemos compreender como a metafísica da informação reestrutura o modo de funcionamento das relações entre conceitos, e modifica a operatividade própria dos conceitos, fazendo-os possuir uma plasticidade própria ao pré-individual. Em uma teoria metaestável do ser, os próprios conceitos que estão aí em operação devem ser compreendidos como conceitos em devir. Dito isto, podemos explicar o que significa a metaestabilidade da teoria. Mas ainda nos falta, antes, compreender como a fase é um conceito em devir que caracteriza, simultaneamente, a estruturação do ser e a operação que excede essa estruturação.

Já vimos como o sistema de fases que é o ser é simultaneamente estrutura e operação. Agora temos que compreender o que significa fazer coincidir no ser um processo que é, simultaneamente, constituição de fases e defasagem em relação a essa constituição.

> O estado original do ser é um estado que ultrapassa a coerência consigo mesmo, que excede seus próprios limites: o ser original não é estável, é metaestável; ele não é uno, é capaz de expansão a partir de si mesmo; o ser não subsiste relativamente a si mesmo; está contido, tenso, superposto a si mesmo, e não uno. O ser não se reduz ao que ele é; ele está acumulado em si mesmo, potencializado. Ele existe como ser e também como energia; o ser é ao mesmo tempo estrutura e energia; a estrutura por si só não é apenas estrutura, pois várias ordens de dimensão se superpõem; a cada estrutura corresponde um certo estado energético que pode aparecer nas transformações ulteriores e que faz parte da metaestabilidade do ser (ILFI, p. 486).

Esta citação é possivelmente a mais completa descrição de Simondon sobre aquilo que *o ser é*, ou seja, uma realidade metaestável. Essa citação também traz uma descrição hipotética do que seria o ser em seu "estado original". Por uma série de razões já apresentadas até aqui, deve estar claro que a noção de "estado original" não deve ser compreendida como o momento primordial do ser, e mesmo que assim fosse tentada a sua compreensão, ela apenas serviria para explicitar a aporia que tal estado comporta. Se o ser é um estado que ultrapassa a coerência consigo mesmo, o estado original do ser já é um excesso, um ultrapassamento, desse próprio estado. O ser já nasce excedido, não apenas tenso e com acúmulo de potências, mas deslocado, desidentificado com seu aspecto inicial. Esta é justamente a potência do conceito de metaestabilidade – palavra chave que Simondon descreve como aquela que justamente permite, de modo consistente, a descrição do devir como uma dimensão do ser que não lhe é exterior.

Para finalizarmos o Capítulo 1, façamos uma síntese ilustrativa e esquemática. Tentemos separar as três definições ontogenéticas que estão imbricadas e implicadas pela teoria das fases do ser e que dão consistência à descrição da relação entre ser e devir. Assim, com o que já vimos até aqui, podemos dizer que:

1. O ser, naquilo que ele é, é um sistema ou uma realidade metaestável.

Como realidade metaestável, tensa e que comporta energias potenciais e, portanto, a latência iminente de seu devir, o ser já está descrito em vias de amplificação. A metaestabilidade do ser já carrega implícita e inexoravelmente implicada a transdutividade do devir. O devir, naquilo que ele é, em seu "estado original" já é a defasagem do ser em relação a si, o excesso do ser, sua "mais que unidade" e "mais que identidade" se realizando e se desdobrando. Essa inseparabilidade entre ser e devir, é também o próprio devir em seu "estado original" – tal é o sentido da unidade transdutiva entre ser e devir. Se quiséssemos oferecer, então, uma definição:

2. O devir, naquilo que é, é a transdutividade do ser em operação ou estruturação.

Porém, a relação entre ser e devir ainda comporta um terceiro tipo de processo: o devir que ainda não se estruturou ou operou em relação ao ser, a metaestabilidade do devir ou o *devir do devir*. Assim como o ser é um excesso em relação a si, o devir também o é. A incidência de uma informação em um sistema metaestável pode ser compreendida como a própria processualidade do devir em devir no ser. Deste modo:

3. O devir do devir, naquilo que é, é o excesso singular da relação entre ser e devir.

A teoria das fases do ser é uma teoria metaestável que tenta descrever a simultaneidade e imbricação desses três tipos de processos que, ao final, são o ser em sua realidade – a ontogênese. Por isso, conjuntamente aos conceitos de fase e defasagem, Simondon pode propor que o ser pré-individual é um ser *sem fase*. A própria teoria das fases do ser carrega um elemento que excede essa teoria. Assim, as três dimensões da teoria das fases do ser podem ser resumidas em:

(1) O conceito de fase do ser é a dimensão que descreve a realidade metaestável do ser;

(2) O conceito de defasagem é a dimensão que descreve a transdutividade do devir;

(3) O conceito de ser sem fases é a dimensão que descreve a reserva de devir que é própria ao devir – ou o devir do devir.

Nenhuma dessas dimensões deve ser compreendida como uma virtualidade do ser ou da relação entre ser e devir. Todas elas são realidades atuais da processualidade do ser. O devir do devir não é uma fase ou dimensão que falta ao ser, é aquilo mesmo que o excede em seu próprio excesso. Nesse sentido, a teoria das fases do ser postula que a própria ontogênese está excedida em relação a si. Assim como há uma *alagmática* que organiza o modo de funcionamento da ontogênese e há uma *metafísica da informação* que explicita o modo de relação entre ser e devir na ontogênese, há uma operação teórica metaestável e, portanto, em devir, que postula o excesso da ontogênese em relação a si. Veremos, agora, nos próximos capítulos a organização geral da ontogênese e o seu devir em cada individuação.

SEGUNDO CAPÍTULO
Informação e amplificação:
o esquematismo da ontogênese

Até aqui, introduzimos a ontogênese simondoniana como processualidade própria à imbricação entre ser e devir, e também a teoria das fases do ser como um modo que o filósofo encontra para descrever a simultaneidade entre a constituição de fases no ser e defasagem deste em relação a si. Caracterizamos o pensamento de Simondon como aquele que apreende as processualidades do devir estando aberto ao próprio *devir do devir*. Isto nos levaria a considerar a filosofia simondoniana como radicalmente ligada ao *aqui e agora* de cada processo que acompanha. Seria, portanto, totalmente justificável supor que tal filosofia seria veemente contrária a todo tipo de sistematização e esquematização generalizantes.

No entanto, ao percorrermos a obra de Simondon é possível notar que, aos poucos, vai se evidenciando uma insistência do filósofo em dividir os processos sempre em três momentos. Tal tripartição insiste em aparecer, por exemplo, quando Simondon pensa a individuação, a técnica, a imaginação, a comunicação e a percepção. O que queremos apresentar agora é como tal esquematização corresponde ao modo como Simondon reformula a compreensão da relação entre a informação e a comunicação entre processos em distintos fenômenos. Isto significará dizer que a reformulação que Simondon realiza na teoria da informação, e em relação crítica à cibernética, fornece um modelo geral de compreensão de todos os tipos de fenômenos e processos. Este modelo, que denominaremos esquema geral da amplificação, insere o filósofo em uma problemática informacional extremamente atual.

Finalmente, mostraremos que mesmo esse esquematismo que opera no pensamento de Simondon é um modo de *processualizar a individuação*, captando a singularidade de cada processo em seu devir, em uma *individuação da individuação*.

I. A teoria simondoniana da informação

Como vimos, a informação permitiu a Simondon instaurar uma nova metafísica que já não caracteriza mais os processos como uma degradação de uma fonte inteligível. O devir não é mais concebido como uma degradação da unidade substancial do Ser, tampouco o ser é descrito como separado de suas processualidades, exterior a seu devir. É da imbricação entre ser e devir que surgirá um novo tipo de processualidade cujo nome é ontogênese. Entretanto, por que a informação é o conceito central que permite a Simondon criar uma nova metafísica, teoria do conhecimento e ética; e também, como o diz Barthélémy, "o objeto de seu maior desafio teórico" (2012, p.214)?

Nesse ponto, evidencia-se a radical contemporaneidade do pensamento simondoniano para os problemas de nosso tempo. A noção de informação se tornou central e ubíqua em nossas sociedades na denominada Era Digital. Desde a ciência da computação, as redes sociais e as tecnologias informáticas e digitais que se instalaram na quase totalidade de nossas rotinas, passando por todos os usos da biologia molecular e da genética nos tratamentos e produtos sintéticos que consumimos diariamente, até a centralidade que desempenha no funcionamento do mercado financeiro, das empresas plataformas de dados e da economia em geral, a informação passou a operar no controle e ordenação de quase todos os modos de vida possíveis em nossa contemporaneidade.[1] Frente

---

1 Temos abordado em artigos e ensaios aspectos de como a informação é central para a compreensão filosófica de problemas contemporâneos. Na linha das discussões que serão abordadas nesse livro, sugerimos como leitura complementar: (a) sobre as hibridações entre viventes e máquinas e o governo cibernético e algorítmico dos modos de existências dos cíbridos que somos, ver: VILALTA, L. *Ciberexistência – bem-vindo ao mundo dos cíbridos*. AVATARES de la comunicación y la cultura Nº 15 (junio 2018), disponível em: http://ppct.caicyt.gov.ar/index. php/avatares/article/view/13008/pdf; e VILALTA, L. *O neoliberalismo é uma governamentalidade algorítmica. Lacuna: uma revista de psicanálise*. São Paulo, n. 9, p. 7, 2020, disponível em https://revistalacuna.com/2020/07/12/n-9-07/. (b) sobre distintas concepções das neurociências sobre o funcionamento do cérebro a

SIMONDON: uma introdução em devir

a essa situação, a compreensão alternativa que Simondon constrói do conceito de informação é de uma veemente atualidade intempestiva.

1. O que é a informação?

Mas o que é a informação e como ela adquiriu tamanha importância para o pensamento? "O conceito de informação, segundo Simondon, surge como um decalque da noção de forma, desde sua denominação mesma: in-formação. Tanto forma como informação provêm da atividade propriamente tecnológica; a primeira desde os tempos de Aristóteles e a segunda com a cibernética" (BLANCO; RODRÍGUEZ, 2015, p. 96). Para Simondon, tanto o hilemorfismo aristotélico quanto a compreensão cibernética da informação são insuficientes do ponto de vista ontológico para a compreensão da processualidade ontogenética própria à informação e decorrem de uma perspectiva de organização política e social indesejáveis. Vejamos cada um dos casos.

Com relação ao hilemorfismo, a informação é pensada como o processo de aquisição de forma da matéria. No entanto, neste processo a forma é compreendida como o *termo ativo que in-forma uma matéria passiva*. Tal compreensão é equivocada "porque nem a matéria carece de forma, nem a forma de matéria" (BLANCO; RODRÍGUEZ, 2015, p.96). No primeiro capítulo de *ILFI*, Simondon dedica várias páginas à

---

partir das redes neurais e dos processos informacionais, e tentativas de uniformização e hegemonização de seu funcionamento a partir de um modelo digital, ver: VILALTA, L. *El cerebro en individuación*. Reflexiones Marginales, saberes de frontera – Revista de la facultad de filosofía y letras UNAM, v. 48, 2018, disponível em https://revista.reflexionesmarginales.com/el-cerebro-en-individuacion/; e VILALTA, L. *Quem o cérebro pensa que é?*. DOIS PONTOS (UFPR) DIGITAL, v. 16, 2019, disponível em: https://revistas.ufpr.br/doispontos/article/view/70255. (c) sobre as individuações digitais e uma cartografia conceitual de como a informação opera, estrutura e governa essas individuações por meio da modulação e da reticulação, ver: VILALTA, L. *Modos de existencia de los objetos digitales – aperturas simondonianas para una arqueogénesis de la información y una genealogía de lo digital*. In: Lina Marcela Gil Congote. (Org.). Individuación, tecnología y formación – Simondon: en debate –. 1ed.Antioqui: Editorial Aula de Humanidades, 2020.

análise da operação técnica de moldagem de um tijolo. Com essa análise ele demonstra como os fundamentos do esquema hilemórfico são equivocados para compreendermos a tecnologia de aquisição de forma. O ponto de discordância chave é que "A forma e a matéria do esquema hilemórfico são uma forma e uma matéria abstratas" (ILFI, p. 40). Para Simondon, tais coisas como a forma pura e a matéria bruta são inexistentes, pois só existem como conceitos separados da operação técnica concreta de aquisição de forma.[2]

> A argila preparada é aquela na qual cada molécula será efetivamente posta em comunicação, seja qual for seu lugar relativamente às paredes do molde, com o conjunto de pressões exercidas por essas paredes. Cada molécula intervém no nível do futuro indivíduo, entrando assim em comunicação interativa com a ordem de grandeza superior ao indivíduo. Por sua vez, a outra semicadeia técnica decai para o futuro indivíduo; a forma paralelepipédica não é uma forma como qualquer outra; ela já contém um certo esquematismo que pode dirigir a construção do molde, que é um conjunto de coerentes operações contidas no estado implícito; a argila não é apenas passivamente deformável; ela é ativamente plástica, porque coloidal; sua faculdade de receber uma forma não se distingue da faculdade de conservar tal forma, pois receber e conservar são uma coisa só: sofrer uma deformação sem fissura e com coerência das cadeias moleculares. A preparação da argila é a constituição desse estado de igual distribuição das moléculas, desse arranjo em cadeias; a formatação já começou no momento em que o artesão mexe a pasta antes de introduzi-la no molde (ILFI, p .42 – trad. modificada).

Este fragmento da análise da operação técnica concreta envolvida na aquisição de forma de um tijolo evidencia como Simondon concebe a ma-

---

2 Como diz Simondon "A argila, concebida como suporte de uma plasticidade indefinida, é a matéria abstrata. O paralelepípedo retângulo, concebido como forma do tijolo, é uma forma abstrata. O tijolo concreto não resulta da união da plasticidade da argila e do paralelepípedo. Para que possa haver *um* tijolo paralelepipédico, um indivíduo existindo realmente, é preciso que uma *operação* técnica efetiva institua uma mediação entre uma massa determinada de argila e essa noção de paralelepípedo" (IFLI, p. 40).

téria já em movimento e a forma em relação aos potenciais plásticos da matéria concreta e ao ato de comunicação que é a operação de moldagem. A argila já contém forma em potencial pela plasticidade das propriedades coloidais dos hidrossilicatos de alumínio que fazem parte de sua composição molecular. A formatação é a comunicação efetiva, operada na preparação do molde, das paredes deste com as propriedades coloidais da argila. Não existe matéria que não contenha em si, como potenciais plásticos e/ou energéticos, sua atividade informante, sua forma; não existe forma separada da operação técnica na qual se concretiza. Em relação à operação técnica, nem a forma tampouco a matéria são realidades passivas. "A forma pura já contém gestos, e a matéria-prima é capacidade de devir; os gestos contidos na forma encontram o devir da matéria e o modulam" (ILFI, p. 44).

A inadequação do esquema hilemórfico para pensar o processo de aquisição de forma é correlata aos problemas da organização social e política da cidade grega (*polis*); *a divisão forma ativa/ matéria passiva é análoga à divisão cidadão/escravo.*

> A operação técnica que impõe *uma forma a uma matéria passiva e indeterminada* não é apenas uma operação abstratamente considerada pelo espectador que está vendo o que entra na oficina e o que sai dela, sem conhecer a elaboração propriamente dita. É essencialmente a operação comandada pelo homem livre e executada pelo escravo; o homem livre escolhe a matéria, indeterminada porque basta designá-la genericamente pelo nome de substância, sem vê-la, sem manipulá-la, sem aprontá-la: o objeto será feito de madeira, ou de ferro, ou de terra. A verdadeira passividade da matéria é sua disponibilidade abstrata por trás da ordem dada, que outros executarão. [...] O caráter ativo da forma, o caráter passivo da matéria, ambos respondem às condições da transmissão da ordem que supõe hierarquia social. [...] A distinção entre a forma e a matéria, entre a alma e o corpo, reflete uma cidade que contém cidadãos por oposição aos escravos (IFLI, p. 58-9).[3]

---

3   É interessante apontar aqui – como subtexto para as discussões que virão a seguir – como há correlação, para Simondon, entre o modo de organização social que encontrará o princípio de individuação na matéria, na forma ou na informação

Nesse sentido, a informação é para o hilemorfismo, segundo Simondon, o processo de estruturação ou organização de uma matéria passiva a partir do caráter ativo da forma. Tal estruturação decorre e reflete um dualismo da estrutura da divisão social. Esse dualismo tem por base o legado da metafísica platônica – que vimos no capítulo anterior – que tende a separar o inteligível e o sensível, tomando o processo de estruturação do sensível como uma degeneração da informação projetada e buscada no inteligível. A análise simondoniana trabalha com "exemplos práticos que questionam a diferenciação entre a forma, derivada em última instância do *eidos* platônico, e a matéria" (BLANCO; RODRÍGUEZ, 2015, p. 97).

Segundo a leitura de Simondon, forma e matéria são primeiramente separadas no hilemorfismo para serem posteriormente identificadas em

---

(neste último, uma informação governada, no caso da cibernética) com formas de hierarquia social e divisão do trabalho. O princípio de individuação encontrado no processo de ontogênese – e derivado da própria ontogênese – está apontando para outras formas de organização política e social. Nesse sentido, *a ontogênese simondoniana é uma política.* "Numa civilização que divide os homens em dois grupos, os que dão ordens e os que as executam, poder-se-ia dizer que o princípio de individuação, a partir do exemplo tecnológico, é necessariamente atribuído à forma ou à matéria, mas nunca aos dois juntos. O homem que dá ordens de execução, mas não as cumpre e só controla o resultado, tem tendência a encontrar o princípio de individuação na matéria, fonte da quantidade e da pluralidade, pois esse homem não experimenta o renascimento de uma forma nova e particular a cada operação fabricadora. [...] Muito pelo contrário, o homem que cumpre o trabalho não vê um princípio suficiente de individuação na matéria, pois para ele a matéria é a matéria preparada (ao passo que ela é a matéria bruta para aquele que ordena sem trabalhar, pois ele mesmo não a prepara); ora, a matéria preparada é precisamente aquela que, por definição, é homogênea, já que deve ser capaz de tomar forma. Portanto, o que introduz, para o homem que trabalha, uma diferença entre os objetos sucessivamente preparados é a necessidade de renovar o esforço do trabalho a cada nova unidade; na série temporal dos esforços da jornada, cada unidade se inscreve como um instante próprio: o tijolo é fruto desse esforço, desse gesto trêmulo ou firme, apressado ou cheio de lassidão; ele traz consigo a marca de um momento de existência do homem, ele concretiza essa atividade exercida sobre a matéria homogênea, passiva, esperando ser empregada; ele sai dessa singularidade" (ILFI, p. 69-70).

uma estrutura cujo nome é indivíduo. "Se a noção de forma é concebida em termos de identidade e 'estrutura', a 'informação', ao contrário, pode ser concebida em termos de uma relação diferencial e 'operação" (BARDIN, 2015, p. 25). Isto é o que fez inicialmente a cibernética. No entanto, para Simondon, "a cibernética descobriu a questão das operações, ao invés das estruturas, para logo se inclinar sobre estas últimas, impedindo uma preciosa possibilidade de vincular a informação com o devir" (BLANCO; RODRÍGUEZ, 2015, p. 100). Vejamos, então, o que foi a cibernética.

A cibernética, de acordo com a definição de seu fundador, Norbert Wiener, é a ciência que estuda o controle e a comunicação em animais, homens e máquinas. Ela se consolida entre as décadas de 1940 e 1950, principalmente nos Estados Unidos, a partir da confluência de uma série de cientistas que trabalhavam para os institutos de pesquisa das empresas de telefonia ou para as forças armadas estadunidenses e que se reuniram, entre 1946 e 1953, nas famosas *Conferências Macy*. São exemplos do chamado "grupo dos cibernéticos" matemáticos e lógicos como Wiener, Von Neumann, Pitts, Turing e Shannon; físicos como V. Bush e Bigelow; fisiologistas como Arturo Rosenblueth, W. B. Cannon, McCulloch e Donald MacKay; e até sociólogos como Warren Weaver e antropólogos como Gregory Bateson e Margaret Mead. Além destes, participaram das discussões cibernéticas e das *Conferências Macy*, nomes como Heinz von Foerster e Ross Ashby que, conjuntamente com Francisco Varela, Henri Atlan e Humberto Maturana, foram alguns dos principais nomes da chamada segunda cibernética. Esta ampliou em muito a capacidade de aplicação e a relevância das noções e esquemas cibernéticos ao expandir, por meio da *complexificação e recursividade* das dinâmicas entre ordem e desordem, sinal e ruído, as possibilidades de desenvolvimento e comunicações entre sistemas por meio das noções de auto-organização e autorregulação – indicando possibilidades para experimentos social-biológicos de controle da vida por meio da informação.

A palavra cibernética, segundo seu fundador, deriva da palavra grega *kubernetes* que pode significar "piloto", ou até mesmo "governo" (WIENER, 1954. p. 15); ou pode ter sua origem em *kubernesis* que significa "ação de pilotar uma nave", ou figurativamente pode ser empregada com o sentido de "ação de dirigir, governar" (TIQQUN, 2015, p. 31). Assim, o propósito da cibernética é definido por Wiener como o de: "desenvolver uma linguagem e técnicas que nos capacitem, de fato, a lidar com o problema do controle e da comunicação em geral, mas também a descobrir o repertório de técnicas e ideias para lhe classificar as manifestações específicas a partir de certos conceitos" (WIENER, 1954, p. 17).

Dito de modo extremamente resumido, o que almejavam os cibernéticos era fornecer um modelo geral de compreensão da comunicação entre homens, animais e máquinas; e isto, a partir de *equivalências funcionais* estruturadas em esquemas gerais como, por exemplo, o das relações entre emissor-mensagem-receptor (e também código-canal-contexto) e o dos processos de *retroalimentação (feedback)* e *causalidade circular* no comportamento, na cognição e na finalidade das ações dos seres vivos (teleonomia). Esses esquemas eram construídos com o intuito de que fosse possível o desenvolvimento de linguagens, técnicas e tecnologias que permitisse o controle e o governo das formas de interação entre todos os tipos de seres. Todo o espectro do ser (indivíduos físicos, viventes, psicossociais e técnicos), ao serem compreendidos como entidades que transmitem, recebem, processam e armazenam informações a partir de um conjunto de processos e relações, passa a fazer parte desse modelo geral. O conceito chave para a constituição desse modelo é o de informação, e é por meio dela que a cibernética constitui um projeto unificador e totalizante de controle e comunicação entre todos os seres. Como afirmou, em outro contexto, Michel Serres: "Todos nós, coisas inertes, seres vivos e seres humanos, *emitimos, recebemos, armazenamos e tratamos informação. Igualmente universais essas quatro regras* dizem respeito tanto às línguas dos homens quanto aos códigos dos seres vivos e das coisas" (2017, p. 53). E, assim, "o que é possível ler hoje, em definitiva, é que os seres humanos não somos os únicos que lemos, escrevemos e interpretamos este mundo" (RODRÍGUEZ, 2012, p. 39). Do DNA a todos os tipos de moléculas, das micropartículas aos sistemas computacionais, do contágio viral à organização político-econômica das sociedades, o sonho universalista da cibernética anunciava que, com as linguagens, técnicas e modelos adequados, já *não haveria mais separação entre natureza e cultura, entre as palavras e as coisas, pois ambas participariam, então, de um mesmo sistema de comunicação geral baseado na noção de informação.*[4]

Excedemo-nos aqui um pouco. Seguimos o fio onírico do universalismo cibernético, brevemente, para apontar como o conceito de informação já recebeu diversas definições e usos ao longo da recente história da cibernética e da teoria da informação – sinalizando como ele está entranhado em nossos discursos, nossas práticas científicas e em nossos modos de vida. Retornando, agora, às décadas de 1950-1960, Simondon analisava como essas diversas definições e usos se dividiam, principalmente, em duas grandes correntes: uma que aborda a informação por seu aspecto quantitativo e controlável, outra, pelo qualitativo e contingente.

No capítulo "Limites da noção tecnológica de informação para dar conta da relação do homem e do objeto técnico. A margem de indeter-

---

4   Sobre esse sistema de comunicação geral baseado na noção de informação, os Tiqqun realizaram uma brilhante análise de como a "hipótese cibernética" revolucionou a organização do mundo a partir da instauração da "*identidade entre a vida, o pensamento e a linguagem*" (TIQQUN, 2015, p. 40) a partir justamente da informação digital. Pablo Manolo Rodríguez no livro *Las palabras en las cosas* apresentou uma análise fundamental de como a conformação de tal identidade faz parte de um aspecto comum que distintas formações discursivas desenvolveram no novo *a priori* histórico da episteme pós-moderna. Ali ele mostra como com a "expansão da comunicação para regiões que não são propriamente as humanas" (p. 39) e com a "autonomização dos signos" (p. 77) em relação à linguagem e representação humanas, as palavras se adentram às coisas e passam a compô-las desde dentro. "Não é isto o que indicaria justamente uma transformação considerável entre a linguagem como manifestação empírica do homem e a linguagem como condição de possibilidade da máquina? Se assim é, a episteme moderna poderá ser definida como aquela que faz a linguagem aparecer no seio do humano e a pós-moderna como aquela que a faz aparecer no seio do maquínico. Para isso, a linguagem mudou de cara. Agora, é uma argamassa de letras, números e formas que animam a ontologia da informação. A linguagem assim concebida, e não como empiricidade da figura do homem, pode ser chamada de uma linguagem 'pós-moderna'" (2019, p. 337).

minação nos indivíduos técnicos. O automatismo" (MEOT, p. 206-24).[5] Simondon apresenta uma análise detalhada desses dois sentidos da informação e das insuficiências de cada um deles. Uma dificuldade técnica específica e um problema comum enfrentados pela engenharia das telecomunicações, pela Teoria Matemática da Informação (TMI) de Shannon e pela cibernética – mesmo que com empregos distintos da noção de informação e com focos e preocupações muito diversas – consistia em *definir em que situações uma informação transmitida ou recebida é significativa*. O que está em questão, então, é que para uma informação possuir significação ela não pode ser nem totalmente contingente, nem totalmente previsível. "Assim, a informação situa-se a meio caminho entre o puro acaso e a regularidade absoluta" (MEOT, p. 210). Este aspecto está intimamente relacionado com a centralidade de a informação ser apreendida prioritariamente em relação à *operação de transmissão da informação*.

> Há, portanto, dois aspectos da informação, que se distinguem tecnicamente pelas condições opostas que são necessárias para a transmissão. A informação, em certo sentido, é aquilo que traz uma série de estados imprevisíveis, novos, que não fazem parte de nenhuma sequência que seja definível de antemão; então, ela exige do canal de informação uma disponibilidade absoluta em relação a todos os aspectos da modulação que dirige; o canal de informação não deve fornecer nenhuma forma predeterminada por si mesmo, não deve ser seletivo. [...] Nesse sentido, a informação tem certas características em comum com os fenômenos puramente contingentes, sem lei, como os movimentos de agitação térmica molecular, a emissão radioativa, a emissão eletrônica descontinua no efeito termelétrico ou fotoelétrico. [...] Num sentido oposto, a informação se distingue do ruído porque a ela podemos atribuir um certo código, uma relativa uniformização [...] Essa oposição representa uma antinomia técnica que coloca um problema para o pensamento filosófico: a informação é como um acontecimento do acaso, e, no entanto, distingue-se dele (MEOT, p. 208-10 – trad. modificada).

---

5   Esta discussão é feita do ponto de vista da relação entre informação e significação no capítulo homônimo de *ILFI*, ver p. 219-23.

SIMONDON: uma introdução em devir

Do ponto de vista da operação de transmissão, um puro acontecimento do acaso, em um canal de informação, não pode ser distinguido de um ruído e, portanto, é pouco significativo. Por outro lado, uma informação totalmente previsível e estereotipada tampouco é significativa porque não se distinguiria do código, não poderia ser recebida. Essa dificuldade em estabelecer a margem de determinação e indeterminação na operação de transmissão para que uma informação seja significativa está relacionada a dois pontos problemáticos nos dois sentidos de informação com que trabalha a cibernética. Por um lado, inseridos no âmbito dos avanços tecnológicos para a transmissão de mensagens e para o estabelecimento de comunicação entre máquinas, os cibernéticos necessitam que a informação esteja formalizada de acordo com uma codificação estruturada entre máquinas de informação; ou seja, a informação só será significativa se estiver codificada e for transmitida com uma forma do emissor ao receptor. Por outro lado, a estrutura necessária para que uma informação seja transmitida não pode fazer com que esta seja reduzida ao código ou a forma, pois tal redução eliminaria a significação que, como veremos, advém da operatividade própria da informação que consiste em produzir uma transformação no receptor da mensagem. Assim, para que uma informação seja significativa, ela precisa manter seu caráter acontecimental, necessita estabelecer uma complementaridade entre estrutura e operação. Dito resumidamente:

> Simondon propõe que a definição cibernética de informação se encontra tensionada entre sua dependência funcional com a forma, que é a "regularidade absoluta" e constitui a "condição da informação", e a possibilidade de gerar estados improváveis a partir dessas formas, ou seja, que exista "a entrada de uma variação em relação com uma forma". Contudo, a imprevisibilidade absoluta de uma variação de forma não constituiria informação, dado que não haveria ninguém que poderia interpretá-la, como se falássemos uma língua que ninguém entende (BLANCO; RODRÍGUEZ, 2015, p. 98).

Esse impasse entre regularidade e imprevisibilidade surge da própria centralidade dada à transmissão de informação. O problema de ambas as concepções consiste em tomar a *operação* de transmissão de informação como um processo estável ou que precisaria ser estabilizado. Como já dissemos anteriormente, a cibernética descobriu a operação de transmissão de informação, mas o contexto científico-econômico em que foi inserida exigiu que tal operação fosse estabilizada como estrutura tecnológica para poder ser controlada de acordo com a finalidade e funcionalidade desejada para tal operação – um exemplo disso é a questão da eliminação ou diminuição dos ruídos na melhoria da qualidade de transmissão das mensagens. A oposição entre informação e forma passa a vigorar com a predominância desta no controle daquela. Para superar o impasse, então, Simondon propõe a adoção de uma posição *metaestável*, garantindo um devir para a operação de informação.

> O equilíbrio metaestável é aquele no qual se conservam potenciais para posteriores devires de um sistema dado, neste caso um sistema de informação. Não é o caso da teoria das formas, nem da teoria da informação em suas formulações clássicas. Em ambos os casos há um termo ativo e outro passivo: a forma e a posição de emissão de um lado, a matéria e a posição de recepção do outro. A aquisição de forma ou a recepção correta de uma mensagem seriam, assim, processos que possuem um princípio e um fim que ao ser alcançado confirmam que no sistema há informação (BLANCO; RODRÍGUEZ, 2015, p. 99).

A operação teórica metaestável de Simondon consistirá, então, em reformular alguns aspectos que estavam coagulados na oposição entre os o sentido determinista e o acontecimental da informação. Primeiramente, *a complementaridade na relação de forma e informação*. Em certo sentido, utilizar o conceito de "forma" para descrever a estrutura que é comunicada de um emissor a um receptor por meio da operação de transmissão de informação é incorrer em uma imprecisão conceitual com relação aos termos que a teoria da informação e a própria cibernética utilizaram para descrever esse processo. No contexto técnico-tecnológico daquele momento, a estruturação formal aparecia por meio do controle dos sinais e da corrente elétrica, e através dos programas e códigos operados pelas máquinas – enfim, aparecia concretamente nos modelos tecnológicos específicos empregados pelas empresas de telefonia, pela computação e pelas engenharias de telecomunicações. Em todos estes empregos, não era o conceito filosófico de forma que era convocado, mas, noções correlatas, dependendo de cada caso. Contudo, no âmbito das discussões filosóficas e das elaborações teóricas da época, o conceito de "forma", mesmo que impreciso, era ainda muito utilizado. E, dado seu poder de generalização, filósofos como Simondon e Ruyer se valeram desse conceito para poder, inclusive, inscrever a discussão sobre a informação em uma tradição filosófica mais ampla. "Na transmissão de uma estrutura de uma máquina para outra, ou de uma parte a outra de uma mesma máquina, é uma forma que se vê, ao final de contas, transmitida como unidade significante, porque um ser consciente pode tomar consciência de um resultado final como de uma forma" (RUYER, 1972, p. 5).

O conceito de "forma", então, passa a operar como a *unidade significativa* de um processo de informação. Como bem aponta Simondon, a "forma" é ainda utilizada nos contextos da teoria da informação e da cibernética como princípio garantidor de *organização* e *funcionalidade*, e, por fim, é vista assimetricamente como princípio de inteligibilidade da informação.

> A Noção de Forma, em todas as doutrinas em que aparece, desempenha um papel funcional constante: o de um *germe estrutural* possuindo certo poder diretor e organizador; ela supõe uma dualidade de base entre dois tipos de realidade, a realidade que recebe a forma e a que é a forma ou abriga a forma; esse privilégio da forma reside em sua unidade, sua totalidade, sua coerência essencial consigo mesma. [...] o fundamento de toda teoria da forma, arquetípica, hilemórfica ou gestáltica, é a assimetria qualitativa, funcional e hierárquica da Forma e daquilo que toma forma (FIP, p. 574).

A primeira reformulação de Simondon consistirá, assim, na eliminação desse privilégio da forma. Assim como na alagmática tratava-se de estabelecer uma relação de complementaridade entre estrutura e operação, a teoria da informação simondoniana irá estabelecer uma complementaridade entre forma e informação – mesmo que a operação de recepção de informação mantenha, como veremos, certa centralidade em sua abordagem em decorrência de não haver sido compreendida adequadamente.

> A forma tem uma função de seletividade. Mas a informação não é a forma nem um conjunto de formas, é a variabilidade das formas, é o fornecimento de uma variação vinculada a uma forma. É a imprevisibilidade de uma variação de forma, não a pura imprevisibilidade de qualquer variação. Portanto, seríamos levados a distinguir três termos: o puro acaso, a forma e a informação (MEOT, p. 211 – trad. modificada.).

Simondon separa, então, essas três instâncias, e o puro acaso, o acontecimento imprevisível que não se inscreve em uma relação com alguma forma não possuirá significação. A significação não surgirá nem da forma, tampouco da informação enquanto *termos* isolados, mas da *relação* entre ambas. A função da forma consiste em operar, a partir da estruturação do código ou da mensagem a ser transmitida, a seletividade da informação que será significativa. A função da informação é produzir essa variabilidade das formas que garanta que a incidência de informação em um sistema, ou a recepção de informação, tenha como potência própria a capacidade de gerar transformações. Ambas as funções só possuem sentido em sua relação de complementaridade.

> O ponto de ancoragem de sua teoria *[da informação]* é a metaestabilidade das posições "passivas" e por tanto de sua transformação em ativas; e mais, é delas que depende o processo inteiro da informação. O que define a correta recepção da informação como aquisição de forma ou chegada de uma mensagem é o fato de que os que a recebam tenham capacidade de se transformar, e deste modo ele consegue fazer equivaler a informação com a ontogênese e com a individuação mesma (BLANCO; RODRÍGUEZ, 2015, p. 99).

Consequentemente, a segunda reformulação de Simondon consiste, assim, na *subversão das noções de "ativo" e "passivo" em relação ao "transmissor" e ao "receptor"*. Ambas as instâncias são ativas porque possuem uma função própria e, ao mesmo tempo, são concebidas como metaestáveis, ou seja, possuem um excesso em relação a sua própria operatividade. Em relação à transformação que o processo de informação pode operar, a forma não é apenas ativa ao selecionar a informação significativa, mas também ao conter em si a possibilidade de sua variação a partir da incidência de uma informação; a informação não é apenas a atividade de variação de uma forma, mas é também o próprio devir do processo – é o devir da forma, mas também o devir de sua variação. Como diz Bardin: "Em resumo, o código é, simultaneamente, produtor de e produzido pela troca de informação, i. e. pode ser gerado e ser modificado por sinais" (2015, p. 26). Esbocemos, agora, uma cartografia mais detalhada dos conceitos de código, sinal e suas relações com a informação.

O código é aquilo por meio do que uma informação pode ser "lida" e uma estrutura ou forma pode ser transmitida; nesse sentido, o código – esteja ele em uma forma física, vivente ou tecnológica – é o que permite a *seletividade* do sinal que será significativo e da informação que poderá produzir transformação no receptor. No entanto, Simondon questiona o modo como o paradigma cibernético compreende o código. Para a cibernética, "o código do Emissor e Receptor devem coincidir para que haja uma correta troca de informação" (BARDIN, 2015, p. 26). Simondon propõe, ao contrário, – antecipando o funcionamento da relação entre algoritmos e metadados; e também da epigenética –, que o próprio código ou as possibilidades de sua leitura são também alterados pelo sinal e pelas transformações sofridas no processo. Isto nos permite compreender como realidades ou "sistemas com códigos completamente diferentes podem em princípio (e assim realmente o fazem) se comunicar, como ser humano e máquina ou máquina e animal, mas também ser humano e vírus, orquídea e vespa" (BARDIN, 2015, p. 26). Resumidamente, o que propõe Simondon é que a própria identidade do código, o modo como será lido e sua operatividade são também processuais e se transformam de acordo com a individuação dos seres físicos, viventes, psicossociais e técnicos detentores de tal código.

Em segundo lugar, a informação e o sinal se diferenciam na teoria de Simondon por ser o sinal *a energia modulada* – elétrica ou eletromagnética – que transporta uma informação produzindo uma ordem dinâmica, uma organização do sistema; já a informação é o que incide provocando a variação ou modificação do sistema.

> Para Simondon, a *ordem* dinâmica depende da transmissão dos sinais expressados pelo código para o funcionamento normal do sistema, enquanto a eficácia diz respeito ao impacto desorganizador da nova informação no mesmo funcionamento. Eles são dois processos radicalmente diferentes – o primeiro, determinista, o segundo, parcialmente aleatório – que não devem ser confundidos. Ao contrário, por identificar sinal e informação, a cibernética reduziu a troca de informação a um único processo determinista que deixa substancialmente intocado a identidade dos sistemas envolvidos, reduzindo-os a subconjuntos do macro-sistema ao qual se supõe que sejam inteiramente dependentes (BARDIN, 2015, p. 27).

Assim, resumindo nosso mapa, o código é o que seleciona de um sinal aquilo que pode ser "lido", ou seja, a informação que pode ser significativa; sendo que o critério de significação é o de que a informação possa operar uma transformação no receptor.[6]

Finalmente, a terceira reformulação de Simondon consiste *em propor dois sentidos complementares para o conceito de informação*. Em um primeiro sentido, a informação é uma operação singular que incide em um sistema ou em um indivíduo podendo operar ali uma transformação. Para tanto, é central a condição metaestável do receptor e é ela que determina se uma informação é significativa ou não. Como disseram Blanco e

---

6   Outra forma de diferenciação que Simondon realiza entre sinal, forma e informação é a seguinte: "Pode-se nomear *sinal* o que é transmitido, *forma* aquilo relativamente ao qual o sinal é recebido no receptor, e *informação*, propriamente dita, aquilo que é efetivamente integrado ao funcionamento do receptor após a prova de disparação incidindo sobre o sinal extrínseco e à forma intrínseca". A chegada de informação em um sistema depende da qualidade de incidência dos sinais, agora as significações e relações para que esse sistema exista e se transforme dependem da estruturação da forma (ou código) e da variabilidade produzida pela informação. Como diz Simondon, ainda na mesma página, "as condições de boa transmissão dos sinais não mais devem ser confundidas com as condições de existência de um sistema. O sinal não constitui relação" (ILFI, p. 335).

Rodríguez, frente às teorias probabilísticas e quantitativas da informação, Simondon propõe uma *teoria qualitativa da informação*. Ele fala em "tensão" ou "intensidade" de informação. A "tensão" de informação pressupõe a metaestabilidade dos receptores, ou seja, sua abertura para certo grau de incompatibilidade inicial na recepção dos sinais e de indeterminação no código na incidência da informação, permitindo, assim, que uma transformação ocorra (FIP, p. 594-5). A *tensão de informação* é correlata a uma problemática aberta no sistema transmissão-mensagem-recepção e nas relações entre código-sinal-informação.

Em um segundo sentido, a informação é concebida como um processo e não como uma coisa. A informação é a operação que permite a transformação de uma estrutura em outra, ou de uma operação em estrutura e vice-versa. Nesse sentido, a teoria da informação simondoniana é análoga a alagmática, pois se propõe a pensar a operação informacional de complementaridade entre estrutura e operação, entre códigos e sinais. Também o processo de informação é análogo à própria ontogênese, por ser uma operação informacional que resolve, no devir das individuações, uma problemática aberta no sistema do ser. *A informação é, simultaneamente, uma operação que produz uma transformação em um sistema ou em um receptor, e esse próprio processo de transformação cujo nome é ontogênese.* "*Ser ou não ser informação* não dependente somente das características internas de uma estrutura; a informação não é uma coisa, mas a operação de uma coisa ingressando num sistema, e nele produzindo uma transformação. A informação não pode ser definida fora desse ato de incidência transformadora e da operação de recepção" (API, p. 283-4).

2. Condições da informação: metaestabilidade, comunicação e ressonância interna

Vimos até agora a crítica de Simondon a duas tradições que se valeram do conceito de informação e como, em linhas gerais, ele fornece um conceito alternativo. Isto, dado que é "nas sucessivas teorias do hilemorfismo, da Boa Forma e, em seguida, da informação, a perspectiva é exatamente a mesma: a que busca descobrir a inerência das significações ao *ser*, gostaríamos de descobri-la na operação de individuação" (IFLI, p. 34). Esta relação de *inerência entre informação e operação de individuação* está na base das reformulações filosóficas do pensamento simondoniano. Abordaremos essa relação no próximo tópico deste item, e, para tanto, precisamos, antes, sintetizar o que vimos até aqui sistematizando quais são as *condições* da informação.

A *primeira condição* para as reformulações que a teoria da informação simondoniana realiza está ligada ao conceito de metaestabilidade. Este conceito é utilizado, inicialmente, por Simondon para descrever a realidade do ser como "mais-que-unidade" e "mais-que-identidade" em relação a si mesmo. O ser está excedido em relação a si mesmo, e o devir do ser, enquanto realidade metaestável, é um conjunto de potenciais de transformação, de novas individuações que o ser já carrega em si mesmo. Esse aspecto ontológico do conceito de metaestabilidade decorre de uma transformação epistemológica e de uma postulação ontogenética. Por um lado, a noção de energia potencial de um sistema – proveniente da termodinâmica – propiciou ao pensamento a capacidade de superar os binarismos da tradição. "Os Antigos só conheciam a instabilidade e a estabilidade, o movimento e o repouso, não conheciam clara e objetivamente a metaestabilidade" (ILFI, p. 18). Assim, a realidade do ser e de seus processos não deve mais ser pensada a partir de categorias dicotômicas que tendem a eliminar as tensões sempre latentes e os potenciais que nunca se esgotam. Graus maiores ou menores de estabilidade servem apenas para descrever momentos dos processos que são, em seu conjunto, metaestáveis. Por outro lado, o devir não é pensado como uma realidade separada do ser, um epifenômeno; o devir é um devir do ser, sua realidade é um constante processo de transformação. Como diz Simondon, o sistema metaestável "convoca a sua transformação e a condiciona. A noção de metaestabilidade permite, deste modo, abordar a partir de um novo ângulo tudo o que devém, permite pensar o devir como fenômeno positivo e não como degradação apenas" (CI, p. 190, n.2).

O conceito de metaestabilidade permite, então, que Simondon compreenda as posições de emissão e recepção de informação como, simultaneamente, ativas. Contudo, o cerne de sua posição teórica – e também um dos aspectos mais originais de sua teoria em relação às teorias tradicionais da informação – consiste em colocar *o foco na metaestabilidade do receptor*, ou seja, em sua capacidade de se transformar a partir de uma informação recebida. Como vimos, uma informação será significativa de acordo com a capacidade de transformação do receptor. Assim, a metaestabilidade do receptor conjuga a necessidade de que a informação recebida possua um grau de determinação (previsibilidade) e um grau de indeterminação (imprevisibilidade) para que uma transformação possa suceder. Essa capacidade de devir, de transformar-se, de individuar-se do receptor é a *primeira condição* para que exista informação. Dito de outro modo, *a informação só será significativa em um sistema quando ela for correlata a um processo de individuação*. Essa exigência de correlação entre informação e individuação é o que, ao final, o conceito de metaestabilidade coloca em funcionamento.

A *segunda condição* consiste na existência de comunicação entre elementos ou seres que não esteja previamente estruturada. "Uma informação nunca é relativa a uma realidade única e homogênea, mas a duas ordens em estado de *disparação*" (IFLI, p. 26). Para Simondon, a informação não surge em um sistema previamente determinado, no qual as ordens de realidade sejam homogêneas entre si; mas quando duas ordens de realidade díspares entram em comunicação. Assim, não se trata de uma obviedade dizer que para que exista informação é necessário que exista comunicação entre indivíduos, seres, sistemas etc., – ou seja, que exista uma mensagem sendo transmitida de um emissor a um receptor –, pois é necessário um tipo de comunicação específica para que exista informação, a saber, entre *ordens de realidade díspares que não estejam previamente estruturadas*.

Neste ponto, aparece um dos aspectos mais relevantes e originais da conexão proposta por Simondon entre metaestabilidade, comunicação e ontogênese. A comunicação não é para o filósofo algo que ocorre posteriormente ao devir do ser, ou seja, posterior à ontogênese; a comunicação é correlata à realidade metaestável inicial do ser, ela é condição do devir. Simondon compreende a comunicação não como um processo de estabelecimento de relações entre indivíduos já constituídos, entre realidades já dadas, entre termos que possuem uma relação de *compatibilidade*; mas como a relação entre duas ordens de realidade díspares, como *a relação entre incompatíveis que disparam um processo de individuação*. A comunicação é, assim, anterior à informação, à individuação e ao devir. A própria compreensão do ser como realidade metaestável faz com que a comunicação seja uma relação paradoxal de *compatibilidade de incompatíveis*.

Há, então, uma relação de reciprocidade entre comunicação e individuação. Por um lado, a comunicação, enquanto, *compatibilidade de incompatíveis* é condição do surgimento de processos de individuação no ser – que são correlatos à incidência de informação. Por outro, a individuação expressa uma comunicação concreta; podemos dizer que a *individuação é a comunicação em operação.* "A comunicação está ligada à individuação e não pode operar sem ela. Por outra parte e inversamente, a comunicação ajuda à individuação a se completar, a se manter, a se regenerar, ou a se transformar" (CI, p. 59).

Essa relação entre comunicação e individuação é estabelecida pela incidência de informações significativas, ou seja, que permitam que novas transformações e organizações dos processos tenham curso em um sistema. A *compatibilidade de incompatíveis* é uma problemática aberta para a qual os processos de individuação operam como uma resolução organizadora. "A informação não é o conteúdo de uma mensagem transmitida, mas a significação original da resolução do problema que faz passar dos incompatíveis ao real. A comunicação mais elevada é aquela que se traduz pelo fluxo incessante entre os campos do sistema organizado pela resolução" (CI, p. 87). Esse fluxo incessante – entre compatibilidade e incompatibilidade, exterior e interior, realidade pré-individual e individuada, organização de um sistema e problemática aberta que exige novas resoluções e organizações –, que Simondon caracteriza como a produtividade organizadora da informação, é análogo ao conceito de ressonância interna de um sistema.

> A informação é o que transborda de uma individuação sobre a outra, e do pré-individual sobre o individuado, porque o esquema se-

gundo o qual uma individuação se cumpre é capaz de encetar outras individuações: a informação tem um poder exterior porque ela é uma solução interior; ela é o que passa de um problema a outro, o que pode irradiar de um domínio de individuação a um outro domínio de individuação; a informação é informação significativa porque ela é primeiramente o esquema segundo o qual um sistema conseguiu se individuar; é graças a isso que ela pode devir significativa para um outro (ILFI, p. 490-1).

Resumindo o que vimos até agora podemos dizer que:

1. A metaestabilidade é a condição permanente do ser e dos processos de individuação, pois é a própria tensão, o excesso latente, que faz com a informação seja significativa ao operar transformações, devires que são resoluções de problemáticas, abertura a novos processos de individuação.

2. A comunicação é o nome do processo de organização que relaciona informação e individuação ao estabelecer a compatibilidade de incompatíveis. As ordens de realidade díspares que existem como metaestabilidade do ser entram em comunicação significativa em um processo de individuação a partir da incidência de uma informação.

A *terceira condição* está ligada à subversão, que o conceito de ressonância interna permite, das polaridades interior/exterior e informação/relação.

> A informação se define pela maneira como um sistema individuado se afeta, ele mesmo, condicionando-se: ela é aquilo pelo qual existe certo modo de condicionamento do ser por ele mesmo, modo que se pode nomear *ressonância interna*: a informação é individuante e exige certo grau de individuação para poder ser recebida; ela é aquilo pelo qual caminha a operação de individuação, pelo qual a própria operação se condiciona (ILFI, p. 489-90).

A informação é definida por Simondon nessa passagem como correlata a um modo de autocondicionamento, autoafetação do ser por si mesmo, da operação de individuação por si mesma, cujo nome é ressonância

interna. A religação entre ser e devir operada pela ontogênese simondoniana havia possibilitado a compreensão do ser como uma unidade
múltipla cuja realidade é um modo de autoafetação. O devir do ser é, ao
mesmo tempo, interior – dado que é uma relação do ser consigo mesmo
– e exterior – dado que o ser se excede a si mesmo nessa relação. Para descrever essa *simultaneidade entre exterioridade e interioridade dos processos
é que Simondon cria o conceito de ressonância interna.* Em um primeiro
sentido, então, a ressonância interna torna possível que a informação seja
um processo de relação do ser consigo mesmo.

> O ser é relação pois a relação é a ressonância interna do ser relativa-
> mente a si mesmo, o jeito como ele se condiciona reciprocamente
> no interior de si mesmo, desdobrando-se e reconvertendo-se em
> unidade [...] A relação jamais pode ser concebida como relação en-
> tre termos preexistentes, mas como regime recíproco de troca de in-
> formação e de causalidade num sistema que se individua. A relação
> existe fisicamente, biologicamente, psicologicamente, coletivamen-
> te como ressonância interna do ser individuado; a relação exprime a
> individuação, e está no centro do ser (ILFI, p. 466).

Contudo, essa relação do ser consigo exige um desdobramento conceitual. No primeiro sentido da ressonância interna podemos dizer que
Simondon descreve o *como* das relações, ou seja, o modo de operação
próprio das relações. Esse primeiro sentido é, então, complementado por
um segundo sentido que tem por base a pergunta *o que* se relaciona.

As noções de reciprocidade, de correlação, de complementaridade,
convidam à reinserção da separação no ser; a própria ideia de "relação"
está quase que inexoravelmente marcada pela existência de ao menos dois
elementos que são vinculados. Mas a relação, tal como propõe Simondon, não é um mero vínculo ou nexo entre elementos porque a relação
expressa os processos de individuação e não a constituição de uma individualidade. A relação é uma troca permanente de informação na ontogênese perpetuada. Esse segundo sentido da ressonância interna é melhor
expresso, assim, pela relação entre conjuntos e subconjuntos. Simondon
utiliza uma série de palavras para descrever os conjuntos que constituem

o ser (elemento, sistema, quase-sistema, processo, indivíduo etc.); por mais que seja pouco recorrente ao longo da obra simondoniana, acreditamos que a palavra "conjunto" é a que melhor descreve essas unidades provisórias de relacionalidade – que são um conjunto de relações de relações.

> Poder-se-ia dizer que a informação é ao mesmo tempo interior e exterior; ela exprime os limites de um subconjunto; ela é mediação entre cada subconjunto e o conjunto. Ela é *ressonância interna do conjunto enquanto ele comporta os subconjuntos*; ela realiza a individuação do conjunto como encaminhamento de soluções entre os subconjuntos que o constituem: ela é ressonância interna das estruturas dos subconjuntos no interior do conjunto: essa troca é interior relativamente ao conjunto e exterior relativamente a cada um dos subconjuntos. A informação exprime a imanência do conjunto em cada um dos subconjuntos e a existência do conjunto como grupo de subconjuntos, realmente incorporando a quididade de cada um, o que é a recíproca da imanência do conjunto em cada um dos subconjuntos. Se há, com efeito, uma dependência de cada subconjunto relativamente ao conjunto, há também uma dependência do conjunto relativamente aos subconjuntos. Essa reciprocidade entre dois níveis designa aquilo que se pode nomear ressonância interna do conjunto, e define o conjunto como realidade em curso de individuação (ILFI, p. 491-2).

Este trecho – que pede uma leitura lenta e atenta – é talvez o que melhor expressa a inter-relação da informação com a metaestabilidade, a comunicação e a ressonância interna. Um conjunto é um modo de descrever *um* indivíduo, *um* termo, *uma* relação como uma multiplicidade; e seu desdobramento expresso pelos e nos subconjuntos é um modo de descrever *uma* multiplicidade como composição múltipla. Individuação. Em suma, a informação surge da mediação entre conjuntos e subconjuntos, é a comunicação que relaciona estes como simultaneamente exteriores e interiores uns aos outros, operando uma compatibilidade de incompatíveis. Essa reciprocidade marca cada conjunto como uma realidade metaestável com processos de individuação em latência. Por fim, esse desdobramento da unidade do ser em uma multiplicidade de conjuntos em subconjuntação, de relações de relações, é o que o conceito de ressonância interna possibilita e o conceito de informação expressa. "O fato de que uma informação é verdadeiramente informação é idêntico ao fato de que algo se individua; e a informação é a troca, a modalidade de ressonância interna segundo a qual a individuação se efetua" (ILFI, p. 490).

3. Informação e individuação

Para além de tudo o que vimos, uma mera folhada no índice de *ILFI* é suficiente para evidenciar a importância que o conceito de informação possui nessa obra. Além de se tornar cada vez mais presente na construção transdutiva do livro, Simondon chega mesmo a indicar que "*a noção de forma deve ser substituída pela de informação*" (ILFI, p.33). Podemos mesmo dizer que a teoria da informação simondoniana fornece um esquema geral para a teoria da individuação e para a compreensão e diferenciação dos tipos de individuação. "A noção de informação permite pensar os diferentes tipos de individuação (em especial físicos e vitais) como irredutíveis entre si e, *ao mesmo tempo*, como dependendo, de certa maneira, de um mesmo esquema de compreensão da individuação" (CHATEAU In: CI, p. 38).

Anteriormente, vimos como a informação possui, ao menos, dois sentidos no pensamento de Simondon. Em um sentido, a informação é o nome de um processo que produz uma transformação e é análogo à ontogênese; em outro, a informação é uma operação que excede esse processo, uma incidência da realidade pré-individual no esquema da individuação. Veremos agora, de modo introdutório, como esse primeiro sentido estabelece uma complementaridade entre individuação e informação na ontogênese. Essa complementaridade é a chave do esquema geral do pensamento simondoniano, como veremos a seguir. Mas, posteriormente, também veremos como a dimensão pré-individual da informação excede esse esquema geral e é um excesso da própria ontogênese e do pensamento.

> Portanto, a informação é um encetante de individuação, uma *exigência de individuação*, jamais uma coisa dada; não há unidade e identidade da informação, pois a informação não é um *termo*; ela supõe tensão de um sistema de ser; só pode ser inerente a uma problemática; a informação é *aquilo pelo qual a incompatibilidade do*

> *sistema não resolvido devém dimensão organizadora na resolução*; a informação supõe uma *mudança de fase de um sistema*, pois ela supõe um primeiro estado pré-individual que se individua segundo a organização descoberta; *a informação é a fórmula da individuação, fórmula que não pode preexistir a essa individuação; poder-se-ia dizer que a informação está sempre no presente, atual, porque ela é o sentido segundo o qual um sistema se individua* (ILFI, p. 26-7 – os itálicos finais são nossos).[7]

A informação é uma exigência de individuação e é o modo como a operação de individuação se condiciona a si mesma. A incidência de informação em um sistema metaestável dispara uma possibilidade de transformação e é, portanto, a comunicação de ordens de realidade díspares que visam resolver uma problemática (uma incompatibilidade do sistema) do ser ou do conjunto (e subconjuntos) em questão. A informação incide em um sistema como exigência de individuação, como potência de *organização* que fornece uma resolução a essa problemática aberta no ser. A informação é, por tudo isto, uma *organização*, nem *anterior* nem *posterior*, mas sempre *atual* dos processos de individuação como resolução de uma problemática ontogenética.

Assim, devemos compreender de duas maneiras essa afirmação de Simondon de que a "informação é a fórmula da individuação" – tendo em

---

7 Após esse trecho Simondon introduz uma curiosa nota de rodapé que aponta para uma "condição primordial" da informação ligada ao estado fundamental do ser, o pré-individual. Trazemos essa nota aqui para já deixar assinalado como, conjuntamente à "fórmula da individuação", o outro sentido da informação, ligado ao pré-individual, aparece como complexificação dessa mesma fórmula. "Essa afirmação não implica contestar a validez das teorias quantitativas da informação e das medidas da complexidade, mas supõe um estado fundamental – o do ser pré-individual – anterior a qualquer dualidade do emissor e do receptor e, portanto, a qualquer mensagem transmitida. Desse estado fundamental, o que resta, no caso clássico da informação transmitida como mensagem, não é a fonte da informação, mas a condição primordial sem a qual não há efeito de informação – logo, nada de informação: a metaestabilidade do receptor, seja ele ser técnico, seja indivíduo vivente. Podemos nomear essa informação de 'informação primeira'" (ILFI, p. 27, n. 10 – trad. modificada).

vista a complementaridade entre ambas. Por um lado, o estudo do processo de informação permite a Simondon conceber a operação de individuação não mais vinculada ou derivada do indivíduo ou do princípio de individuação – e, com isso, superar as limitações do substancialismo, do hilemorfismo, da *Gestalt* e da própria cibernética para pensar os processos e as relações entre ser e devir, e entre estrutura e operação. Por outro lado, a informação é uma exigência de individuação, convoca uma transformação no conjunto em questão, e é, portanto, disparadora de um devir que opera como resolução organizadora de uma problemática – advinda de uma incompatibilidade inicial entre duas ordens de realidade díspares.

Em suma, a informação é condição para o devir da individuação. Mas é, simultaneamente, resultado do próprio devir que foi disparado por uma operação de individuação. Informação e individuação são complementares, correlatas e co-condicionantes porque ambas devêm em interfluxo – o devir as transiciona.

> Toda informação é, ao mesmo tempo, informante e informada; ela deve ser apreendida nessa transição ativa do ser que se individua. Ela é aquilo pelo qual o ser se defasa e devém. Nos seus aspectos separados, registrados, mediatamente transmitidos, a informação ainda exprime uma individuação cumprida e a ressurgência desse cumprimento, que pode se prolongar noutras etapas de amplificação: a informação jamais está somente após a individuação, pois, se ela exprime uma individuação cumprida, é relativamente a uma outra capaz de se cumprir: expressão de uma informação cumprida, ela é o germe em torno do qual uma nova individuação poderá se cumprir: ela estabelece a transdutividade das individuações sucessivas, dispondo-as em série porque lhes atravessa portando de uma a outra o que pode ser retomado (ILFI, p. 490).[8]

---

8   E em uma nota de rodapé, respectiva a essa passagem, complementa: "Na mesma medida, o indivíduo, oriundo de uma comunicação entre ordens de grandeza primitivamente isoladas, traz a mensagem da dualidade delas, depois reproduz o conjunto por amplificação. *A informação conserva o pré-individual no indivíduo*" (ILFI, p. 490 n. 10 – itálicos meus).

II. A amplificação como esquema geral da ontogênese

Vimos até aqui, em linhas gerais, como se constitui a teoria da informação de Simondon e como ela é complementar à sua teoria da individuação. Tal abordagem nos pareceu necessária para que possamos iniciar a discussão sobre a existência de um esquema geral operando no pensamento ontogenético do filósofo. Apresentaremos agora, de maneira sucinta, como podemos compreender e em que contexto histórico-filosófico se insere a hipótese desse esquema teórico geral e como ele é mobilizado nos escritos e conferências de Simondon. Na sequência, estabeleceremos como há uma correlação entre amplificação e ontogênese, sendo a amplificação um modo de processualização da ontogênese da individuação, da tecnicidade e mesmo do sujeito. Com isto, poderemos mostrar como na base do esquema da amplificação há uma relação de analogia entre os três momentos da operação ontogenética e os três momentos da operação de informação, e que eles são correspondentes e correlatos nos três modos da amplificação. Então, analisaremos detalhadamente os modos da amplificação em fenômenos tão díspares como um processo de cristalização, um incêndio florestal, as Jornadas de Junho de 2013 e o golpe parlamentar jurídico-midiático brasileiro de 2016, a Revolução Argelina, a percepção binocular na formação de imagens retinianas e as relações entre consciência e vida. Por fim, faremos uma síntese do esquema teórico geral da amplificação mostrando como o devir pode existir enquanto realidade pré-individual, individual e transindividual e que esses devires podem ser transformados, controlados e/ou compatibilizados de acordo com a amplificação que os processualiza.

1. A hipótese de uma teoria geral

Não foram poucas as leitoras e leitores que apontaram algo como uma tendência totalizante que se expressaria em esquemas teóricos gerais na filosofia de Simondon. Algumas das versões mais eloquentes e sagazes elaboradas por comentadoras são:

1. O "enciclopedismo genético" que propôs Jean-Hughes Barthélémy a partir da conjunção de MEOT e *ILFI*. O próprio Simondon aponta em MEOT o caminho para tal, já que ao falar em três etapas do enciclopedismo (Renascimento – como etapa ética; Iluminismo – como etapa técnica; e Cibernética – como etapa tecnológica), ele afirmava a possibilidade de apreender a historicidade do devir técnico e do devir dos sujeitos, da técnica e da cultura, pelo "verdadeiro enciclopedismo" que seja "verdadeiramente universal" (MEOT, p. 172).

2. A versão crítica de Gilbert Hottois que encontra no pensamento simondoniano um "ecumenismo antropologocêntrico" que procede pela unificação da diversidade no caráter simbólico da técnica e da cultura. Isto, em um humanismo que promove a universalização do pensamento ao captar, simultaneamente, o devir do desenvolvimento tecnológico-científico e a renovação ontogenética de cada individuação. Essa tendência *ecumênica*, ou seja, de unificação das totalidades e diversidades, é, de certo modo, confirmada pelo próprio Simondon: "Até hoje nasceram algumas formas limitadas de ecumenismos (como no interior do cristianismo), porém o que a reflexão filosófica deve desenvolver [...] é um ecumenismo universal" (MEOT, p. 339).

3. O "quase-paradigma" que Muriel Combes encontra na individuação física e no processo de cristalização e que, por meio dos conceitos de metaestabilidade e transdução, Simondon transferiria e amplificaria para outros tipos de individuação – sem, contudo, cair em reducionismos fisicalistas. Proposta que parece confirmada pelo filósofo quando afirma que "O vivente é como um cristal que manteria em torno de si, e na sua relação ao meio, uma permanente metaestabilidade" (ILFI, p. 352).

No entanto, essas três versões[9] – de um enciclopedismo, um ecumenismo, um quase-paradigma –, parecem-nos insuficientes para pensar um possível esquema teórico geral, isto porque, talvez, sejam interpretações que *aderem mais ao movimento das intenções declaradas por Simondon e menos ao próprio movimento da operatividade teórica dos conceitos em sua filosofia.*

Nesse sentido, tentaremos, então, propor uma leitura que *encontre na relação entre operação ontogenética e operação de informação um esquema geral de compreensão do funcionamento dos processos* (físicos, viventes, psicossociais e técnicos). Esse esquema, assim, não será decorrente apenas de um problema teórico ou de uma intenção filosófica, mas será consequência de uma operação filosófica concreta (em devir) no próprio movimento do pensamento simondoniano.

Como já está anunciado no título deste subcapítulo: será o processo de amplificação e seus três modos de correlacionar informação e ontogênese que conformarão o que apontamos aqui como um esquema teórico geral. Trata-se de dizer que, para além da informação, da individuação e dos objetos técnicos como conceitos e problemas teóricos centrais da filosofia simondoniana, o conceito de amplificação responde a uma necessidade *singular* de seu pensamento: *forjar os conceitos em devir e processualizar a compreensão e captação dos próprios processos – de individuação, ontogenéticos, informacionais e técnicos.* O próprio devir do devir pode ser objeto de uma teoria metaestável, desde que essa teoria esteja excedida em relação a si mesma – tal como descrevemos no fim do primeiro capítulo.

---

9   O próprio Simondon, *como leitor de Simondon*, propõe, na conferência *Forma, Informação e Potenciais* (*FIP*), que o objeto técnico possa servir "talvez de paradigma" para pensar os nexos entre forma, informação e potenciais, como ponto de partida do estabelecimento de uma "axiomática das ciências humanas" (FIP, p. 575-6). Ou, em momentos de MEOT, em que a filosofia simondoniana reflexivamente afirma a capacidade do pensamento filosófico para realizar uma síntese criativa dos devires do pensamento em suas diferentes etapas e tendências. "A filosofia constituiria, assim, o ponto neutro superior do devir do pensamento" (MEOT, p. 318).

Assim, não iremos procurar na individuação ou nos objetos técnicos, nem mesmo na conjunção entre estes dois conceitos maiores da filosofia simondoniana, a possibilidade de um esquema teórico geral, mas justamente no conceito que Simondon inventa para articular individuação e tecnicidade na correlação entre ontogênese e informação. Para entendermos esse movimento interpretativo que estamos recriando aqui, precisamos traçar o arco que vai de 1958 a 1962 e que liga *ILFI* e MEOT à conferência *A amplificação nos processos de informação* (*API*) – posteriormente, veremos como o conceito de amplificação já estava presente na captação do devir da individuação e dos objetos técnicos.

Em 1958, Simondon defende suas duas teses (principal e secundária) para obtenção do título de doutor. A tese secundária (MEOT) é orientada por Georges Canguilhem e é publicada no mesmo ano. Dito muito sumariamente, ela oferece – para além das tecnofobias e tecnofilias que caracterizaram a relação do século XX com as técnicas e tecnologias – um conhecimento adequado da natureza dos objetos técnicos e de sua individuação, que Simondon denomina *concretização*. Em MEOT, Simondon capta a *ontogênese da tecnicidade*, ou seja, do *ser técnico* em três modos gerais de existência: como *elementos técnicos* que são utilizados por seres humanos (instrumentos e ferramentas em geral); como *indivíduos técnicos* que podem prescindir do corpo humano para funcionar (máquinas em geral); e como *conjuntos técnicos* que funcionam a partir de um acoplamento entre elementos e indivíduos (fábricas, oficinas, usinas e indústrias em geral). Diante dos falsos dilemas – trazidos pela Inteligência Artificial e pela onipresença das tecnologias digitais – entre governar ou ser governado pelas máquinas, programá-las ou ser programado por elas, Simondon afirma o verdadeiro sentido de uma *cultura técnica* que parece ainda querer ser descoberta no século XXI: o da complementaridade entre máquinas e seres humanos.

> Mais do que governá-las, ele as compatibiliza, é agente e tradutor de informações de máquina para máquina, intervindo na margem de indeterminação contida no funcionamento da máquina aberta, capaz de receber informações. O homem constrói a significação das trocas de informações entre máquinas. Sua relação adequada

com o objeto técnico deve ser apreendida como um acoplamento entre o vivo e o não vivo (MEOT, p. 41).[10]

Também em 1958, Simondon defende a tese principal, *ILFI*. Esta foi orientada por Jean Hyppolite e só foi publicada integralmente em 2005 – havendo sido publicada em partes em 1964, *A individuação e sua gênese físico-biológica*, e em 1989, *A individuação psíquica e coletiva*. Como vimos no primeiro capítulo, em *ILFI*, o filósofo busca oferecer um conhecimento adequado do indivíduo e, para tanto, propõe-se a captar a *ontogênese da individuação*, ou seja, das relações entre ser e devir por meio de uma epistemologia alagmática, de uma metafísica da informação e de uma teoria metaestável das fases do ser. A correlação entre ontogênese e informação, era como vimos e como veremos, em MEOT e *ILFI* condição para a adequada compreensão da ontogênese da tecnicidade e da individuação. Essa correlação estava presente nas duas teses, mas será apenas em 1962, em *API* – que comentaremos detalhadamente mais adiante –, que Simondon explicitará essa correlação por meio do conceito de *amplificação*.

Entre 1958 e 62, nosso autor apresenta, na Sociedade Francesa de Filosofia, a conferência *Forma, Informação e Potenciais* (*FIP*). Diante de figuras importantes da filosofia francesa da época, como Hyppolite, Paul Ricoeur, Jean Wahl, Gabriel Marcel, entre outros, Simondon se pergunta: "Por que existem *umas* ciências humanas, ao passo que existe *uma* física?

---

10 Esse espírito, que tal citação sintetiza primorosamente, é o que encontramos no livro *Amar a las máquinas – cultura y técnica en Gilbert Simondon* e que mais recentemente tentamos fomentar, com Thiago Novaes e Evandro Smarieri, organizando o livro *Máquina Aberta – a mentalidade técnica de Gilbert Simondon*. Aliás, os textos *Cultura e técnica* e *A mentalidade Técnica* (*ST*) de Simondon – traduzidos respectivamente em cada um dos volumes acima mencionados – são primorosos exemplos de um pensamento que escapa aos falsos problemas referentes à "neutralidade" da tecnologia, integrando-a no sistema de normas e valores das culturas e propondo que seres humanos e não-humanos são meios associados e sistemas de relações no qual habitam e funcionam as máquinas (os objetos técnicos) e que a técnica e a tecnologia, por outro lado, são também meios associados e sistema de relações, um cosmos, em que a vida humana e não-humana se integra e desenvolve.

Por que sempre somos obrigados a falar de psicologia, de sociologia, de psicossociologia; por que somos obrigados a distinguir diferentes campos de estudo no interior da psicologia, da sociologia, da psicologia social? [...] Não se poderia funda a Ciência humana, respeitando, é claro, as possibilidades de aplicações múltiplas, mas tendo, ao menos, uma axiomática comum aplicável aos diferentes domínios?" (FIP, p. 576-7). Tal hipótese simondoniana se propõe valer dos conceitos de forma, informação e potenciais – reunidos na operação transdutiva – para avaliar a possibilidade de tal axiomática.

O fato de, em 1989, na versão parcial de *ILFI* (*A individuação psíquica e coletiva*), Simondon acrescentar o texto dessa conferência de 1960 no livro, com o título "Conceitos diretores para uma procura de solução: forma, informação, potenciais e metaestabilidade", reforça a ideia de que estes conceitos – incluído aí o de metaestabilidade – constituem, para ele, as bases para uma teoria geral das ciências humanas. Esta teria por fundamento um conhecimento operativo[11] que tem seu modelo na operação transdutiva. Contudo, já em *FIP*, Simondon definia que a informação na operação transdutiva é "a *propagação* de uma estrutura"; é também "a direção *organizadora*" que estrutura as relações no campo entre emissor, receptor e o limite entre eles; e que este limite é o "*modulador*", a "energia de metaestabilidade do campo", o "relevo amplificador" (FIP, p. 575 – *trad. modificada*). Ou seja, na própria definição e caracterização da operação transdutiva como modelo, já apareciam os três modos da operação de amplificação (transdução, modulação, organização) conforme Simondon apresentará de maneira consolidada e sistematizada em 1962, em *API*.

Como veremos, no texto de 1962, todos esses conceitos centrais para a teoria da individuação e para uma axiomática das ciências huma-

---

11 "Para o conhecimento contemplativo, o real é sujeito absoluto, enquanto, para o conhecimento operativo ele é sempre objeto, no sentido primeiro de 'o que está colocado diante de', como uma peça de madeira posta sobre uma bancada, à espera de ser incorporada ao conjunto em processo de construção. O real, para o conhecimento operativo, não precede a operação de conhecimento; acompanha-a" (MEOT, p. 343 – trad. modificada).

nas, serão *aplicados dentro de um esquema da operação de informação compreendida como análoga à ontogênese nos processos de amplificação.* Em *API*, Simondon encontra no conceito de amplificação aquilo que ele já havia atribuído como potência para a noção de *campo*: o estabelecimento de *"uma reciprocidade de estatutos ontológicos e de modalidades operatórias entre o todo e o elemento"* (FIP, p. 585). Esta reciprocidade se torna possível, como veremos agora, pela correlação entre ontogênese e amplificação. E, a partir desta correlação, é que poderemos propor a *amplificação como esquema geral para a captação da ontogênese da individuação e da tecnicidade.*

2. As problemáticas ontogenéticas: a amplificação e as processualizações do devir

Antes de abordarmos o texto *A amplificação nos processos de informação* (API), apresentando os três modos da operação de amplificação, precisamos, então, caracterizar como se dá a correlação entre ontogênese e amplificação. Em *API*, a ontogênese já aparece implicada e implícita no conceito de amplificação. Em *ILFI,* Simondon ainda está tecendo essa correlação. Essa trama se enreda quando o filósofo discute a noção de "problemática ontogenética" no capítulo "Informação e ontogênese".

Como vimos anteriormente, a noção de problemática opera no pensamento simondoniano como aquela que *convoca a disparação de um devir* nos processos de individuação. Assim, uma problemática ontogenética é para o ser uma exigência de individuação, uma exigência de devir. Mas, ela também é uma exigência de criação e amplificação do devir – como devir do devir – que faz com que a ontogênese se reinsira nos processos de individuação com problemáticas sempre renovadas. Como afirma Simondon: "A própria ontogênese, assim, pode ser apresentada como uma amplificação; a ação do indivíduo frente a si mesmo é a mesma que frente ao exterior: ele se desenvolve ao constituir uma colônia de subconjuntos, em si mesmo, por entrelaçamento recíproco" (ILFI, p. 308, n.17).

Essa caracterização da correlação entre ontogênese e amplificação em um "entrelaçamento recíproco" é, curiosamente, muito parecida com a de *ressonância interna* que vimos anteriormente como auto-afetação e autocondicionamento do ser em relação a si mesmo. Retomando aqui: a ressonância interna é uma condição de base da metaestabilidade do ser e da compatibilidade de incompatíveis na operação de informação. Deste modo, o que queremos estabelecer daqui em diante é que *a amplificação pode ser compreendida como a ressonância interna permanente e continuada em relação à incidência e à operação de informação.* Nesse sentido, a amplificação é um processualizar-se, é *uma individuação da individuação.* Por essa razão é que a ontogênese pode ser apresentada como uma amplificação, dado que a ontogênese, enquanto devir do ser e, simultaneamente, devir do devir, é um processo que se processualiza.[12] Talvez, justamente por isso é que Simondon possa afirmar que "A resolução dos problemas que o indivíduo porta se faz segundo um processo de amplificação construtiva" (ILFI, p. 307).

Esta caracterização da *função processualizante* da amplificação para o sistema do ser é ainda muito geral. Precisamos ver também como a amplificação aparece como *função essencial* do indivíduo nas várias maneiras deste se abrir a novas problemáticas – em suas funções vitais. "Assim, poder-se-ia dizer que a função essencial do indivíduo é a atividade de amplificação, ele exercendo-a no interior de si próprio, ou transformando-se em colônia" (ILFI, p. 311, n.19). Essa nota aparece justamente ao final do item sobre a noção de problemática ontogenética. Anteriormente, Simondon já havia perscrutado algumas das maneiras em que a resolução de uma problemática ontogenética aparece para o indivíduo como uma ação de amplificação. Vejamos algumas:

- **Com relação ao comportamento e ao desenvolvimento:** "O desenvolvimento é um comportamento sobre comportamentos, uma tecedura progressiva de comportamentos; o ser adulto é um tecido

---

12 Poder-se-ia dizer que se trata de uma individuação interior que tem correlação com uma individuação exterior, ou que um processo interior se processualiza na exterioridade – o que é muito recorrente na individuação psicossocial. No entanto, talvez a produtividade da correlação entre ontogênese e amplificação seja expandir a compreensão das operações de individuação como um processo que é, simultaneamente, exterior e interior ao indivíduo e à própria individuação.

dinâmico, uma organização de separações e reuniões de estruturas e de funções. Um duplo movimento de integração e de diferenciação constitui este tecido estrutural e funcional" (ILFI, p. 306) – Nessa citação o termo "amplificação" não aparece explicitamente, mas é fácil notar que o que Simondon está descrevendo é um processo de amplificação (o que se confirma dado que a análise sobre o comportamento é concluída com a citação que trouxemos acima sobre a resolução de problemas por meio da amplificação construtiva).

• **Sobre a percepção:** "Bem longe de reter o que é comum, a percepção retém tudo aquilo que é particular e o incorpora ao conjunto; ademais, ela utiliza o conflito entre dois particulares para descobrir o sistema superior no qual esses dois particulares se incorporam; a descoberta perceptiva não é uma abstração redutora, mas uma integração, uma operação amplificadora". (ILFI, p. 309).

• **Sobre o crescimento:** "O crescimento, enquanto atividade, é amplificação por diferenciação e integração, e não simples desenrolamento ou continuidade" (ILFI, p. 309).

• **Sobre a sensação:** "Sensação e percepção não são duas atividades que se seguem, uma delas, a sensação, fornecendo uma matéria à outra; são duas atividades gêmeas e complementares, duas vertentes dessa individuação amplificadora que o sujeito opera segundo sua relação ao mundo" (ILFI, p. 310).

Tomamos alguns exemplos que apenas confirmam o que Simondon deixa implícito ao afirmar que:

> Todas as funções do vivente são, em alguma medida, ontogenéticas, não apenas porque asseguram uma adaptação a um mundo exterior, mas porque participam dessa individuação permanente que é a vida. O indivíduo vive na medida em que ele continua a individuar, e ele individua através da atividade da memória, assim como através da imaginação ou do pensamento inventivo abstrato. O psíquico, neste sentido, é vital, e também é verdadeiro que o vital é psíquico (ILFI, p. 310).

Não seria difícil, portanto, mostrar como as funções do vivente, que são ontogenéticas já que prolongam e renovam a individuação por meio de novas individuações (memória, imaginação, pensamento inventivo abstrato etc.) – individuação da individuação –, são pensadas a partir dos modos da amplificação. Nesse sentido, gostaríamos de sugerir que a descrição que Simondon faz com relação ao desenvolvimento pode ser ampliada para todas as funções vitais como atividades de amplificação.

> O desenvolvimento poderia, então, aparecer como as invenções sucessivas de funções e de estruturas que resolvem, etapas por etapas, a problemática interna portada como uma mensagem pelo indivíduo. Essas sucessivas invenções ou individuações parciais, que se poderia nomear etapas de amplificação, contêm significações que fazem com que cada etapa do ser se apresente como a solução dos estados anteriores (ILFI, p. 304).

E Simondon observa: "Mas tais resoluções sucessivas e fracionadas da problemática interna não podem ser apresentadas como uma anulação das tensões do ser" (ILFI, p. 304). Sempre vamos reforçar esse aspecto: por mais que as etapas ou operações de amplificação resolvam as problemáticas ontogenéticas, fazendo avançar o devir, elas jamais irão sobrepujar sua condição de base, a metaestabilidade do ser – devir do devir.

Comparemos agora a ontogênese como teoria das fases do ser com os três modos da operação de amplificação. Vimos como a correlação entre ontogênese e amplificação aparece como uma *função processualizante* e também uma *função essencial* das individuações; mas a amplificação também é uma *abertura à espiritualidade* na *ontogênese do sujeito*. Vejamos como existe não apenas uma proximidade na construção textual, mas também como *os três modos de existência da operação ontogenética correspondem aos três modos de funcionamento da operação de amplificação*:

O ser sujeito pode ser concebido como sistema de coerência mais ou menos perfeita das três fases sucessivas do ser: pré-individual, individuada, transindividual, correspondendo parcialmente, mas não completamente, ao que designam os conceitos de natureza, indivíduo, espiritualidade (ILFI, p. 462).	Então, poderíamos considerar que existe uma relação dialética entre a relação psicossocial, a relação social pura, e a relação de organização, aparecendo como síntese das duas primeiras: transdução, modulação e organização seriam os três níveis do processo informacional de amplificação por recrutamento positivo, por limitação e por descoberta de um sistema de compatibilidade (API, p. 297).

A ontogênese do sujeito ocorre quando o indivíduo se abre a sua realidade pré-individual descobrindo uma *compatibilidade* – que lhe faz mais que indivíduo e menos que indivíduo simultaneamente – com uma dimensão transindividual da qual ele faz parte e que faz parte dele. Esse processo ocorre quando o indivíduo se amplifica, abre-se para um excesso de natureza, uma carga pré-individual, que o conecta com a dimensão espiritual que lhe atravessa.[13] A natureza como excesso do indivíduo abre na

---

13 Os conceitos de sujeito e espiritualidade que antecipamos aqui serão comentados detidamente na Parte II deste livro. Com o intuito de amplificar, desde já, esses conceitos na leitura que seguirá, trazemos a seguinte citação: "A espiritualidade não é uma outra vida, e também não é a mesma vida; ela é outra e a mesma, ela é a significação da coerência do outro e do mesmo numa vida superior. A espiritualidade é a significação do ser como separado e atrelado, como só e como membro do coletivo; o ser individuado está ao mesmo tempo só e não-só; é preciso que ele possua as duas dimensões; para que o coletivo possa existir, é preciso que a individuação separada a preceda e ainda contenha algo de pré-individual, pelo qual o coletivo se individuará atrelando o ser separado. A espiritualidade é a significação da relação do ser individuado ao coletivo e, então, por consequência, também do fundamento dessa relação, quer dizer, do fato de que o ser individuado não é inteiramente individuado, mas ainda contém certa carga de realidade não-individuada, pré-individual, e que ele a preserva, a respeita, vive com a consciência de sua existência, em vez de se fechar numa individualidade substancial, falsa

relação com a individuação a possibilidade do surgimento da dimensão espiritual. As três fases do ser são, como já vimos, as três fases da ontogênese e estas correspondem parcialmente a três dimensões: natureza, indivíduo e espiritualidade. Cada uma dessas dimensões possui uma relação de analogia com um modo da operação de amplificação:

- A amplificação transdutiva é análoga à dimensão natural da ontogênese que corresponde, parcialmente, à fase pré-individual do ser (o recrutamento positivo das cargas pré-individuais na operação transdutiva de individuação).

- A amplificação moduladora é análoga à dimensão individual da ontogênese, a fase de maior estabilidade e controle do ser: sua fase individual (seu momento de limitação).

- A amplificação organizadora é análoga à dimensão espiritual da ontogênese, como síntese criativa das duas dimensões anteriores, correspondendo, parcialmente, à fase transindividual do ser (descobrimento de um sistema de complementaridade e compatibilidade).

Por isso, Simondon pode dizer que a relação de organização (a amplificação organizadora) realiza uma espécie de síntese a partir da relação dialética[14] entre relação psicossocial e relação social pura. Como vimos

---

asseidade. É o respeito dessa relação do individuado e do pré-individual que é a espiritualidade" (ILFI, p.374-5).

14 Pode parecer estranho aqui o termo "dialética" associado ao pensamento simondoniano. Mas, os três modos da amplificação não se confundem com as etapas da síntese dialética, pois o devir da ontogênese não se reduz a um funcionamento lógico ou a uma conformação ontológica única e unicizante. Ainda que certas filosofias dialéticas estejam abertas ao devir da processualidade do negativo, esta ainda se circunscreve em uma lógica demasiadamente exterior às processualidades do ser. A filosofia simondoniana é radicalmente um pensamento criativo do devir, pois *cada processualidade singular cria um novo modo de captação da individuação* – não é possível captar a individuação de um cristal do mesmo modo em que se capta a individuação psicossocial. O que faltou à dialética foi um devir do devir. Contudo, o fato de que Simondon critique a dialética por esta se reduzir a *uma* lógica para pensar todos os tipos de individuação, isso não significa que a dialética não se faça

antes nas diferenças entre moral e religião, a relação psicossocial é transdutiva, disparadora de novas normas e valores, mas, quando vinculada à relação social pura que é moduladora, ela limita, identifica e controla valores e normas como *cultura*, sendo esta identificada como *o* social. Como veremos na Parte II, a síntese organizadora dessas duas relações aparece como uma expansão dos valores e das normas possíveis – uma *compatibilidade de incompatíveis*.

Em síntese, vimos como a correlação entre ontogênese e amplificação é um modo de a individuação se processualizar, uma *individuação da individuação*. Essa *função processualizante da amplificação* na ontogênese aparece na resolução de problemáticas ontogenéticas, ou seja, a partir da *ressonância interna* em que a incidência de informação opera nos processos e nas funções das individuações física, vivente e psicossocial. A partir de agora, analisaremos cada um dos modos da operação de amplificação para *concretizar* essa correlação. Ela possibilita que Simondon se valha da amplificação para descrever fenômenos que vão do sistema de funciona-

---

presente e seja eficaz para a captação de alguns tipos de processos. O erro da dialética é generalizar o modo de captação das processualidades psicossociais para todas as processualidades do ser. "Na concepção da dialética, o ser precisa do devir, mas o devir, no entanto, é concebido parcialmente como quando ele era considerado independente do ser, estrangeiro ao ser, *hostil à sua essência*; o devir da dialética não está *suficientemente integrado ao ser que devém*" e Simondon alerta em uma nota "Isso quer dizer que nenhuma definição do devir como amplificação é possível caso não se suponha uma pluralidade inicial das ordens de grandeza da realidade" (ILFI, p. 480, n.5). Como afirmou Deleuze: "na dialética de Simondon, o problemático substitui o negativo" (2006, p. 119). Mas há uma dialética presente no pensamento simondoniano, apenas ela não se confunde com a ontogênese, dado que ela apenas surge como um dos modos de captação das sínteses psicossociais. A dialética simondoniana não surge de qualquer negatividade das processualidades do ser, mas de um tipo de problemática reflexiva específica que aparece nas individuações psicossociais. O devir simondoniano está integrado aos movimentos do ser, pois ele não capta os processos a partir de parâmetros exteriores aos próprios processos, mas capta os processos do ser em relação às *problemáticas singulares de cada individuação*. O devir simondoniano, mesmo quando operando dialeticamente, está vinculado às problemáticas concretas do devir do ser.

mento de uma lâmpada aos processos de independência da Revolução Argelina. A correlação entre ontogênese e amplificação *permite a Simondon construir um esquema teórico geral operativo para a compreensão de todos os fenômenos e processos do ser – em devir.*

3. A operação de informação e os três modos da operação de amplificação

Em 1962, Simondon organizou uma edição dos Colóquios de Royaumont que teve por tema "o conceito de informação na ciência contemporânea" e como problema central "o que é a informação na atualidade e o que pode ser" (RODRÍGUEZ, 2012, p. 70). Esse colóquio contou com importantes figuras do pensamento francês da época como Hyppolite e Guéroult. Este último presidiu o colóquio e em sua abertura afirmou que se tratava de "um problema que é mais atual do que nunca" (VV.AA., 1966, p. 1). Quase 60 anos depois, esta constatação de Guéroult segue sendo feita em relação à informação tanto pelos entusiastas quanto pelos críticos das tecnologias digitais. Dentre os organizadores do evento, Simondon foi o que teve maior participação na seleção de convidados, conseguindo, em plena guerra fria, reunir cientistas estadunidenses, europeus e provenientes da antiga União Soviética. Importantes matemáticos, lógicos, psicólogos, engenheiros, físicos, historiadores, participaram do colóquio. Entre os conferencistas, destacam-se nomes como o de Benoit Mandelbrot (elaborador da teoria dos fractais), o biólogo vencedor do prêmio Nobel de Medicina, André Lwoff e o próprio fundador da cibernética, Norbert Wiener. Foi Simondon quem apresentou a conferência de Wiener e o fez com as seguintes palavras:

> É, deste modo, uma nova etapa da evolução das ciências o que talvez se inicia, e, aí está sem dúvida a razão pela qual o Comitê dos Colóquios Filosóficos de Royaumont avaliou que seria útil uma discussão, na presença de filósofos e entre homens da ciência, e também entre homens da ciência e filósofos, que pudesse ter como tema a comunicação e a informação. De fato, historicamente, a cibernética surgiu como algo novo, algo que queria instituir uma síntese; em resumo, somos levados de volta aos tempos de Newton ou à época

SIMONDON: uma introdução em devir

> em que os grandes filósofos eram matemáticos ou sábios nas ciências naturais – e inversamente. Esse é o contexto em que se torna possível escutar o que o professor Norbert Wiener irá nos apresentar agora. (VV.AA., 1966, p. 71).

Podemos supor que é diante desse público interdisciplinar e exemplar do "verdadeiro enciclopedismo", é diante de alguns dos principais interlocutores de seu pensamento, como é o caso de Wiener, que Simondon apresentaria seu esquema teórico geral nascido de sua ontogênese da individuação e da tecnicidade e de sua filosofia extremamente original da informação. Aliás, a conferência *A amplificação nos processos de informação* (*API*) – que iremos discutir detalhadamente daqui em diante – é iniciada por Simondon justamente com a afirmação contundente de que a informação não é uma coisa, mas sim uma operação, um processo que produz uma transformação no receptor. Este processo tem na metaestabilidade do receptor justamente a condição de eficácia da informação incidente – tema que discutiremos agora a partir da introdução de *API*.

Comecemos com a caracterização que Simondon faz das condições necessárias para que ocorra recepção de informação. "É virtualmente *receptora* toda realidade que não possui inteiramente nela mesma a determinação do curso de seu devir" (API, p. 284). Ou seja, que não possui um devir pré-determinado em sua estrutura e que possui certa margem de indeterminação para a recepção de informações significativas. O receptor é o que o filósofo denomina um "*quase-sistema*", ou seja, um sistema de entrada que possui "autonomia energética e heteronomia da disparação das transformações por mudança de estado" (API, p. 284). A correspondência entre a autonomia energética e a heteronomia das transformações é o que caracteriza a realidade do sistema como quase-sistema:

> Isto é, se, de um lado, ele possui um nível elevado de organização (com isolamentos internos e uma distribuição não-aleatória de seus elementos, permitindo-lhe reter uma energia potencial capaz de operar transformações futuras), e se, de outro lado, a mudança de estado possível pelo jogo da energia potencial não depende de fatores internos, locais (API, p. 284).

Traduzindo nos termos que viemos empregando até aqui, o quase-sistema possui um grau de estruturação prévia que permite que a incidência de informação seja significativa e que haja comunicação; possui a ressonância interna de ordens de realidade díspares; e possui uma condição metaestável de base como energia potencial disponível para a operação de um devir – isto pelo lado de sua autonomia energética. Enquanto heteronomia das transformações, o quase-sistema possui como condição que o elemento disparador do devir seja a incidência de uma informação que lhe seja exterior. "O receptor de informação é uma realidade que possui uma zona mista de interação entre as estruturas ou energias locais e os aportes de energia incidente" (API, p. 285).

A partir desse duplo aspecto do receptor, Simondon irá caracterizar o que se configura como um sistema de entrada e um de saída. O receptor é definido como um sistema de entrada porque ele se constitui como quase-sistema capaz de receber a informação incidente operando uma transformação. O sistema de saída é propriamente o efeito produzido "no final da transformação da energia potencial desse estado metaestável, desencadeada pela incidência de informação" (API, p.285). A relação entre sistema de entrada e sistema de saída é de *irreversibilidade*, dado que, após uma operação de informação, a transformação operada na realidade do quase-sistema resulta em um efeito que não pode retroceder e já não coincide com o quase-sistema inicial. Nos três modos de amplificação (transdutiva, moduladora e organizadora) a qualidade do receptor permanecerá a mesma e o efeito produzido pela transformação (sistema de saída) é que se modificará. Isto é, a operação de informação na relação com os três modos de amplificação manterá, em linhas gerais, as condições para a incidência de informação que já apresentamos até aqui, o que irá se modificar são os efeitos que a operação de informação poderá produzir em cada modo da amplificação.

A amplificação transdutiva, então, é caracterizada por Simondon como o "modo mais elementar da operação de informação" (API, p. 285). Isto por dois motivos, por um lado, a amplificação transdutiva coincide, em larga medida, com o modo de operação da individuação física e com a defasagem do ser – e é nesse sentido que Simondon pode afirmar que "enquanto a transdução é orientada para o futuro, a modulação é uma vitória do antigo sobre o novo, uma reciclagem da estrutura antiga" (API, p. 298), dado que ela coincide com a disparação de transformações, de novos devires, enquanto a modulação é caracterizada como um controle, uma absorção do devir pelas estruturas já existentes. Por outro lado, há uma primazia da amplificação transdutiva em relação à moduladora e à organizadora, dado que "a ordem dessa sucessão [transdução, modulação, organização] é necessária, pois a modulação só pode ocorrer num domínio onde já existiam estruturas" (API, p. 299); e a amplificação organizante será uma síntese das duas amplificações anteriores. A amplificação transdutiva e a transdução são condições dos outros modos de amplificação, dado que criam as estruturas que servirão de base para a modulação e a organização. Vejamos em detalhe cada um dos modos e suas inter-relações.

A amplificação transdutiva pode ocorrer de duas maneiras: por *transferência progressiva* ou por *transmissão propagadora*. A transferência progressiva tem como exemplo típico o processo de cristalização. Este consiste no crescimento progressivo – camada por camada – que é disparado pela introdução ou formação de um germe cristalino em uma solução supersaturada.[15] Esta se constitui como receptora de uma informação – que pode ser controlada (no caso do germe cristalino) ou aleatória (no caso de uma perturbação provocada em um ponto da solução) – que deve ser significativa, ou seja, deve haver uma mínima correlacionalidade físico-química (ressonância interna e comunicação) entra o receptor e a informação incidente. O efeito produzido é uma reação em cadeia na qual a progressão do cristal está em vias de se "nutrir" na sua "água-mãe". "A função de entrada e a função de saída se propagam, recrutando progressivamente toda a energia potencial da solução primitiva, até a estabilidade final" (API, p. 286). O efeito final da transferência progressiva – princi-

---

15 Estamos aqui considerando a formação de um germe cristalino no interior de uma solução como uma "informação incidente", isto porque, mesmo que o germe seja, por assim dizer, interior à solução, em geral ele resulta de um conjunto de atividades que lhe são exógenas.

palmente nas individuações físicas – é o de estabilização *momentânea*.[16] A transferência progressiva é exemplar para a descrição de individuações físicas, mas em geral é limitada para descrições em que as energias potenciais provêm de uma *descontinuidade* entre indivíduo e campo. Na cristalização, a individuação se "alimenta" de sua própria água-mãe, ou seja, a informação disparadora provém de uma incidência, mas a alimentação energética é provida pela própria transdução da solução inicial. Indivíduo e meio de propagação coincidem na transferência progressiva.

Já na *transmissão propagadora* haverá uma *descontinuidade* entre indivíduos e meio, podendo cada indivíduo receber informação (transformando-se) e fornecer informação (disparando uma transformação). O exemplo aqui, e que Simondon utiliza também em vários cursos, é o do incêndio em uma floresta. Um incêndio florestal pode ser descrito como uma reação em cadeia na qual uma chispa de fogo fulgura o desencadeamento da propagação incendiária. O fogo é transmitido por transferência multiplicativa. A transmissão pode ser descrita do seguinte modo: cada árvore incendiada muda de estado – ou seja, entra em combustão com o ar do meio – e transmite, assim, – árvore por árvore, por ação de pinhas ou faíscas – o incêndio. A transmissão linear é multiplicada por todas as direções e a propagação, deste modo, avoluma-se. A operação de informação ocorre aqui do seguinte modo: há uma condição metaestável das árvores (secas, ventiladas) para que as transmissões intermediárias ocorram. A transmissão de informação ocorre transdutivamente pela transformação em um receptor (árvore) que entrando em combustão produz uma nova informação (chispa) que se comunicará com um novo receptor em estado metaestável (árvore) – a transformação e produção de novas informações se "alimenta" e se efetiva, nesse caso – diferentemente do cristal –, de elementos do meio e na passagem por este (API, p. 287).

---

16 Lembrando que não se trata nunca de uma estabilização absoluta, pois mesmo que a amplificação transdutiva tenha utilizado a quase totalidade da energia potencial em sua estruturação, o indivíduo resultante de tal processo ainda comportará cargas pré-individuais que podem disparar novas individuações.

> Esse modelo se aplica aos processos psicossociais; em certo senti-
> do, ele permite defini-los, pois os fenômenos psicossociais são psí-
> quicos, por terem como entrada uma incidência de tipo psíquica,
> individual; mas ele são sociais, pois se propagam por amplificação
> transdutiva, o que os faz passar da dimensão individual de entrada
> à dimensão coletiva de saída. Com efeito, os fenômenos puramente
> psíquicos são aqueles que se produzem no indivíduo sem modificar
> seu estado de equilíbrio, sem desencadear nele uma transformação
> que se traduza por uma atitude percebida como nova e significativa
> para outro indivíduo (API, p. 287).

Simondon nos diz que o modelo da amplificação transdutiva é aplicável aos fenômenos psicossociais – seja por transferência ou propagação.
Mais que isso, no fragmento acima, Simondon caracteriza a operação de
informação de um processo psicossocial. Este possui o indivíduo como
sistema de entrada e o efeito coletivo produzido como sistema de saída.
Um fenômeno puramente psíquico seria aquele sem significação social,
pois não haveria ocorrido nem uma transformação no receptor (indivíduo), nem um efeito no coletivo. Mas, em geral, transformações individuais possuem significações sociais.

Para que um fenômeno psicossocial seja significativo – ou seja, para
que haja operação de informação – são necessárias algumas condições.
Em *primeiro lugar*, é preciso que exista uma condição de metaestabilidade de base "predeterminando seletivamente a categoria de incidências
que podem desempenhar um papel eficaz de desencadeamento" (API, p.
288). Esta condição de metaestabilidade pode ser um conjunto de afetos
que são de ordem individual, mas também partilhados coletivamente –
ou seja, emoções. Simondon menciona alguns desses "estados de tensão"
(energia potencial): temor, inquietude, expectativa de mudança; e diz haver um estado que é equivalente aos regimes físicos de metaestabilidade: *a
alienação*.[17] Este conjunto de estados de tensão e afetos se configura como

---

17   Há dois sentidos gerais em que o conceito de alienação aparece em Simondon;
     trazemos duas citações que exemplificam esses sentidos. "A alienação é a ruptura
     entre fundo e formas na vida psíquica: o meio associado já não efetua a regulação

a realidade metaestável que determinará se uma informação incidente será significativa – ou seja, produzirá uma transformação. Simondon abre aqui uma discussão interessante ao afirmar, na sequência, que não é a fonte da informação que determina a ativação de uma transformação psicossocial, mas é um estado, *um conjunto de afetos que circulam que determinarão que uma informação seja significativa ou não.*

> No caso do fenômeno psicossocial, o ato de incidência constitui a entrada pelo próprio fato de a amplificação transdutiva ser efetivamente desencadeada, e não por um privilégio institucional: o boato pode ser mais eficaz do que o anúncio, mesmo que o anúncio se beneficie de importantes meios de transmissão hertziana ou da imprensa de grande tiragem (API, p. 288).

---

do dinamismo das formas. A imaginação tem sido mal analisada porque as formas foram investidas de um privilégio de atividade e consideradas como se tivessem a iniciativa da vida psíquica e da vida física. Na realidade, existe um enorme parentesco entre vida e pensamento: no organismo vivo, toda a matéria viva coopera para a vida; não são apenas as estruturas mais aparentes, as mais nítidas, as que, no corpo, tem a iniciativa da vida; o sangue, a linfa, os tecidos conjuntivos tem sua parte na vida; um indivíduo não é feito apenas de uma coleção de órgãos conectados em sistemas, também é feito daquilo que não é órgão nem estrutura da matéria vivente [...] essa matéria vivente está muito longe de ser pura indeterminação e pura passividade; tampouco é uma cega aspiração: ela é veículo de energia informada" (MEOT, p. 109-110 – trad. modificada.). "A maior causa de alienação no mundo contemporâneo reside nesse desconhecimento da máquina, que não é uma alienação causada pela máquina, mas pelo não-conhecimento de sua natureza e de sua essência" (MEOT, p. 44 – trad. modificada.). Sobre a libertação concomitante e correlata do homem e da máquina em relação à alienação, ver: BONTEMS, V. *Esclaves et machines, même combat! L'aliénation selon Marx et Simondon*. In: BARTHÉLÉMY, J-H. (org.) *Cahiers Simondon – numéro 5*. Paris: L'Harmattan, 2013. Esse ensaio de Bontems traz uma perspectiva complementar a abordagem sobre a ética que construímos neste livro dado que aborda um projeto simondoniano de constituição de uma "ética relacional da técnica" que Bontems indica estar expressa no último escrito de Simondon, Três *perspectivas para uma reflexão sobre a ética e a técnica* (1983).

Na era das redes sociais e dos debates sobre a "desinformação",[18] uma afirmação como esta – altamente polêmica para 1962 – pode soar banal. Evidentemente para o *controle* e domesticação de uma amplificação transdutiva, ou seja, para uma amplificação moduladora, os meios institucionais ou de comunicação massiva terão indiscutível relevância – como será abordado adiante. No entanto, para a ativação de uma amplificação transdutiva são outros os fatores determinantes.

A *segunda condição* para uma operação de informação em um processo psicossocial é a seguinte: a existência de um limiar de ativação e de um caráter quântico de funcionamento que procede por "tudo ou nada" (API, p. 288). Esse limiar de ativação é um índice do estado de tensões que permitem a disparação de uma propagação transdutiva. Esse índice se constitui em cada situação, em cada etapa do processo; no entanto, duas características lhe são fundamentais: a existência de um estado de tensões, um conjunto de energias potenciais, que permita a disparação de uma transformação, e as condições de oportunidade. Como diz Simondon "'Tudo é possível' no domínio psicossocial, mas não em qualquer lugar, em qualquer momento ou de qualquer forma" (API, p. 289). A configuração entre tensões e afetos

---

18 Apenas é possível falar em "desinformação" quando se considera a informação como uma coisa e não, um processo. O que tem sido chamado de "desinformação" talvez possa melhor ser compreendido se começamos a analisar o fenômeno a partir dos processos de autenticidade e autentificação da informação em relação aos modos de vida e as transformações subjetivas. Permita-nos um parêntese: com a passagem das mídias analógicas para as digitais todos e todas passamos a emitir, receber, armazenar e tratar informação – não apenas recebê-la e armazená-la – e a informação passou a ser codificada, programada e processada em uma linguagem dita "universal" e de altíssima reprodutibilidade. Por exemplo, a capacidade de compartilhamento de uma informação (uma mensagem de áudio) via Whatsapp. Aí, quando tudo é informação, a razão tem que descobrir seus meios para diferenciar informação e desinformação. O problema é que o dispositivo tradicional para realizar essa diferenciação era estabelecer a verdade ou mentira, a certeza ou incerteza, a validade ou invalidade, o acerto ou erro, a razão ou desrazão com relação a uma informação sobre determinado fato, fonte, opinião, crença, conhecimento ou norma/regra. Quem podia estabelecer essas diferenciações dentro do debate público e no campo democrático eram as tradicionais figuras de autoridade – do saber e do poder.

latentes e o contexto histórico-social é que determinará, em cada momento específico, esse índice de ativação de um processo psicossocial.

Uma *terceira condição* relacionada a essa é o "tempo de recuperação" (*recovery time*) que é, após cada processo de transformação ou mudança de estado, "um período refratário durante o qual nenhuma incidência de informação é eficaz" (API, p. 288). Simondon nos diz que para uma fibra nervosa, no caso do sistema nervoso, o tempo de recuperação é da ordem dos milésimos de segundo; mas nos fenômenos

---

Quando falamos em crise da democracia, em parte, é disso que estamos falando: instituições e figuras de autoridade que antes detinham o poder e o saber agora passam a ser questionadas permanentemente (ex: jornais e meios de comunicação; representantes do poder executivo, legislativo e judiciário; intelectuais e cientistas; órgãos e mecanismos de fiscalização e regulamentação). Estas instituições e figuras de autoridade eram responsáveis por vestir a democracia com uma roupa de credibilidade, dado que as figuras de autoridade eram as responsáveis pela possibilidade de que na esfera pública fossem construídos consensos e sensos comuns para a execução das políticas públicas e para o entendimento sobre os processos da vida social, econômica e política. Mesmo de um ponto de vista crítico, quando se tratava de transformar consensos e trazer novos pontos de vista, pensava-se que era o caso de apresentá-lo a partir de um conhecimento racional, científico e especializado. Mesmo nas críticas decoloniais, o parâmetro da teoria sempre foi a fundamentação. Conhece-te a ti mesmo, democracia! Desentendemo-nos. Hoje os saberes e os poderes estão em profunda transformação: estão inextricavelmente conectados à relevância digital – e política. Hoje todos nós (ou quase todos) são convocados a autenticar (dar um "curtir") quais poderes e saberes são dignos de valor. As figuras de autoridade são julgadas por nós em sua autenticidade. Influencers e youtubers colhem sua autoridade da autenticidade que as redes lhes conferem. E isso obriga às figuras tradicionais do saber (intelectuais, cientistas, especialistas acadêmicos etc.) e do poder (políticos, instituições, partidos etc.) a estarem o tempo todo tentando contabilizar e maximizar sua autenticidade para terem relevância digital. Não basta lacrar na ação ou na argumentação, é preciso também arrasar na foto. É nesse sentido que as relações se filtram e as pessoas se embolham: o narcisismo e o individualismo exigem que as pessoas se resguardem em seus invólucros de relevância, em membranas frágeis de autenticidade. Essas bolhas cartoriais, essas comunidades insufladas de relevância são permeáveis pelos polos, não pelo centro. E a autenticidade mais que uma pergunta sobre a originalidade ou essência de vida individual, pode ser uma permeabilidade ao que do outro me é comum.

psicossociais pode ser de semanas ou anos – os exemplos que ele dá são as atitudes étnicas e os sentimentos nacionais. No entanto, Simondon pontua que os fenômenos psicossociais tendem a ser mais rápidos que os fenômenos sociais – como, por exemplo, a Revolução Industrial – que necessitam de transformações nas condições materiais de base como produção, desenvolvimento industrial, contingente populacional, tipo de educação etc.

Um fenômeno psicossocial, então, é uma amplificação transdutiva que ocorre a partir dessas três condições. Apresentemos um exemplo hipotético. Em um país como o Brasil, em um momento no qual a alienação social e política fomenta a latência de um estado de tensão (condição de metaestabilidade), podem circular afetos como o temor da perda de direitos ou de capacidade de consumo, a esperança de renovação das estruturas do sistema político, entre outros. Tais afetos constituem um índice de ativação de um processo psicossocial; então, um conjunto de boatos ou de notícias veiculadas pelos grandes meios de comunicação pode atingir o limiar de ativação para que um acontecimento político seja disparado como resultado de uma amplificação transdutiva. Evidentemente, tais condições de base podem disparar vários processos psicossociais simultaneamente. Os efeitos de saída produzidos por tal processo de amplificação transdutiva podem também ser vários e distintos; mas para possuírem continuidade precisam se traduzir em estruturas sociais:

> Além disso, nem tudo é psicossocial: a realidade psicossocial, precisamente por se alimentar de energias acumuladas, as utiliza e as esgota; ela é um intermediário necessário entre o individual e o social, mas esse processo de passagem, de mudança de nível, de passagem do microscópico ao macroscópico é, por sua própria natureza, momentâneo. Não há continuidade, se ele não se traduz por um efeito institucional no nível de estruturas sociais. Os fenômenos psicossociais são essencialmente informacionais. Eles não estão feitos de atitudes, mas de mudanças de atitudes; uma atitude, como fenômeno psicossocial, é uma relação interindividual em transformação (API, p. 289).

Um acontecimento histórico-político pode se constituir a partir de um feixe ou uma rede de processos psicossociais. Um conjunto de atitudes podem constituir relações e afetos interindividuais que só terão significação para o processo em curso quando estiverem ensejados em um conjunto de mudanças de atitudes – um processo transindividual.[19] Essas atitudes ou mudanças de atitudes disparadas por processos psicossociais produzirão um "tempo de recuperação" (*recovery time*) para que novos processos possam ser ativados. Assim, por exemplo, um sentimento nacionalista, anti-esquerdista ou mesmo um sentimento anticorrupção generalizado pode determinar a sedimentação de estruturas subjetivas – um conjunto de atitudes – que produzirão um período refratário para o qual nenhuma incidência de informação é eficaz e em que, portanto, nenhuma mudança de atitude se torna possível ou efetiva – isto, evidentemente, considerando processos psicossociais de individuação coletiva e não indivíduos isoladamente. Além do tempo de recuperação que pode estabilizar processos psicossociais em curso, um processo de amplificação moduladora pode controlar a amplificação transdutiva que estava em curso. Um golpe civil-militar ou um golpe parlamentar jurídico-midiático podem modular – e, portanto, controlar/governar – uma amplificação transdutiva – como as das Jornadas de Junho de 2013.

"O esquema da amplificação moduladora é obtido domesticando-se a propagação transdutiva; isto é, dominando-a e a alimentando localmente, para fazê-la produzir e trabalhar em condições regulares" (API, p. 289). Já vimos no capítulo sobre a *alagmática* como o *ato modulador* era complementar ao *ato analógico*, pois aquele realizava a normalização de uma operação transdutiva em uma estrutura – vimos

---

19 A estruturação de atitudes pode funcionar como modulação e, portanto, controle e estabilização de um processo transdutivo de mudança de atitudes. A estruturação de atitudes pode funcionar como sedimentação de valores e de normatividades sociais, possibilitando relações *interindividuais*. Mas para que relações *transindividuais* ocorram se faz necessário o engajamento dos sujeitos na transformação de si e na processualização de seus modos de vida. Veremos em detalhe estas questões na Parte II.

como isso funcionava no campo da moral e da religião. O *ato modulador* foi apresentado, então, como um caso da amplificação moduladora; agora apresentaremos seu esquema geral.

O *primeiro aspecto fundamental* da amplificação moduladora é a existência de uma *realidade local que controla* a incidência energética e de informação a partir de condições reguladoras.

> A energia não é mais contida em estado difuso na metaestabilidade do estado inicial do receptor [como é o caso da amplificação transdutiva], ela é contida por um dispositivo de alimentação que forma um quase-sistema com o efetor, agindo sobre a carga [...] a entrada age como um isolamento variável que se interpõe entre a fonte de energia e a carga; esse isolamento não acrescenta energia ao quase--sistema, tampouco a suprime; *ele governa, controla o regime de mudança de estado de energia potencial.* (API, p.289 – itálicos nossos).

Simondon está analisando os circuitos energéticos que operam nos aparelhos tecnológicos, nestes é comum a inserção de um modulador que cumpre a função de controlar e regular o sistema de entrada de energia e informação para que a energia potencial se transforme em trabalho. "O modulador está constantemente em vias de decidir a partir da incidência de informação; essa incidência de informação governa, instante por instante, o regime de transformação de energia potencial em trabalho" (API, p. 290). Realizando uma comparação meramente ilustrativa, seria como se as árvores de uma floresta contivessem um sistema regulador que permitisse que em um incêndio apenas algumas pinhas ou partes da árvore se inflamassem produzindo faíscas que propagariam o incêndio – realizando um trabalho controlado que preservasse as árvores.

Isto se dá por uma operação do modulador que consiste na transformação da energia inicial potente em um efeito final débil. "Uma diferenciação funcional e organológica permite ao termo extremo de uma série incidente equivaler, num pequeno espaço privilegiado, ao termo inicial de uma série local, eventualmente muito mais potente que a série incidente" (API, p. 291). Esta possibilidade de equivalência entre a energia inicial e a final é o *segundo aspecto fundamental* de uma amplificação moduladora.

Ambos os aspectos configuram o que Simondon denomina *autorregulação*. O aspecto fundamental da *autorregulação* é que "produz efeitos de estabilização no devir, apesar das flutuações do nível de carga; esses efeitos de homeostase também são encontrados nos organismos, sejam eles indivíduos viventes ou corpos sociais" (API, p. 293 – *trad. modificada*). A amplificação moduladora opera como uma autorregulação na relação entre indivíduo e meio/campo – sejam indivíduos físicos, viventes, psicossociais ou técnicos – produzindo um controle do devir. Se a amplificação transdutiva praticamente coincide com a descrição da disparação do devir nas operações de informação, a amplificação moduladora funciona, por sua vez, como uma estruturação normalizadora, ou melhor, reguladora do devir para essas operações.[20]

Contudo, a amplificação moduladora não contém apenas uma função reativa; ela é também possibilidade de renovação e disparação de um novo devir. Também podemos dizer que a amplificação moduladora é fundamental para evitar que ou a amplificação transdutiva tenda à estabilização após o gasto de toda energia potencial, ou tenda a um devir absoluto que não se modifica a partir de outras informações incidentes. Como vimos, do ponto de vista da epistemologia alagmática simondoniana, trata-se da necessária complementaridade entre estrutura e operação que é válida para os três modos da amplificação. "A modulação amplificadora em um relevo [*relais*] é também uma troca entre ciclos de existência; a realidade *incidente* é mais velha do que a realidade *local*. Nesse sentido, pelo aporte de energia potencial, o relevo realiza uma regeneração. A amplificação moduladora é um recomeço, a passagem a uma nova etapa" (API, p. 292 – *trad. modificada*).

---

20 Como diz Simondon: "O modulador se define, deste modo, por uma interação entre energia e informação. É uma função que explica a propriedade paradoxal e característica do modulador: com uma energia mínima (suporte de informação) se pode governar, ou seja, modular uma energia considerável; a relação entre energia moduladora (informação) e energia modulada (potência) é de um para mil; com uma energia mínima é preparada a passagem do estado potencial ao estado atual. A modulação aparece assim como uma atualização governada" (CI, p. 191).

Essa passagem de uma série de incidência-saída de energia/informação para outra série configurará uma estrutura de acoplamento de moduladores – ou de amplificações moduladoras – que Simondon denomina *estrutura de relevo [structure de relais]*.[21] Uma analogia que segue esta denominação esclarece bastante o processo: uma corrida de revezamento.

> Por analogia com o nexo de termos extremos finais e iniciais que existe na corrida de um primeiro indivíduo, que chega esgotado ao final de seu percurso, e na de um segundo que, tendo esperado, parte somente após a chegada do primeiro, com toda a reserva energética que lhe permitirá completar seu percurso: a chegada do indivíduo incidente controla a partida do indivíduo seguinte e poderia também controlar a partida de uma numerosa equipe (API, p. 291 – *trad. modificada*).

A amplificação moduladora funciona, assim, por essa estrutura de relevo que faz uma operação de informação passar, de modo controlado,

---

21 O texto *O relevo amplificador* de 1976 de Simondon nos permite compreender bem o sentido do termo "relais" empregado não apenas em *API*, mas também em outros textos. "O relé é um dispositivo tríodo por meio do qual uma energia débil, geralmente portadora de informação, que atua sobre a entrada, governa e dosa uma forte energia disponível como alimentação, e que lhe permite uma atualização como trabalho de saída". Este dispositivo é muito importante para Simondon, pois "pode servir de modelo para a compreensão de um grande número de funcionamentos técnicos, naturais e fisiológicos" (CI, p. 179). O relé é basicamente um modelo técnico de modulador; ele pode ser entendido como um interruptor eletromecânico que é acionado para conectar dois circuitos elétricos. O termo francês *relais* pode ser traduzido tanto pelo termo técnico "relé" – dispositivo muito comum no campo da elétrica e da eletrônica – quanto pelo termo mais abrangente "relevo". Como nas passagens anteriores do texto Simondon utiliza o termo de modo mais abrangente, optamos pela tradução "relevo". Esta é também mais condizente com o sentido topológico que o termo ganha nas análises simondonianas. Como veremos mais adiante, em relação ao *sentido reticular* que Simondon constitui para as topologias em MEOT, podemos compreender o relevo como ponto topológico ao qual se chega (na subida) com uma carga energética baixa e que se transforma em energia potencial para a realização de trabalho (na descida).

a outra operação de informação. Esta passagem ocorre por regulação, no entanto, "importa notar que a propriedade fundamental da amplificação moduladora não reside na autorregulação possível: ela reside no fato de que a regulação, autônoma ou heterônoma, só se pode efetuar *por uma redução do regime* que torna a informação eficaz" (API, p. 293). A amplificação moduladora tem por função essencial – e a autorregulação é um caso exemplar desse funcionamento – produzir uma limitação do regime energético-informacional que faz com que uma operação de informação se torne significativa e eficaz, seja para o controle ou para a renovação controlada. Dito de outro modo, a função por excelência da amplificação moduladora é o controle ou governo do devir.[22]

Entretanto, antes de abordarmos a amplificação organizadora, é importante mencionarmos que não apenas uma amplificação transdutiva pode ser controlada por uma amplificação moduladora, mas o movimento contrário também pode ocorrer na *desmodulação*. "O acesso à independência dos povos colonizados apresenta essa passagem da modulação à transdução" (API, p. 293, n.5). A conferência de 1962 contém duas notas que aparecem após a conclusão que são muito interessantes e curiosas. Na primeira delas, Simondon faz essa afirmação acima ao abordar os destinos de um território e de uma população após uma guerra ou conflito.

---

22 É interessante notar como tardiamente – quase diríamos de modo extemporâneo – Gilles Deleuze captou a leitura que Simondon já havia feito da cibernética como um dispositivo geral de controle da máquina social. Não à toa no texto *"Post-scriptum* sobre as sociedades de controle" o conceito de *modulação* descreve a passagem dos regimes analógicos das sociedades disciplinares para os dispositivos digitais de governo do devir das sociedades de controle. "Os diferentes internatos ou meios de confinamento pelos quais passa o indivíduo são variáveis independentes: supõe-se que a cada vez ele recomece do zero, e a linguagem comum a todos esses meios existe, mas é *analógica*. Ao passo que os diferentes modos de controle, os controlatos, são variações inseparáveis, formando um sistema de geometria variável cuja linguagem é *numérica* (o que não quer dizer necessariamente binária). Os confinamentos são *moldes*, distintas moldagens, mas os controles são uma *modulação*, como uma moldagem autodeformante que mudasse continuamente, a cada instante, ou como uma peneira cujas malhas mudassem de um ponto a outro" (DELEUZE, 2010, p. 224-5). Sobre este aspecto ver: RODRÍGUEZ, 2019, p. 362-8.

> A guerra é da mesma espécie, particularmente quando ela se torna um vasto conflito: o vencedor encontra um vasto campo de expansão a estruturar, se as metaestabilidades que nele são contidas não forem refratárias aos germes estruturais que ele porta; [...] no conflito, o vencedor nem sempre pode estruturar transdutivamente o domínio que ele conquistou; nesse caso, ele se contenta em modulá-lo autoritariamente, impondo-lhe as estruturas que ele já utilizou em seu direito e em suas instituições; mas ele chega assim a uma inibição, a um fraco rendimento, e as energias não empregadas constituem uma metaestabilidade residual que permite a constituição de movimentos psicossociais que interrompam a modulação assimiladora e autoritária. (API, p. 293, n.5).

Essa passagem é um exemplo que Simondon fornece de um caso em que uma estrutura controladora decorrente de amplificação moduladora pode sofrer uma *desmodulação* na qual essa estrutura dá lugar a uma operação transdutiva. Não é difícil supor que – em se tratando de uma conferência de 1962 e dado o nível de mobilização que os movimentos estudantis e os chamados intelectuais fizeram na época – Simondon provavelmente estaria aqui apontando para uma possibilidade latente em relação à Guerra de Independência da Argélia.

Finalmente, a modulação organizadora surge quando se estabelece um regime comum de simultaneidade de transdução e modulação. "Ora, há possibilidade de organização, quando há compatibilidade entre esses dois processos, segundo um modo de *síntese real*. A possibilidade aparece, quando o controle é exercido, não por *uma só* estrutura, mas por um grupo; em outras palavras, por um nó de tensão entre duas ou mais estruturas" (API, p. 296). A condição para que uma operação de informação ocorra por amplificação organizante consiste em um duplo aspecto. Por um lado, é necessária a existência de um tipo de *correlação entre transdução e modulação* que produz uma síntese real; por outro lado, essa síntese real apenas é possível se o controle de uma operação de informação não é exercido apenas por uma estrutura, mas por uma tensão entre estruturas. Como já foi apontado antes, a organização produz um *sistema de compatibilidade entre a propagação ou transferência ocorrida na transdução e a limitação operada pela modulação.* Esse *sistema de compatibilidade* "pode se estabelecer quando as decisões sucessivas da transdução, em lugar de somente se desencadearem umas às outras, numa perpétua instantaneidade, se ordenam em série por meio de uma autorregulação" (API, p. 294). Isto significa dizer que a transdução ocorreria não por concatenações seguidas de propagações ou transferência aleatórias – sempre dependentes de um restante de energia potencial que pode disparar novas operações –, mas pela *regulação determinada por um conjunto de estruturas em tensão com a finalidade de produzir um trabalho.* "Há como que uma previsão do trabalho a ser realizado desde o início da transdução. A série transdutiva de decisões é modulada por uma informação tomada sobre o conjunto do campo, que intervém, assim, como uma totalidade no percurso que o recobre e o transforma" (API, p. 294-5).

Pode, em um primeiro momento, parecer estranha a utilização do termo "decisão" para designar a disparação e conexão entre séries transdutivas. No entanto, o termo justamente ganha lugar no texto quando aparece a síntese real operada pela amplificação organizante. Isto ocorre não porque a transdução passe a ser limitada por uma espécie de "vontade" da informação ou do indivíduo, mas porque a modulação passa a controlar e governar a transdução por meio de estruturas que organizam a resolução de um problema. Este é o duplo aspecto da condição da amplificação organizante; não apenas uma correlação se estabelece, mas *essa correlação não se identifica somente com uma estrutura* – seja com um indivíduo ou com o funcionamento controlado de uma operação de informação. A organização ocorre com uma *síntese real* entre a tensão de incompatibilidade (da série de transduções), o controle compatibilizador (operado pela modulação) e a *resolução de um problema.* Vejamos como Simondon descreve a síntese real no caso da percepção binocular para a formação e compatibilidade das imagens retinianas:

> Na imagem realmente percebida, todos os elementos que existem sobre cada uma das retinas se encontram presentes: não existe resto, nem detalhe eliminado. A tensão de incompatibilidade entre as duas imagens retinianas se torna seriação, organização compatibili-

SIMONDON: uma introdução em devir

> zadora e totalizante, princípio dimensional de ordem mais elevada. Uma tal operação é uma resolução de problema. Aqui, a informação não é uma estrutura dada, mas um desenquadramento de estruturas, entre estruturas vizinhas, uma quase-identidade que exclui, no entanto, a superposição e a identificação. A informação intervém como exigência, problema colocado, sistema de compatibilidade a ser inventado [...]; é essa exigência que, aqui, controla; ela não é uma estrutura que se faz transmitir por uma energia nova, como no modulador polarizado (API, p. 295).

Esta passagem contém todos os elementos que descrevem o modo de operação da amplificação organizadora. O caso da percepção binocular é exemplar para Simondon – e, por isto, aparece reiteradamente nos cursos e textos do filósofo – pois descreve:

1. Uma dimensão de incompatibilidade inicial (duas imagens retinianas) que se tornam compatíveis para a percepção por amplificação organizadora sem que, contudo, isso resulte em superposição e identificação; ou seja, não é a imposição de uma estrutura que garantirá a identidade a partir da síntese das duas imagens, mas é a dimensão organizadora e propriamente problemática da percepção que resolverá, em cada caso, a compatibilidade das imagens produzidas.

2. A operação de informação que compatibiliza duas imagens inicialmente incompatíveis. Essa compatibilização não é nem redutora, nem excludente, tampouco é a sedimentação de uma estrutura. Na síntese real operada pela amplificação organizadora não há redução ou eliminação daquilo que na imagem resiste a sua compatibilização; trata-se, portanto, aqui de uma síntese que mantém a estruturação da percepção como uma realidade parcial que será renovada a cada nova operação, a cada novo problema que exige uma nova amplificação.

3. O sistema de compatibilidade que cada resolução de problema inventa não é idêntico a uma estrutura ou a um conjunto de estruturas já existentes na percepção; mas é uma criação (exigência de devir) para cada nova problemática. As etapas (incompatibilidade inicial; organização compatibilizadora; resolução do problema) não produ-

zem uma *unidade e identidade* para o sistema da percepção; ou seja, a percepção binocular é também analisada como operação de informação que dispara uma *individuação da percepção*; a síntese, assim, não produz uma estrutura que resolva o problema da percepção, mas exige que a própria percepção, no caso aqui, na formação visual das imagens, seja uma dimensão problemática que está permanente *inventando sistemas de compatibilidade*.

Tal análise e descrição da amplificação organizadora levam Simondon a perscrutar um problema que tanto a fenomenologia quanto o estruturalismo e as diferentes teorias biológicas e filosóficas da vida estavam colocando em questão: as "condições comuns à consciência e à vida" (API, p. 296). Simondon descreve a individuação vivente como um processo que se insere na individuação física, desdobrando-a, desacelerando-a e inserindo uma dimensão amplificadora. "A individuação vital viria a inserir-se na individuação física suspendendo o curso desta, fazendo-a mais lenta, tornando-a capaz de propagação no estado incoativo. De certo modo, o indivíduo vivente seria, em seus níveis mais primitivos, um cristal no estado nascente, amplificando-se sem se estabilizar" (ILFI, p. 222 – *trad. modificada*). O vivente se caracteriza, então, por uma amplificação que faz com que uma problemática interior seja também exterior em uma "relação complexa de correlação e de incompatibilidade parcial" (API, p. 296). Assim, o modo de resolução que a amplificação organizadora opera permite com que Simondon estabeleça uma relação de *analogia entre consciência e vida*.

> Da mesma forma, a consciência não é feita apenas de conteúdos que a reenviam a ela mesma; ela consiste na correlação entre termos autógenos e termos alógenos; é esta a relação fundamentalmente problemática. A resolução do problema não é um simples arranjo de termos autógenos, mas um alargamento do campo da consciência graças à nova organização descoberta, tornado compatíveis, em um sistema dimensional mais vasto, os elementos antigo de interioridade e de exterioridade. A organização não é uma obra autárquica, nem para o organismo, nem para a consciência. Uma analogia funcional tão profunda deve conduzir a não separar vida e consciência

SIMONDON: uma introdução em devir

> como duas ordens estrangeiras [étrangers] uma à outra. É provável que, em certo nível de integração, problemas vitais só possam ser resolvidos por modalidades conscientes; nesse sentido a consciência seria uma função da vida, porque ela seria fonte de amplificação organizadora; em sentido inverso, nada nos permite dizer que alguns aspectos elementares da vida não estão dotados de consciência. (API, p. 296-7 – *trad. modificada*)

Nesse ponto a noção de problemática ontogenética e de amplificação organizadora exibem a força da hipótese simondoniana: a *consciência é imanente à vida*, pois é um dos modos da amplificação organizadora operar na resolução de problemas. Por outro lado, aspectos elementares da vida estão dotados de algo como uma "consciência", pois produzem uma síntese real de elementos incompatíveis em uma compatibilidade que é resolução de problemas vitais. *A problemática ontogenética é uma dimensão do devir do ser na qual há exigência de correlação entre vida e consciência e a amplificação organizadora é um modo dessa correlação operar.*[23]

A consciência não é nem transcendente, tampouco transcendental em relação à vida. Vida e consciência na filosofia simondoniana são modos de correlação na ontogênese. Tal distinção é fundamental na conferência de 1962, pois uma interpretação apressada facilmente sugeriria a identificação entre, por um lado, transdução e vida, por outro, modulação e consciência.

---

23 É importante salientar aqui que o *vitalismo simondoniano* pode ser pensado como um vitalismo que abrange alguns seres físicos no conceito de vida. Não à toa, ele irá cogitar a possibilidade de se expandir a noção de relação social para as moléculas: "Se se realiza uma extensão da noção de relações sociais: moléculas, células elementares, podem estar, uma com relação às outras, numa relação de tipo social, implicando controle, modulação, redução da atividade [...] A noção de sociedade, inicialmente definida para o homem, se estende às espécies animais; mas ela pode ser mais completamente generalizada, englobar relações entre vegetais e mesmo entre moléculas" (API, p. 297). O conceito de amplificação e seus três modos abrem a hipótese da permeabilidade entre tipos de individuação; transdução, modulação e organização são modos de amplificação que abrangem todos os tipos de individuação e que, também, permitem correlações entre esses tipos.

Antes de encerrarmos ainda temos que enfrentar um problema interpretativo que a conclusão de *API* nos impõe. Após apresentar os três modos da amplificação, Simondon esboça uma analogia entre esses três modos e as três fases da dialética. Contrariamente a uma interpretação que encontraria nessa analogia o sentido do esquema teórico geral simondoniano, gostaríamos de propor que essa espécie de *holismo metateórico* da relação analógica com a dialética não dá conta da amplitude do conceito de amplificação. Queremos propor – retomando o que apresentamos no início deste item – que é na relação analógica entre ontogênese e amplificação, entre as problemáticas ontogenéticas e os processos informacionais de amplificação que encontramos a melhor compreensão para o esquema teórico geral que Simondon constrói com o conceito de amplificação.

Propomos que o que Simondon está sugerindo, com a analogia da amplificação com as três fases do processo dialético, é que especificamente as *operações* de amplificação e as *operações* de um processo dialético podem ser vistas como análogas. Quando ele afirma que a amplificação transdutiva é "essencialmente positiva" e que "a modulação é o ato crítico, redutor" e que "se inscreve negativamente na atualização da energia potencial", e, por fim, que a organização é uma síntese real de transdução e modulação (API, p. 298-9), ele está estabelecendo que a *operação* transdutiva é positiva, que a *operação* moduladora é negativa e que a *operação* organizadora é uma síntese. Entretanto, o processo informacional de amplificação, seja transdutivo, modulador ou organizante, não se reduz ao seu aspecto operatório. Por exemplo – como vimos anteriormente –, na amplificação transdutiva a operação de propagação é "essencialmente positiva"; contudo, a metaestabilidade de base e as estruturas produzidas na mudança de estado são limitadoras e possuem um grau de estabilização, portanto se inscrevem negativamente na atualização de energia potencial. Os processos informacionais de amplificação não se reduzem, portanto, ao aspecto operatório do modo de amplificação – como vimos até aqui. Como operações de informação, possuem outras dimensões como a metaestabilidade de base, as características de entrada do receptor, o tipo de efeito de saída, a problemática ontogenética a que se vincula etc. Como operação ontogenética, estabelecessem a complementaridade entre estrutura e operação para a resolução singular de uma problemática do ser. Em suma, a amplificação não se reduz ao seu modo de operação, e, isto, justamente *porque seus modos são maneiras de processualizar as próprias operações.*

4. Uma síntese do esquema teórico geral

Por fim, o conceito de amplificação é aquele que permite que Simondon construa um esquema teórico geral para pensar todos os tipos de individuação e todos os tipos de fenômenos. Isto porque com a amplificação Simondon estabelece a correlação entre os modos de existência da operação ontogenética e da operação de informação. Não à toa Simondon denomina a amplificação também como processos informacionais de amplificação, já que cada modo da amplificação se constitui como um tipo de operação de informação que permite um tipo de processualização da operação ontogenética. Dito de outro modo, a amplificação transdutiva, a moduladora e a organizante são *três operações informacionais que processualizam a ontogênese de modos distintos.* Se a operação ontogenética em seus três modos de existência – que como vimos correspondem às três fases do ser (pré-individual, individual e transindividual), e também as suas três dimensões (natureza, indivíduo e espiritualidade) – é uma resolução para a exigência de devir que a problemática ontogenética coloca, então, *os três modos da amplificação são três modos de processualizar o devir, são três modos de resolução das problemáticas ontogenéticas.* Assim:

1. **A amplificação transdutiva** é uma processualização do devir a partir da propagação disparada pela realidade pré-individual. A dimensão natural da ontogênese ou a fase pré-individual do ser operam como modo de processualizar o devir a partir da incidência significativa de uma informação que dispare um processo de transformação.

2. **A amplificação moduladora** é uma processualização do devir a partir do controle e da limitação exercidos sobre uma amplificação

transdutiva. É importante salientar que a amplificação moduladora não é apenas uma restrição do devir, uma espécie de interrupção da processualidade ontogenética. Um devir que fosse absoluto e *ilimitado* ou *incontrolável* acabaria por perder seu caráter processual. É fundamental essa compreensão simondoniana de que a própria desaceleração, o controle e a limitação do devir constituem modos de processualização do devir. Como vimos, não apenas a *desmodulação* dispara um novo processo, mas a própria "amplificação moduladora é um recomeço, a passagem a uma nova etapa" (API, p. 292); ela é um modo das operações de informação se renovarem na processualidade do devir.

3. A amplificação organizadora é uma processualização do devir que possibilita a complementaridade entre amplificação transdutiva e moduladora. A síntese que ela opera produz a compatibilidade entre a disparação de novos devires (amplificação transdutiva) e o controle e limitação dos devires (amplificação moduladora). Por isso Simondon pode considerar "a organização como a forma mais complexa de amplificação, incorporando ao mesmo tempo um processo transdutivo e um processo modulador, e os correlacionado funcionalmente" (API, p. 297), pois a amplificação organizante conjuga, simultaneamente, dois modos de processualização do devir; ela é, assim, por excelência, a operação de informação que produz a complementaridade na ontogênese entre disparação e/ou transformação e limitação e/ou controle.

Assim, podemos concluir que os três modos da amplificação – que são os três modos de existência da operação de informação – operam como uma processualização dos três modos do devir da ontogênese (seus três modos de existência). *Não apenas o devir pode existir enquanto realidade pré-individual (disparação de novas transformações), individual (limitação e controle de uma transformação), ou transindividual (criação de um sistema de compatibilidade em que existem, simultaneamente, a realidade pré-individual e a individual); mas também cada um desses devires pode ser processualizado, a partir de um modo da amplificação – o devir pode ser transformado, controlado ou compatibilizado em suas realidades complementares.* Dito de outro modo, não apenas o devir pode operar por transdução, modulação ou organização; mas também o próprio devir pode ser transduzido, modulado e organizado. Frisamos uma vez mais: isso significa que o devir (e, portanto, a ontogênese) não é pensado por Simondon como pura transformação ilimitada, como uma dimensão oposta a toda estruturação, fixidez, unidade, identidade etc. A partir da religação de ser e devir que a ontogênese simondoniana produziu, já não faz sentido insistir – mesmo que sub-repticiamente – em dicotomias e concepções do devir que justamente o caracterizavam com aspectos que o opunham à estabilidade, à unidade e à identidade do ser.

A ontogênese não apenas realiza a religação de ser e devir – como vimos no primeiro capítulo –, mas também cria um esquema teórico geral para a captação dos modos como o devir do ser se processualiza. Com o conceito de amplificação – em uma radical renovação do conceito de informação – Simondon cria um esquema capaz de acompanhar todos os processos e fenômenos do ser, já que consegue estar aberto não apenas ao devir, mas ao próprio devir do devir do ser.

III. A informação como excesso da ontogênese

Como havíamos anunciado no tópico "Informação e individuação", a informação possui dois sentidos no pensamento simondoniano. Dissemos que "por um lado, a informação é o nome de um processo que produz uma transformação e é análogo à ontogênese; por outro, a informação é uma operação que excede esse processo, uma incidência da realidade pré-individual no esquema da individuação". O que vimos até aqui foi, portanto, o primeiro sentido da informação no pensamento simondoniano e como ele é um processo que produz uma transformação e é análogo à ontogênese no esquema geral da amplificação. Agora veremos como a informação excede esse esquema, podendo ser caracterizada como um *excesso permanente e renovado* que está operando transformações na ontogênese. Trata-se de dizer que os processos ontogenéticos e os modos de processualização desses processos (amplificação) estão também sujeitos a transformações. Todo esse escopo da *teoria* da ontogênese está aberto à incidência de uma *operação* de informação que produz um excesso para a própria teoria – uma processualização da própria teoria.

> Talvez seja preciso supor que a organização se conserva e, todavia, se transforma na passagem da matéria à vida. Assim, seria preciso supor que a ciência nunca será acabada, pois essa ciência é uma relação entre seres que, por definição, têm o mesmo grau de organização: um sistema material e um ser vivo organizado que tenta pensar esse sistema mediante à ciência. Sendo verdade que a organização não se perde nem se cria, chegar-se-ia à consequência de que a organização só pode se transformar (ILFI, p. 231).

Esta passagem explicita um dos postulados e consequências fundamentais do pensamento simondoniano: que o conhecimento da individuação exige uma individuação análoga do conhecimento (ILFI, p. 35). Na passagem em questão, a afirmação aparece quando Simondon está analisando a relação entre organização da matéria e organização do vivente. Se o ser vivente que constitui uma ciência para pensar a organização da vida também está em processo de transformação, então, consequentemente, tal ciência da vida também estará em permanente transformação. *A vida própria do conhecimento é essa transformação continuada que se conserva em seu devir.* Essa é a primeira dimensão da informação como excesso da ontogênese: que a operação de conhecimento análoga à operação ontogenética é, simultaneamente, uma captação da ontogênese e uma transformação da própria operação de conhecimento que realiza essa captação.

Contudo, são raros os momentos em que Simondon estabelece essa correlação entre a informação como aspecto fundamental da teoria ontogenética e a informação como operação de transformação da própria teoria. Não apenas a teoria da individuação exige que o pensamento esteja em permanente *devir pensante*, mas a própria teoria da ontogênese (que vai além da individuação abrangendo todas as dimensões da defasagem do ser) exige uma operação que produza um devir (uma transformação conservante) para a própria teoria.[24] Esse aspecto – que poderíamos chamar de *condição metateórica* para o funcionamento metaestável da teoria – é raramente tematizado de modo direto em *ILFI*.[25] No entanto, gostaríamos de propor que a informação, como operação de transformação da própria teoria e do conhecimento da ontogênese, é uma dimensão fundamental e incontornável do pensamento simondoniano.

Há duas características dessa primeira dimensão que estão em operação em todo o pensamento simondoniano mesmo que sejam raramente explicitadas:

1. Há uma *mutuação* entre conhecimento e ontogênese que faz com que ser e pensamento sejam realidades correlatas. Nesse sentido, o próprio pensamento *vive* dessa imbricação permanente entre o devir do ser e o devir do pensamento.

2. Conhecimento e pensamento, assim como o ser, possuem uma dimensão individual, mas também uma dimensão pré-individual e uma dimensão transindividual. É próprio à plasticidade do conhecimento estar aberto ao devir que uma operação de informação pode produzir.

Assim, nessa primeira dimensão da informação como excesso da ontogênese o que ocorre é a abertura da operação de conhecimento a uma dimensão pré-individual do próprio conhecimento, ou seja, um aspecto do conhecimento e, portanto, da teoria que ainda não assumiu uma forma individual. Vimos como, mesmo quando o esquema teórico da am-

---

24 Como leitores desse livro (em devir), descobrimos que a expressão "transformação conservante" que utilizamos aqui é análoga a expressão "invenção conservativa" de Andrea Bardin (2017, p. 59) que mencionamos na Parte II deste trabalho. Dado que essa influência ou ressonância ocorreu – ou foi percebida retroativamente – em nossa leitura/escrita, deixamos aqui apontada essa analogia teórica que se transforma em um feliz encontro na dimensão transindividual do pensamento.

25 Como sugere Anne Sauvagnargues: "Metaestabilidade, então, devém o conceito chave da filosofia do devir. [...] Metaestabilidade, um conceito transgênico, permite uma ética da diferenciação, e se engaja, no mesmo terreno, com as formações naturais e os afetos políticos" (2012, p. 58).

plificação parece assumir uma forma individualizada que seria capaz de pensar todos os fenômenos e seres, ainda assim um excesso da realidade faz com que o esquema teórico tenha que individuar-se e se amplificar. Poderia ser dito que isto ocorre apenas porque uma informação *exterior* ao pensamento (e à teoria) o afeta obrigando-lhe a se transformar. Um acontecimento o força a pensar. No entanto, o pensamento e a teoria não são exteriores à realidade e aos fenômenos que pensam, mas estão e acontecem em *ressonância interna.* Assim, como a ressonância interna opera para o ser como a *simultaneidade entre exterioridade e interioridade dos processos do ser,* no caso do pensamento a relação entre a metaestabilidade da teoria e a comunicação entre realidades momentaneamente incompatíveis (ser e conhecimento) propicia a ressonância interna do pensamento. Esta nada mais é do que a capacidade do pensamento de se afetar por uma informação que lhe aparece como, simultaneamente, exterior e interior a sua própria processualidade.[26]

A teoria da tensão ou intensidade de informação coloca essa necessidade de adequação (processualização) permanente: "A intensidade de informação supõe um sujeito orientado por um dinamismo vital: a informação, portanto, é o que permite ao sujeito situar-se no mundo. Nesse sentido, todo sinal recebido possui um coeficiente de intensidade possível, graças ao qual corrigimos, a todo instante, nossa situação relativamente ao mundo em que estamos" (ILFI, p. 360-1). Esta passagem que se encontra na discussão sobre a problemática perceptiva pode ser expandida para a problemática do conhecimento. O conhecimento está imerso em um código epistemológico e axiológico (ou cultural) – em uma episteme – que atua na seletividade dos sinais que serão significativos para uma operação de conhecimento; no entanto – como vimos na discussão sobre a reformulação do conceito de informação – uma informação que seja totalmente previsível e determinada para o conhecimento não será uma informação significa-

---

26 Como diz Sauvagnargues: "Interioridade e exterioridade não são absolutas, mas metaestáveis, dinâmicas, relativas uma à outra, e sua superfície de interface está ela mesma em devir, em relação" (2012, p. 67).

tiva. O próprio conhecimento se processualiza para poder receber novas informações que o possam transformar. A operação de informação que é significativa para o conhecimento é aquela que abre uma problemática para a qual o devir do pensamento opera uma resolução. Assim, nessa primeira dimensão da informação como excesso da ontogênese, podemos dizer que a teoria da ontogênese e o pensamento que acompanha a ontogênese devem estar abertos à incidência da informação como realidade pré-individual que pode transformar a teoria e o pensamento. *Pensamento e ser são correlatos em seus processos ontogenéticos por estarem abertos à realidade pré-individual (incidência de informação) que poderá transformá-los.*

Há ainda uma segunda dimensão de como a informação opera como um excesso da ontogênese: trata-se da informação enquanto puro acaso, acontecimento e comunicação do ser com sua realidade pré-individual. "Na mesma medida, o indivíduo, oriundo de uma comunicação entre ordens de grandezas primitivamente isoladas, traz a mensagem da dualidade delas, depois reproduz o conjunto por amplificação. *A informação conserva o pré-individual no indivíduo*" (ILFI, p. 490, n.10 – grifos nossos). Como vimos anteriormente, um dos aspectos mais inovadores da teoria da informação simondoniana consiste em não conceber a informação como uma coisa ou como um sinal que pode ser totalmente determinado. Nesse sentido, Simondon estabelece uma veemente preocupação – em oposição à linha hegemônica da cibernética e da teoria da informação de sua época – com a redução da informação à sua dimensão codificável e probabilística. A informação é central no pensamento simondoniano justamente por ela não se identificar com as realidades já individuadas ou com esquemas/modelos de individuação pré-estruturados; ela é o que permite a conservação da realidade pré-individual no indivíduo; ela é o que dispara novos devires para os processos de individuação. Podemos assim afirmar que *a informação é o que conserva na ontogênese a potência de devir do ser.*

Aí estão as duas dimensões complementares da informação como excesso da ontogênese. Por um lado, o pensamento, o conhecimento e a teoria da ontogênese serão afetados pela dimensão pré-individual da informação – sua dimensão qualitativa e acontecimental – obrigando o pensamento que queira captar a ontogênese a estar em permanente transformação e renovação. Por outro lado, a própria realidade ontogenética (o devir do ser) está em relação com sua dimensão pré-individual – e esta relação permanente entre devir e realidade pré-individual é estabelecida na filosofia de Simondon por meio do conceito de informação e por seus modos de amplificação. A informação é um dos conceitos fundamentais da filosofia simondoniana, pois é a partir dela que o próprio pensamento se torna capaz de viver na conservação e na transformação que operam conjuntamente na processualização do devir.

TERCEIRO CAPÍTULO
O pré-individual: um conceito em devir em cada tipo de individuação

Até aqui vimos duas das dimensões complementares da ontogênese simondoniana. Por um lado, a ontogênese é simultaneamente uma teoria e uma operação que permitem a Simondon constituir um pensamento capaz de religar ser e devir, e captar a processualização do devir do ser como um devir do devir. Assim, não apenas o ser está permanentemente excedido em seu devir, como o próprio devir do ser se mantém em relação com sua realidade pré-individual. Isto permite que o devir não se feche em uma unidade autoidêntica – determinada e garantida lógica e ontologicamente –, mas tampouco se constitua como um devir absoluto avesso a qualquer determinação e estruturação. Por outro lado, a ontogênese simondoniana, a partir da formulação de uma renovada teoria da informação, se engaja na constituição de um esquema teórico geral, o esquema da amplificação, que permite que o filósofo estabeleça três modos de processualização para a captação dos tipos de individuação e, genericamente, de todos os tipos de fenômenos. Vimos como as operações informacionais de amplificação, análogas às operações ontogenéticas, produzem uma individuação da individuação. Por fim, vimos como tal esquema se constitui como uma totalidade aberta ao próprio devir da teoria, do conhecimento e do pensamento que se transformam permanente em suas relações com a dimensão pré-individual da informação.

Já vimos até aqui de uma maneira geral como se constitui a relação entre pré-individual e ontogênese no pensamento de Simondon: vimos como a realidade pré-individual é uma dimensão *sem fases* que impulsiona a defasagem (devir) do ser; também vimos como a ontogênese excede a individuação justamente por ser o nome que Simondon dá a imbricação entre ser e devir que relaciona as dimensões pré-individual, individual e transindividual nos processos de individuação. Agora veremos alguns aspectos complementares a esses que já foram apresentados. Primeiramente, veremos como a hipótese da existência de uma realidade pré-individual é fundamental para que Simondon ofereça uma resposta a um *dilema clássico da filosofia*: como podemos falar de uma realidade pré-individual, anterior ao surgimento dos indivíduos e anterior mesmo aos processos de individuação, se apenas podemos conhecer e acessar essa realidade primeira por meio da realidade já individuada? Na sequência, veremos como o conceito de pré-individual responde a um modo de organização dos conceitos filosóficos bastante peculiar: mostraremos como o conceito de pré-individual não é um *termo constituído*, mas uma *realidade relacional*, e como haveria uma dimensão pré-individual dos próprios conceitos na filosofia simondoniana, havendo assim também uma *pré-individualidade do pré-individual*. Por fim, apresentamos algumas figuras que explicitam como o conceito de pré-individual opera de modo distinto para cada tipo de individuação e em cada individuação singular.

Antes de iniciarmos, gostaríamos de insistir em uma ressalva que fizemos logo no começo deste livro. Reiteramos que a aposta interpretativa de nossa introdução ao pensamento de Simondon consiste exatamente em não circunscrever uma definição do conceito de pré-individual. Isto, por duas razões: por um lado, o conceito de pré-individual está, como veremos, em devir em cada um dos tipos de individuação – física, vivente e psicossocial; por outro lado – e, consequentemente – é um conceito que precisa ser reatualizado, recriado, a cada novo processo com o qual o conhecimento se relaciona; sendo inclusive o conceito que exige que o conhecimento se conserve em permanente transformação. Dito de outra maneira, *o conceito de pré-individual é aquele que descreve as realidades singulares de cada processo e é também uma criação conceitual singular para cada operação de conhecimento*; é exigência de abertura para as dimensões singulares do devir.

I. A hipótese do pré-individual

> Tal concepção poderia ser considerada como gratuita e tratada como habitualmente se trata a hipótese criacionista: serve para que lançar num incognoscível estado do ser pré-individual as forças des-

tinadas a dar conta da ontogênese, se apenas se conhece tal estado pelo que lhe sucede? (ILFI, p. 487).

A hipótese da existência de um estado pré-individual colocaria o pensamento filosófico em um dilema: como estabelecer as possibilidades ético-epistemológicas para conhecer o devir ou a ontogênese em seu estado pré-individual, se esse próprio estado para ser conhecido depende do devir já operado, ou seja, do ser consolidado/individuado? Como podemos explicar a dimensão pré-individual da ontogênese se a ela só podemos conhecer a partir do momento em que a ontogênese se individua? Agora, o dilema não se encontra apenas na assunção de tal impossibilidade, mas na conjunção com o seguinte problema: se assim é, então apenas podemos conhecer o devir a partir do ser, ou do devir que já deveio, que já se individuou? Aí se encontra o centro do dilema: essa aparente impossibilidade de pensar o devir em sua dimensão pré-individual, faz com que não conheçamos um verdadeiro devir, apenas um devir restringido e reduzido a sua dimensão consolidada/individuada. É nesse ponto que a hipótese criacionista habitual interessa a Simondon, dado que ela se encontra frente ao mesmo dilema, mas uma comparação com ela demonstra como as soluções encontradas – pela hipótese criacionista e pela hipótese do estado pré-individual – são consequentemente distintas. Isto, dado que a hipótese criacionista habitual:

> Concentra todo o devir em suas origens, tanto que todo criacionismo porta consigo o problema da teodiceia, aspecto ético de um problema mais geral: o devir não é mais um verdadeiro devir: é como se ele já estivesse inteiramente advindo no ato da criação, o que obriga a aportar posteriormente numerosos corretivos locais à teoria criacionista para voltar a dar um sentido ao devir. Estes corretivos, no entanto, em geral só são aportados sobre os pontos que chocam mais o sentimento que o homem tem de devir, por exemplo, sobre o problema da responsabilidade moral. Mas o criacionismo deveria ser corrigido em todos os pontos, pois não é mais satisfatório aniquilar a realidade do devir físico do que diminuir a do devir do ser humano como sujeito ético: essa diferença de tratamento só pode se justificar por um dualismo, ele mesmo

contestável. Haveria uma verdadeira teodiceia física a ser acrescentada à teodiceia ética (ILFI, p. 488).

A teodiceia – como aventura *ad hoc* de Deus para retroativamente salvar o sentido ético-moral de sua criação para os seres humanos – não aparece aqui gratuitamente. Tampouco a comparação crítica entre as duas hipóteses aqui é fortuita – Simondon bem poderia ter comparado a hipótese do estado pré-individual com as diversas etapas da *logodiceia* em seus afãs substancialista, hilemórfico, racionalista, idealista, empirista, criticista etc. etc., na aventura de recuperar para o *logos* aquilo que não aparece sob suas maneiras de representar. Entretanto, Simondon elege a comparação com a hipótese criacionista, pois ambas possuem esse desafio – que é propriamente uma tentativa de superação do dilema acima apontado – de conjugar um estado do devir anterior à sedimentação do ser, ou dito em termos criacionistas, a criação do mundo antes da existência deste, com o estado posterior que dá sentido retroativo e mediado ao processo da gênese. Dito de outro modo, a comparação crítica visa resolver a conexão entre a teorização sobre o estado *originário* do ser, ou, melhor dito, do devir do ser, com o estado posterior à gênese do devir. Comentemos brevemente a citação apresentada acima.

A primeira diferença com relação à hipótese criacionista é que esta concentra todo o devir no momento originário da criação; ou seja – e, provavelmente, podemos incluir aqui uma série de teorias cosmológicas como a do "Big Bang" (que parecem ter acompanhado os avanços das teorias termodinâmicas sem, contudo, alcançar os avanços das teorias da informação) –, Deus ou o universo contém todos os seus potenciais, todo o seu devir em latência em seu estado originário, tal devir se realiza ou atualiza por inteiro no ato de criação ou no processo de expansão. No entanto, se todo o devir estava contido na origem divina e foi atualizado no ato de criação, apenas resta ao homem um falso devir, pois é ou pré-determinado ou uma degradação do devir divino.[1] A teodiceia e

---

1   Não é difícil perceber as semelhanças que tal hipótese possui com a degradação da informação na metafísica platônica – tal como apresentamos no capítulo sobre a metafísica da informação.

seus corretivos locais à hipótese criacionista aparecem, então, como uma forma de recuperação do "devir do ser humano como sujeito ético", restituindo ao homem seu livre arbítrio e o reinserindo na problemática da responsabilidade moral.

Agora – e esta é a pergunta fundamental de Simondon – por que "os pontos que chocam mais o sentimento que o homem tem de devir" dão curso ao surgimento de uma teodiceia ética, mas não uma teodiceia física? Ou seja: por que a teodiceia vem suplantar a hipótese criacionista para que seja possível resolver o problema da existência do mal ou da escolha livre do homem que decide assassinar alguém, mas permite que os seres físicos, viventes e psicossociais, em geral, estejam condenados a existir sem devir? Por que Deus haveria reservado às pedras (indivíduos físicos) apenas uma existência empedernida, ou seja, de normatividades brutalmente sedimentadas e sem nenhuma transformação (transdução)? Por que teria condenado as plantas (indivíduos viventes) a um perene "estado vegetativo", sem valores (tropismos/taxias) que mobilizassem seu enraizamento no ciclo vital? Por que teria dados aos animais (indivíduos psicossociais) uma existência pré-reflexiva e assubjetiva cujo devir estaria unicamente em função de alimentar o devir da consciência humana? No seio destes questionamentos se encontra a segunda diferença da hipótese simondoniana em relação à criacionista.

A ontogênese simondoniana e a hipótese do pré-individual vem acrescentar à "teodiceia ética" uma "verdadeira teodiceia física", ou seja, a *ontodiceia* deveria restituir um verdadeiro devir a todos os seres, a todas as dimensões do ser. Agora, essa operação de restituição não é retroativa; ela retorna ao estado originário do ser – como a hipótese do pré-individual – para propor que:

1. Ser e devir não são opostos e não estão separados no *estado originário* do ser.

2. O devir não se esgota, ou se atualiza totalmente, no ato de criação. Mesmo após a ocorrência de processos de individuação e da existência da dimensão individual do ser (e também do devir), o devir permanece em operação processualizando todas as dimensões do ser.

Assim, poderíamos dizer que, diferentemente da hipótese criacionista, o Deus (ou o universo) simondoniano é "mais-que-deus", pois seu devir inicial é excedido após o ato de criação, ele continua devindo em cada devir de todos os seres. *Deus é acontecendo*, é um processo de individuação que excede sua coerência inicial (sua onipotência e onisciência) e sua unidade originária.[2]

A hipótese criacionista e a teodiceia suplementar, bem como as teorias que realizaram a crítica desta, padecem de uma mesma falha ou ausência: "Parece que todas as teorias da substância, do repouso e do movimento, do devir e da eternidade, da essência e do acidente, repousam sobre uma concepção das trocas e das modificações que só conhece a alteração e o equilíbrio estável, não a metaestabilidade" (ILFI, p. 486). Como já vimos, o que marca essas filosofias é opor ser e devir a partir de dicotomias engendradas por um dualismo de base para o qual era inconcebível uma terceira possibilidade, a saber, a da coexistência de movimento e repouso, de essência e acidente etc., em um mesmo ser, em um mesmo

---

2   A individuação de todos os seres é o devir do cosmos – "Tal teoria não visa somente explicar a gênese dos seres individuados e propor uma visão da individuação; ela tende a fazer da individuação o fundamento de um devir amplificante, e coloca assim a individuação *entre* um estado primitivo do ser não resolvido e a entrada na via resolutiva do devir; a individuação não é o resultado do devir, nem algo que se produz no devir, mas o devir em si mesmo, enquanto o devir é devir do ser" (ILFI, p. 484). Algo similar é o que encontramos na cosmologia nagô-iorubá, e que apresentamos em nossa *Filosofia Macumbeira*, nas relações entre Olodumare (o ser) e Exu (o devir). Olodumare é mais-que-deus, não é uno, nem onipotente, tampouco onisciente, a existência dos orixás e do axé dos orixás veiculado por todos os seres e comunicado por Exu, garantem a existência e promovem a transformação permanente de Olodumare. O ser, Olodumare, é o sentido dos processos no universo, como bem descreveu Eduardo Oliveira "Esse mundo é o sonho de Olodumare. Nesse sentido, Exu é o vestígio de Olodumare no mundo. Nesse caso o vestígio é o mundo todo e o sentido do mundo encontra-se naquele-que-a-tudo-dá-sentido: Olodumare! Exu, então, é a atualização material de Olodumare. Mais! Exu é a realização corporal de Olodumare. Exu é o corpo do Universo. O Universo é o corpo de Exu. Olodumare não é sua alma (pretendo evitar o dualismo corpo-alma), mas seu sentido (2007, p. 142).

processo ou indivíduo. Os estados do ser, do devir, das individuações, dos processos, das relações e dos termos é, em geral, metaestável – sendo os casos de estabilidade ou instabilidade parciais meros momentos de um processo que sempre retorna a sua condição metaestável.

> O equilíbrio estável talvez seja apenas um caso-limite. O caso geral dos estados talvez seja o dos estados metaestáveis: o equilíbrio de uma estrutura realizada só é estável no interior de certos limites e numa única ordem de grandeza, sem interação com outras; ele mascara potenciais que, liberados, podem produzir uma brusca alteração, conduzindo a uma nova estruturação igualmente metaestável. Assim, ser e devir não são mais noções opostas, caso se considere que os estados são maneiras de ser metaestáveis, patamares de estabilidade saltando de estrutura em estrutura; *o devir não é mais continuidade de uma alteração, mas encadeamento de estados metaestáveis através das liberações de energia potencial cujo jogo e cuja existência fazem parte do regime de causalidade constituinte desses estados*; a energia contida no sistema metaestável é a mesma daquela que se atualiza sob forma de *passagem* de um estado a outro. É esse conjunto estrutura-energia que se pode nomear *ser*. Nesse sentido, não se pode dizer que o ser é *uno*: ele é simultâneo, acoplado a si mesmo num sistema que ultrapassa a unidade, que é *mais que um* (ILFI, p. 486-7).

Em síntese, não apenas ser e devir já não estão separados primitivamente, mas tampouco o devir é concebido como uma continuidade das alterações que sofre o ser ou o devir após o abandono de seu estado inicial; o devir é para Simondon – em todas as dimensões do ser e para todos os tipos de seres – um "encadeamento de estados metaestáveis".

Entretanto, se tais desenvolvimentos dão conta de mostrar que a hipótese do pré-individual difere da criacionista em suas insuficiências, não conseguimos ainda explicar como a hipótese do pré-individual supera o dilema central anteriormente apresentado. Dito de outro modo, mesmo que expliquemos que o estado inicial é configurado por uma metaestabilidade de base que já não permite que separemos ser e devir, ainda não conseguimos explicar como é possível um acesso ao estado inicial, à dimensão pré-individual da ontogênese que não seja mediado pela dimensão individuada ou em individuação. Tal dilema ganha ainda uma dimensão suplementar se considerarmos que na *teoria das fases do ser* a dimensão ou o estado pré-individual aparecesse ora como um estado anterior a toda individuação – e, portanto, coincide com o que Simondon denomina *o ser sem fases* – ora como uma das dimensões posteriores à individuação e que coexistem no *ser polifásico*.

> E há, de fato, uma ambiguidade nas fórmulas empregadas por Simondon quando afirma que "é só depois da individuação que o ser possui um passado e que o pré-individual devém uma fase", como se o pré-individual apenas pudesse ser concebido retrospectivamente, e permanecesse sempre relativo à realidade individuada. Mas esse paradoxo, segundo o qual é a individuação que "cria" o devir, dissolve-se desde o momento em que essa hipótese serve de fundamento para uma ontologia que não pensa mais o devir a partir unicamente do modelo unidimensional da sucessão temporal, mas a partir daquele da transformação dos estados de um sistema (MARGAIRAZ; RABACHOU, 2012, p. 81).[3]

---

3   Bardin oferece uma leitura sobre tal dilema da hipótese do pré-individual que é complementar a que estamos construindo aqui. Bardin encontra, na "compulsão obsessiva" presente em cada uma das etapas da análise da individuação sobre um estado primordial do ser, uma marca de herança indireta do legado fenomenológico presente na filosofia simondoniana – legado que remontaria a problemas epistemológicos que aparecem por excelência no kantismo. Bardin encontra o aspecto diferencial da concepção simondoniana no uso que o filósofo faz dos desenvolvimentos da física quântica, na resolução do dualismo teoria do campo e teoria corpuscular. Simondon estaria conjugando essas "duas vias" como complementaridade metaestável que expressa a dimensão pré-individual do ser. Nesse sentido – e contrariamente às concepções que buscam uma "pura" ciência das operações ou o acesso à "intuição direta" (Bergson) –, Simondon fala da dimensão pré-individual como aquela que conjuga "potenciais reais e latentes" e "funções e estruturas atuais". A ambiguidade presente na hipótese do ser pré-individual – ser, simultaneamente, anterior a qualquer defasagem e ser um dos "resultados" da defasagem do ser – passa a ser compreendida adequadamente (o "verdadeiro pré-individual" de que fala Simondon) quando compreendemos a convergência divergente entre continuidades e descontinuidades na processualidade do ser. Ver: BARDIN, 2015, p. 38-9.

Começamos a resolver o dilema se circunscrevemos mais adequadamente a hipótese do pré-individual. *Primeiramente*, ela não possui o intuito de propor um "estado originário", caso estejamos considerando *originário* aqui no sentido temporal – e não como *arché*. Ela propõe um estado primeiro, ou melhor, *primitivo* – anterior a toda individuação. *Em segundo lugar*, o pensamento de Simondon nos permite falar em dois tipos de transformação dos estados de um sistema: o primeiro deles, que abordamos logo acima, diz respeito ao devir como um encadeamento de estados metaestáveis; o segundo, aos estados ou fases que compõe o processo de defasagem do ser. No primeiro caso, falamos de estados posteriores à primeira estruturação do ser, ao surgimento de fases após uma individuação; no segundo, falamos de coexistência das fases no ser polifásico, inclusive de uma situação anterior ao surgimento de qualquer fase, a dimensão pré-individual do ser anterior à individuação que Simondon descreve como *ser sem fases*. "O ser pré-individual é *o ser sem fases*, enquanto *o ser após a individuação é o ser fasado*" (ILFI, p. 476). Assim, precisamos ter claro que é essa dimensão anterior ao surgimento das fases, anterior à individuação, é essa dimensão primitiva que Simondon visa estabelecer com a hipótese do pré-individual. Seguindo uma nota em que o filósofo afirma que existe "uma origem do indivíduo, uma situação pré-individual" (ILFI, p. 484, n. 8), pretendemos delimitar que o que a hipótese do pré-individual vem propor é que *existe uma situação pré-individual anterior a toda individuação*. É justamente esta situação pré-individual que alguns avanços provenientes dos domínios da física, da biologia e da tecnologia nos obrigam a supor. Como diz Simondon:

> A hipótese de um estado pré-individual do ser não é totalmente gratuita: há nela mais do que ela está destinada a explicar, e ela não é formada unicamente a partir da investigação da existência dos indivíduos; ela é derivada de certo número de esquemas de pensamento emprestados dos domínios da física, da biologia, da tecnologia. A física não mostra a existência de uma realidade pré--individual, mas mostra que existem gêneses de realidades individualizadas a partir de condições de estado; em certo sentido, um fóton é um indivíduo físico; no entanto, ele também é quantidade

de energia podendo manifestar-se por uma transformação. Um indivíduo como um elétron está em interação com campos. Uma mudança de estrutura de um edifício molecular, atômico ou nuclear, faz com que energia apareça e engendre indivíduos físicos. A física convida a pensar o indivíduo como sendo cambiável com a modificação estrutural de um sistema, ou seja, com certo estado definido de um sistema. No fundamento da ontogênese dos indivíduos físicos, há uma teoria geral das trocas e das modificações dos estados, que se poderia nomear *alagmática*. Esse conjunto conceitual supõe que o indivíduo não é um começo absoluto e que se pode estudar sua gênese a partir de um certo número de condições energéticas e estruturais: a ontogênese inscreve-se no devir dos sistemas; o aparecimento de um indivíduo corresponde a certo estado de um sistema, apresenta um sentido relativamente a esse sistema. Aliás, o indivíduo físico é relativo, ele não é substancial; ele é relativo porque está em relação, mais particularmente em relação energética com campos, e essa relação faz parte de seu ser. [...] Em física, há um ser pré-individual e um ser pós-individual; um fóton desaparece e devém mudança de estrutura de um edifício atômico, ou ainda ele muda de comprimento de onda, como se estivesse devindo outro. De certa maneira, a individualidade devém funcional; ela não é o único aspecto da realidade, mas certa função da realidade (ILFI, p. 488-9).

Nesta citação Simondon nos apresenta alguns aspectos dos desenvolvimentos teóricos da física que nos convidam a pensar o ser, o devir e o indivíduo de outra maneira. A *situação pré-individual do ser* aparece, então, como um conjunto de *condições* energéticas, operatórias e estruturais para que a *gênese* do indivíduo possa ocorrer; e, em sentido mais amplo, para que a própria ontogênese possa ocorrer. Essas *condições* aparecem quando a física passa a estudar os indivíduos, as mudanças estruturais e energéticas como *processos*. Neste sentido, o dilema que vínhamos discutindo até aqui se desfaz: já não se trata de conhecer o que vem antes por meio daquilo que veio depois, a situação pré-individual pela situação do ser individuado; trata-se de conhecer o ser, o devir e o indivíduo como partes *relativas e relacionais* de um *processo*. Esta é a primeira condição, a base para podermos compreender como coexistem na defasagem do ser polifasado situações pré-individuais, individuais e transindividuais.

Tomemos como exemplo claro disto o que Simondon diz do fóton. Há no mínimo dois sentidos em que um fóton ou um indivíduo podem ser tomados pela física: ele funciona em um processo ora como um indivíduo físico, ora como uma quantidade de energia que se manifesta por meio de uma transformação. Um indivíduo nunca está sozinho, ele está associado a um campo – ele está operando uma função em um sistema metaestável – e, portanto, simultaneamente, o indivíduo é o índice de uma gênese, mas também de uma modificação do sistema. Por isso, o indivíduo é *relativo*; e ele é relativo em dois sentidos. Por um lado, sua gênese é resultado de um conjunto de relações que constituem e são constituídas em um campo ou um sistema metaestável, no qual pode intervir uma individuação. Por outro lado, o indivíduo nunca resulta de sua gênese como substancialidade isolada, sua individualidade já devém em um sistema como uma *função*, uma nova relação que constitui a realidade do campo ou do sistema.

Podemos, assim, finalmente enunciar o que nos parece o sentido fundamental da hipótese do ser pré-individual. Como vimos antes, postular a existência de um momento do ser anterior toda individuação, a todo surgimento de fases, a todo devir, tem por função para a ontogênese simondoniana marcar a condição metastável primitiva do ser e também possibilitar a permanência dessa condição metaestável – esta abertura a novas problemáticas ontogenéticas e ao devir nas distintas fases do ser. Agora, o que nos parece fundamental na hipótese do pré-individual é que ela permite a Simondon marcar que as dimensões individual, pré--individual e transindividual são *funções da realidade* coexistentes na processualidade do ser polifásico. A ontogênese é a processualidade do devir do ser na qual operam simultaneamente distintas dimensões, cada uma delas opera como uma *função* da realidade do ser. Como diz Simondon: "Com efeito, nada permite afirmar que toda a realidade dos seres vivos está incorporada à sua individualidade constituída; pode-se considerar o ser como um conjunto formado de realidade individuada e realidade pré-

-individual: é a realidade pré-individual que pode ser considerada como realidade fundante da transindividualidade" (ILFI, p. 471).[4]

Assim, a dimensão individual ou individuada do ser *funciona* como a possibilidade de momentos de estruturação das relações entre ser e devir. Já a dimensão pré-individual *funciona* como possibilidade de postulação de uma *situação* do ser que é anterior a toda individuação – é um conjunto de potenciais para que o devir possa operar na ontogênese. Ela também *funciona* para que se possa descrever um excesso, um resto de potenciais sempre presente no ser que pode abrir novas problemáticas e disparar novos processos de individuação. Uma dessas novas problemáticas é o surgimento da dimensão transindividual do ser. *A hipótese do pré-individual permite a Simondon estabelecer que a ontogênese (o devir do ser) não está já individuada – seja como teoria ou como um modo de operação – mas é uma permanente imbricação e coexistência das dimensões do ser em suas processualidades.* Ou seja, a ontogênese é um processo no qual operam as dimensões pré-individual, individual e transindividual como funções da realidade – em devir.

Deste modo, podemos resumir as duas funções que a hipótese do pré-individual desempenha no pensamento simondoniano. Em primeiro lugar, ela marca a possibilidade de se postular uma *situação pré-individual* do ser e do devir do ser na qual ainda não operou nenhuma individuação. A importância deste postulado é que, *ontologicamente*, ele marca a existência de um momento e de uma dimensão do ser e do devir nas quais não operou ainda nenhuma individuação; isto permite a Simondon pensar a individuação como uma operação que não surge a partir de uma individualidade já constituída/estruturada do ser ou do devir, mas como *operação primeira*. Agora, isto também permite que diferenciemos

---

4 Não à toa, no meio desta citação Simondon coloca a seguinte nota de rodapé: "Nesta medida – para o vivente – a realidade pré-individual *também é* realidade pós-individual" (ILFI, p. 471, n. 1). Também, como vimos, para os indivíduos físicos existe um ser pré-individual e um ser pós-individual; a ênfase dada ao "também" por Simondon demonstra bem como ele concebe tal coexistência simultânea no vivente.

individuação e ontogênese, pois a ontogênese excede essa operação primeira e é justamente a dimensão pré-individual da ontogênese que cria as condições para que essa *operação primeira* possa ocorrer. A *situação pré--individual* da ontogênese é, por assim dizer, uma *anterioridade posterior.*

Em segundo lugar, a hipótese do pré-individual é fundamental para que a ontogênese simondoniana *exceda as limitações da unidimensionalidade ontológica.* O ser e o devir já não são pensados como uma realidade *ou* pré-individual, *ou* individual, *ou* transindividual. Na processualidade da ontogênese a realidade é composta das três dimensões que são *funções* desta. A realidade não é pré-individual, individuada ou transindividual; ela *devém* por meio das *funcionalidades* pré-individual, individual e transindividual do devir do ser.[5]

Tal compreensão do sentido do pré-individual para a ontogênese, possui também consequências para o modo de existência e funcionamento dos conceitos no pensamento simondoniano, e para a maneira como o pré-individual aparecerá na descrição dos tipos de individuação. É o que veremos agora.

II. O conceito de pré-individual e a pré-individualidade dos pré-individuais

> No domínio do saber, ela define o verdadeiro andamento da invenção, que não é indutivo nem dedutivo, mas transdutivo, isto é, corresponde a uma descoberta das dimensões segundo as quais uma problemática pode ser definida; é a operação analógica no que ela tem de válida. [...] Esse andamento consiste em *seguir o ser em sua gênese*, cumprir a gênese do pensamento ao mesmo tempo que se cumpre a gênese do objeto (ILFI, p. 30-1).

A processualidade do devir do ser é acompanhada e captada pelo pensamento ontogenético que é transdutivo, ou seja, é um devir pensante que, etapa por etapa, se redimensiona pelas problemáticas com as

---

5   É nesse sentido que a ontogênese simondoniana permite uma *pluralização* da lógica e da ontologia. Ver: *ILFI*, p. 34.

quais se relaciona. Nisto consiste *a operação analógica*: seguir o ser em sua gênese, o pensamento ontogenético possui uma relação de analogia com a gênese do objeto – o que, nesse caso, significa gênese conjunta e simultânea (correlação) do sujeito e do objeto do conhecimento (divisão, aliás, que se torna improdutiva para o devir pensante).

Uma das dimensões do saber da ontogênese, do pensamento capaz de captar o devir do ser, é o *andamento inventivo dos conceitos*. Como já comentamos no primeiro capítulo, o conceito possui uma plasticidade na filosofia simondoniana que permite que o caracterizemos como uma ferramenta relacional e não um termo fixo, autoidêntico e uno. O conjunto dos conceitos simondonianos pode ser compreendido, então, como um sistema metaestável, ou seja, um sistema carregado de energias potenciais. A gênese e os modos de operação dos conceitos no pensamento simondoniano, permite-nos defini-los como uma realidade energética e processual que faz com que o pensamento e o conhecimento sejam análogos às dimensões perceptível, sensível e afetiva do ser e do devir.

Nesse item, gostaríamos de apresentar como o pré-individual é um conceito que reestrutura o modo de funcionamento das relações entre os conceitos e a operatividade destes. Trata-se de mostrarmos, brevemente, como o pré-individual faz com que os conceitos e a relação entre eles estejam em devir – estando o próprio conceito de pré-individual em devir. Há uma dimensão pré-individual dos conceitos, e as singularidades excedem o pré-individual fazendo surgir uma *pré-individualidade do conceito de pré-individual*. Retomemos uma citação:

> Ademais, como a percepção, o conceito necessita de uma permanente reativação para se manter em sua integridade; ele é mantido pela existência de limiares quânticos que sustentam a distinção dos conceitos; essa distinção não é uma prioridade intrínseca de cada conceito, mas uma função do conjunto dos conceitos presentes no campo lógico. A entrada de novos conceitos nesse campo lógico pode conduzir à reestruturação do conjunto dos conceitos, como o faz toda nova doutrina metafísica; ela modifica, antes dessa reestruturação, o limiar de distinção de todos os conceitos (ILFI, p. 365-6).

SIMONDON: uma introdução em devir

A ontogênese simondoniana – com sua metafísica da informação e sua hipótese do pré-individual – está reestruturando o umbral de distinção e o conjunto de todos os conceitos. Assim como o devir ontogenético (a defasagem do ser) é um encadeamento de estados metaestáveis, o conjunto de conceitos se distribui e se organiza no campo lógico por "limiares quânticos". Mas, antes de caracterizarmos melhor o que Simondon compreende por "campo lógico" e "limiar quântico", estabelecendo o modo de vinculação entre conceitos, vejamos brevemente o que Simondon compreende por "conceito".

"Um conceito não é nem *a priori* nem *a posteriori*, mas *a praesenti*, pois é uma comunicação informativa e interativa entre o que é maior e o que é menor que o indivíduo" (ILFI, p. 26, n. 9). O conceito é criado pelo pensamento ontogenético em um ato que estabelece a comunicação entre dois processos constituindo um nexo ou vínculo analógico entre duas operações ou dois sistemas, o do ser e o do pensamento. Ele não é, portanto, uma forma ou um termo que garante a inteligibilidade para a captação dos processos que está antes (*a priori*) ou depois (*a posteriori*) da operação – ele capta os processos ao se constituir como uma operação do conhecimento análoga a esses processos. Por isso ele é contemporâneo (*a praesenti*), pois ele não é *condição* ou *consequência* da captação do devir do ser, ele surge como um *ato* que capta a correlação *atual* de ser e pensamento. Entretanto, isto não o faz um puro devir, dado que ele se estrutura em um "campo lógico" e se reestrutura vinculando-se ao conjunto dos conceitos. É nesse sentido, como afirmou Simondon, que ele "necessita de uma permanente reativação para se manter em sua integridade", dado que o conceito não é uma unidade, um termo constituído que depois de formulado existe por si. Tampouco é um devir indistinto, dado que parte dos componentes da realidade conceitual são reativados nas reestruturações do campo lógico.

Deste modo, *nenhum conceito é em si*, tampouco o pensamento é apenas um *termo* estruturado – a coagulação da relação entre pensamento e ser. Se é verdade que o conceito possui sua dimensão estruturada, enquanto multiplicidade de componentes que correlacionam ser e pensamento, também é verdade que a dimensão estruturada necessita de uma reatualização para manter sua integridade. Essa reatualização é o que Simondon denomina "comunicação informativa e interativa". Como já vimos, a comunicação é uma operação de compatibilização de incompatíveis. Assim, as dimensões de ser e pensamento que poderiam aparecer, inicialmente, como realidades díspares podem se tornar compatíveis, abrindo uma problemática (ou um problema) para o conhecimento. *O conceito estabelece a ressonância interna da ontogênese como possibilidade de correlação entre ser e pensamento.*

Por essa razão é que a comunicação se dá entre o que é maior que o indivíduo e o que é menor que ele. A interação que se dá na comunicação que opera o conceito é entre o sistema metaestável no qual o indivíduo aparece e as cargas pré-individuais, o conjunto de potenciais associados que podem disparar uma transformação. Agora, há também a dimensão informativa dessa comunicação e, nesse caso, a própria operação conceitual pode produzir a incidência de uma informação que disparará a transformação nos processos de individuação, no ser. A dimensão conceitual do pensamento também *age* e *interage* como os processos do ser.

A analogia entre a operação de transdução do cristal e a operação transdutiva do pensamento pode ser uma maneira de explicitar mais adequadamente essa *mutuação* entre ser e pensamento que o conceito possibilita. Tal analogia nos permitirá também explicitar o que Simondon compreende por "campo lógico" e "limiar quântico". Vejamos como Pascal Chabot organiza essa discussão para as relações entre cristal, ontogênese e pensamento. Isso nos permitirá reatualizar a analogia com a *transdução conceitual*.

> Em que sentido podemos dizer que o cristal é uma mistura de ser e devir? A individuação do cristal se desdobra entre duas realidades: o cristal já estruturado e o meio incipiente, capaz de se estruturar. Para Simondon, o cristal já estruturado simboliza o ser, o que está presente e dado, enquanto o meio dinâmico e energizado simboliza o devir, uma virtualidade que aguarda determinação. Se o "pensamento" considera apenas esses dois estados, o cristalino e o crista-

SIMONDON: uma introdução em devir

lizável, ele permanece em uma situação conflituosa diante de uma escolha impossível. Se escolhe o cristal e se apresenta assim como um "pensamento do ser", perde-se o devir e não se pode explicar as modificações, progressões ou atualizações das virtualidades. Da mesma forma, se ele escolhe o meio dinâmico e energizado como seu modelo de devir, torna-se, por assim dizer, evanescente, uma pura contemplação de virtualidades. Na visão de Simondon, ao refletir sobre o processo de cristalização, podemos fornecer uma solução para esse conflito. As duas posições precedentes dependem cada uma de um determinado estado da matéria. Simondon escolhe o meio e a operação. Entre o cristal já formado e o meio estruturável existe o limite do indivíduo cristalino. "O limite", explica Simondon, "não é nem potencial nem estrutura". Não é nem o passado do cristal, nem seu futuro. É o ponto onde o crescimento está ocorrendo no indivíduo cristalino em um dado momento no tempo. Potencial e estrutura, passado e futuro comunicam-se nesta fronteira mutante. Combinando ser e devir, o limite nunca é completamente um ou outro. É o aqui-e-agora da individuação, o ponto onde interagem o que é e o que está em devir. É essa realidade que Simondon procurou visualizar para resolver a antinomia do ser e do devir: o aqui-e-agora do que ele chamou de "transdução" – a propagação da informação em um meio amorfo (CHABOT, 2003, p. 84-5).

Assim como vimos em relação à hipótese do pré-individual e ao dilema que ela enfrenta, o pensamento não pode se deter, na captação da individuação do cristal, somente no ser ou no devir. O pensamento não pode apenas captar e se conformar à realidade já individuada (o cristalino) ou ao meio incipiente, cheio de potencias pré-individuais (o cristalizável). Isto colocava *tradicionalmente* o pensamento diante de uma ambiguidade incontornável: a unificação do diverso em uma representação individualizada, o conceito, bloquearia a própria manifestação da diferença no pensamento; mas a mera contemplação da diferença, imiscuindo-se no devir das multiplicidades, impediria uma unidade comum do conhecimento, fazendo este permanecer no campo do irrepresentável. No entanto, como bem mostra Chabot, Simondon escolhe fazer surgir o pensamento do centro no qual essa ambiguidade, esse paradoxo, é possível e potente. Para tal escolha, o conceito de *limite* é providencial. É possível captar a individuação do cristal em seu limite no qual coexistem a operação de individuação e o meio estruturável. É possível pensar no limite entre ser e devir, entre unidade e multiplicidade, entre identidade e diferença; onde as ambiguidades e ambivalências são índices da coexistência que substitui a dicotomia.

O conceito de *limite* aparece sob algumas figuras no pensamento simondoniano: a fase na defasagem do ser, a membrana dos seres vivos, o limite do indivíduo cristalino, entre outras. O conceito de limite opera de duas maneiras: por um lado, designa um momento de detenção da expansão do ser ou de uma individuação, é um limite para a atualização de energia potencial, é o que faz com que o devir seja transdutivo, ou seja, ocorra etapa por etapa, e não absoluto, pura atualização incessante de virtualidades ou potenciais. Por outro lado, é a *estrutura de relevo* e a *fronteira topológica* que marcam a coexistência de continuidade e descontinuidade em uma individuação, é o ponto de ressonância interna no qual coexistem e coatuam no indivíduo interioridade e exterioridade.

> Esse poder de estruturar um meio amorfo é, de certa maneira, uma propriedade do limite do cristal; esse limite exige a dissimetria entre o estado interior do cristal e o estado de seu meio. As propriedades genéticas de um cristal manifestam-se eminentemente em sua superfície; são propriedades de limite. Não se pode, pois, caso se queira ser rigoroso, nomeá-las "propriedades do cristal"; elas são antes modalidades da relação entre o cristal e o corpo amorfo. [...] A operação ontogenética de individuação do cristal se cumpre em sua superfície. As camadas interiores representam uma atividade passada, mas são as camadas superficiais que são depositárias desse poder de fazer crescer, enquanto estão em relação com uma substância [meio] estruturável. [...] Esse limite não pode ser apreendido nem como potencial nem como estrutura; ele não é interior ao cristal, mas tampouco faz parte do meio amorfo. Todavia, num outro sentido, ele é parte integrante de ambos os termos, pois é provido de todas as propriedades deles (ILFI, p. 121-3).

Assim como no processo de defasagem do ser, a fase é um momento de estruturação em que coexistem as dimensões do ser (pré-individual e individual), o limite do cristal é o ponto no qual podemos captar suas propriedades, ou seja, as modalidades de relação entre o que é interior e exterior ao cristal (o cristalino e o cristalizável). Entretanto, Simondon é enfático ao afirmar que a operação de individuação nasce na superfície, no limite. *O limite é, paradoxalmente, parte interior e exterior do cristal; é a comunicação ativa entre a operação e o meio, é a ressonância interna que faz com que em uma individuação coexistam ser e devir.* O limite combina ser e devir, não sendo completamente nem um nem outro, mas, simultaneamente, ambos. É o aqui-e-agora da individuação, pois é ponto no qual interagem a realidade individuada e a pré-individual. Assim também é para a membrana dos seres vivos:

> A passagem do pré-individual ao indivíduo é um momento autenticamente genético, um salto quântico, em termos físicos, dentro de um contínuo, onde a membrana se constitui no lugar do acontecimento e no entorno da individuação. A membrana dos seres vivos é *primeiro lugar dos paradoxos*, porque entre dura e suave, resistente e macia, parece duvidar entre fluído e sólido (CANGI, 2011, p. 106).

O limite, a membrana, a fase, a camada, permitem o estabelecimento da relação paradoxal de coexistência entre continuidades e descontinuidades nos processos de individuação. Assim também é para o *processo de individuação dos conceitos. O limite no conceito é a membrana que permite a permeabilidade entre ser e pensamento.* O conceito é, assim, uma dimensão *paradoxal* do pensamento que capta o devir do ser. Não é nem interior, nem exterior aos processos que capta; mas é reatualizado na relação como o "campo lógico", ou seja, o meio estruturável ou o sistema metaestável do pensamento – no qual já ocorreram individuações do conhecimento, mas subsistem potencias pré-individuais. O limite para o conceito é esse "limiar quântico" que permite captar a individuação do próprio pensamento conceitual e realizar a distinção entre os conceitos pelas propriedades (componentes) que o constituem.[6] Essas propriedades, assim como no caso do

---

6   Sobre esse aspecto, a concepção simondoniana do que é um conceito se aproxima muito do que propõem Deleuze e Guattari em *O que é a filosofia?*, por exemplo,

cristal, são modalidades de relação entre o conceito individuado e o sistema de pensamento, que informam o "campo lógico".

O campo lógico é esse plano relacional no qual se informam, a partir dos problemas ontológicos, epistemológicos e ético-políticos, as significações e os sentidos entre os conceitos. Ele é o meio estruturável do conjunto dos conceitos, é análogo a um campo energético. Por exemplo, quando o conceito de "relação" deixa de ser um epifenômeno e passa a ter estatuto de ser ou quando Simondon introduz o conceito de "pré-individual" no campo lógico, todos os outros conceitos e problemas se reorganizam: unidade, identidade, diferença, movimento, repouso, indivíduo, consciência etc., todos os conceitos são revolucionados pela movimentação no campo lógico. Assim, podemos dizer que o conceito é o ponto em que aparecem as continuidades e descontinuidades do pensamento em movimento análogo ao devir do ser. Por isso, cada conceito é uma comunicação *informativa e interativa* entre as realidades individuada e pré-individual tanto do ser quanto do pensamento que o acompanha.

Entretanto, como vimos no capítulo anterior, a amplificação transdutiva que ocorre na individuação do cristal também pode tender a uma estabilização dos potenciais. Analogamente, no caso do pensamento conceitual, a transdução pode tender a estabilização e sedimentação do conceito. Para que o conceito se mantenha em sua integridade (comunicação interativa), como exemplificamos acima, faz-se necessário que ele seja reatualizado permanente pelo pensamento. Essa reatualização, que modifica os limites dos conceitos, seus "limiares quânticos", pode ocorrer pela inserção de uma dimensão pré-individual do pensamento ou do ser. A operatividade dos conceitos se transforma na relação com um pré-individual (uma informação) do processo captado. Um exemplo um tanto

---

na seguinte passagem: "O conceito é, portanto, ao mesmo tempo absoluto e relativo: relativo a seus próprios componentes, aos outros conceitos, ao plano a partir do qual se delimita, aos problemas que se supõe que deva resolver, mas absoluto pela condensação que opera, pelo lugar que ocupa sobre o plano, pelas condições que impõe ao problema" (2010, p. 29-30).

SIMONDON: uma introdução em devir

literal de como isso ocorre pode ser pensado a partir do próprio conceito de *fase*. Como vimos, nas descrições do ser polifasado e da defasagem do ser, a própria dimensão pré-individual reorganiza o conjunto dos conceitos e exige a criação do conceito de *ser sem fases*. Também o conceito de *devir* operará e possuirá sentidos distintos nas relações com a dimensão pré-individual, individual e transindividual do ser; ou na relação com os processos de individuação física, vivente e psicossocial.

Mas, então, qual é o estatuto do próprio conceito de *pré-individual*? O conceito de pré-individual é um caso singular, pois é simultaneamente aquele que, em suas distintas figuras, pode operar uma reorganização do conjunto de conceitos, podendo também ser reatualizado por um pré-individual conceitual. Ou seja, as figuras do conceito de pré-individual podem operar uma reatualização do próprio conceito de pré-individual; *há uma pré-individualidade do pré-individual*. Há um devir do conceito que abre um processo de devir para cada conceito. Não seria exacerbado dizermos que *o conceito central da filosofia simondoniana é o pré-individual*, pois – analogamente ao conceito de informação que permite a processualidade dos processos – o pré-individual opera no pensamento conceitual uma abertura para o devir de cada conceito, inclusive o de pré-individual. Por isso, o conceito de pré-individual está em devir em cada operação concreta de individuação e no esquema geral que a teoria constrói. Não há, portanto, *um* conceito de pré-individual na filosofia simondoniana, mas *figuras* do pré-individual que são o conceito de pré-individual em devir em cada individuação singular.

III. Figuras do pré-individual

Mais que apresentarmos exemplos, descreveremos figuras... como símbolos analógicos da individuação. Não se trata de ilustrar ou exemplificar a teoria, o esquema ou o conceito. *Fazer sentir o pré-individual na individuação*. Não queremos estabelecer ou determinar como o pré-individual opera em cada tipo de individuação, mas introduzir este aspecto que lhe é essencial: *é um conceito que se coindividua em cada individua-*

ção. Isto porque ele é um conceito em devir em cada individuação que a individuação do pensamento acompanha. A linguagem se *con*figura em relação à figura que descreve.

Figura 1. O cristal e o vegetal

Primeiramente, vejamos como o pré-individual pode operar em dois tipos de individuações distintas: a física e a vivente, especificamente, na individuação de um cristal e de um vegetal. Já vimos, anteriormente, alguns dos aspectos de como ocorre a individuação de um cristal, reto-memos alguns deles.

O processo de individuação de um cristal surge a partir da operação de crescimento (transdução) e formação de camadas (estruturação) que ocorre a partir de uma solução supersaturada (físico-química). Esta é um conjunto de moléculas e potenciais que na relação com a solução metaes-tável (sua água-mãe) dispara um processo de cristalização. Além de todas as variáveis de temperatura, pressão, perturbação localizada e composição química que podem ocasionar ou influenciar, em maior ou menor grau, um processo de cristalização, o processo pode ser disparado por um ger-me cristalino. "A presença do menor germe cristalino exterior, mesmo de outra espécie química, pode então encetar a cristalização e orientá-la" (ILFI, p. 347). A relação entre o germe cristalino e a solução supersatu-rada pode, então, ser de duas ordens: ele pode pertencer ou não a mes-ma espécie química da solução. Convenhamos denominar aqui – nos valendo de conceitos que Simondon utiliza para descrever o processo de moldagem de um tijolo – um caso de ordem intraelementar (pertencente à mesma espécie química) e o outro de ordem interelementar (não per-tencente). Em relação à ordem intraelementar, os potenciais da solução supersaturada já contém as cargas pré-individuais que podem operar no crescimento das camadas e na estruturação das relações angulares inter-nas do cristal. Na ordem interelementar, os potenciais internos à solução se relacionam com elementos exteriores – elementos que operam como realidade pré-individual também em relação ao processo de individuação – de modo a oferecer as condições de disparação de um processo de cris-

SIMONDON: uma introdução em devir   177

talização (processo que pode se dar de maneira controlada ou aleatória). No processo de cristalização, o pré-individual pode ser, portanto, de duas ordens: por um lado, cargas pré-individuais que fazem parte da solução supersaturada (intraelementar); por outro lado, a inserção de um germe cristalino exterior ou incidência de informação exterior, por exemplo, uma perturbação provocada em um ponto da solução (interelementar).

Já no caso de um processo de individuação de um ser vivente, um vegetal, Simondon realiza a seguinte descrição:

> Com a energia luminosa recebida na fotossíntese, um vegetal institui uma mediação entre uma ordem cósmica e uma ordem inframolecular, classificando e repartindo as espécies químicas contidas no solo e na atmosfera. Ele é um núcleo interelementar e desenvolve-se como ressonância interna desse sistema pré-individual feito de duas camadas de realidade primitivamente sem comunicação. O núcleo interelementar faz um trabalho intraelementar (ILFI, p. 32, n. 14).

A operação do tropismo, como crescimento orientado de um vegetal a partir de potenciais, é aqui também uma operação que relaciona ordem interelementar e ordem intraelementar. Um vegetal possui uma ordem inframolecular que contém potenciais de crescimento e capacidade de recepção de informação. Repartir as espécies químicas contidas no solo e na atmosfera é relacionar um conjunto de proteínas – cadeias de informações – a partir de outra cadeia fornecida pela luz solar. Simondon chamará essas relações de "lugar de mediação" ou "teatro do vivente". Nesse caso, curiosamente, Simondon fala de um *sistema pré-individual*, pois o vegetal é o lugar de mediação interelementar, é um núcleo interelementar que em sua ressonância interna comunica elementos absorvidos do solo, da atmosfera e da energia solar como elementos internos ao vegetal. O núcleo interelementar é um sistema pré-individual que faz um trabalho ou oferece uma resolução a um sistema problemático intraelementar. No vegetal entram em comunicação uma mediação entre indivíduo e meio, na qual o tropismo do vegetal é, ao mesmo tempo, carga pré-individual que impulsiona modificações em outros processos de individuação que se dão entre elementos no meio, e também sistema problemático, ao ser um processo de ordem inframolecular que orienta o crescimento por camadas do vegetal em questão.

Como vemos, a pré-individualidade se realiza de modos distintos nos pré-individuais que se individuam no cristal e no vegetal. No cristal, o pré--individual pode ser uma informação exterior (interelementar) ou interior (intraelementar) à solução supersaturada na qual ocorrerá o crescimento; a pré-individualidade se dá no cristal a partir das relações de identidade e/ ou diferença de espécie química ou de condições físicas da solução. É, por assim dizer, *posterior* a solução metaestável estruturada, é um pré-individual físico-químico que se amplifica quando opera a cristalização.

Já no tropismo do vegetal, a relação do indivíduo com os inúmeros elementos físico-químicos do meio constitui um *sistema pré-individual*. Este é o sistema metaestável em auto-organização contínua: o núcleo interelementar se confunde com a própria individualidade do vivente. *As plantas possuem uma individualidade transindividual, pois suas relações de organização com o meio são um sistema pré-individual*. Assim, podemos dizer que no caso do tropismo do vegetal as informações exteriores (núcleo interelementar) é um sistema de ressonância e metaestabilidade permanente com o meio, já as informações interiores (as problemáticas intraelementares) é que operam como carga pré-individual que pode impulsionar o crescimento. A pré-individualidade aqui é de ordem inframolecular, é, por assim dizer, o mais *interno e interior* ao vegetal, aquilo mesmo que *antecede* a ordem molecular – que já é um *lugar de mediação* –, é o que constituiu a pré-individualidade do pré-individual vegetal. Plantas são seres eminentemente transindividuais, sua individualidade é coletiva, é uma coletividade-mundo; as tensões entre suas problemáticas *infraindividuais* e sua existência transindividual é que são para o vegetal uma fonte de pré-individualidade e de tropismo. O conceito de pré-individual é singular em cada caso, podendo operar como uma incidência de informação exterior, como carga pré-individual ou como sistema.

Figura 2. A argila, o tijolo e a casa

Vejamos agora como o pré-individual pode operar nos processos de três tipos de indivíduos distintos que partilham de uma "matéria" comum: a argila. Como já vimos, a análise da operação técnica de moldagem do tijolo permite a Simondon realizar uma crítica material das insuficiências do esquema hilemórfico.[7] O processo de individuação do tijolo é um teatro da operação de aquisição de forma – ponto em que se pode acompanhar a operação técnica se realizando –; estão atuando a argila, o molde e as mãos da trabalhadora. A argila que se transformará em tijolo não é a mesma, ou seja, não constitui as mesmas relações que a argila do pântano que soterra um caranguejo cabralino ou que o lodaçal no qual pisa o poeta baudelairiano. Mesmo que ambas possuam propriedades coloidais de hidrossilicatos de alumínios como potência de devir matéria plástica, apenas em um sistema comunicante específico é que esta potência plástica obterá significação. Assim, as energias potenciais contidas na argila configurarão uma pré-individualidade somente na relação com um sistema comunicante específico. Contrariamente ao que se poderia supor, a potência pré-individual da operação de aquisição de forma de um tijolo não está nas propriedades coloidais da argila, na forma que a argila já contém como potência por sua capacidade de devir matéria plástica. Como diz Simondon, na moldagem do tijolo, "a singularidade mediadora é o molde; noutros casos, na Natureza, ela pode ser a pedra que enceta a duna, o cascalho que é o germe de uma ilha num rio que carreia aluviões: ela ocupa um nível intermediário entre a dimensão interelementar e a dimensão intraelementar" (ILFI, p. 47, n 5).

---

7   Recordemos aqui: "A matéria é matéria porque abriga uma propriedade positiva que lhe permite ser modelada. Ser modelada não é sofrer deslocamentos arbitrários, mas ordenar sua plasticidade segundo forças definidas que estabilizam a deformação. A operação técnica é *mediação* entre um conjunto interelementar e um conjunto intraelementar. A forma pura já contém gestos, e a matéria prima é capacidade de devir; os gestos contidos na forma encontram o devir da matéria e o modulam" (ILFI, p. 44).

A análise atenta de Simondon do processo lhe permite estabelecer que na argila está a potência limitadora da forma, no molde está a singularidade da informação – a potência pré-individual, latência de uma disparidade. É por isso que Simondon pode afirmar que um grumo ou uma pedra na argila não são potências pré-individuais, mas são singularidades parasitas (ILFI, p. 48). A operação de moldagem é a que comunica a terra com as mãos da trabalhadora (ou com a máquina programada para a moldagem); essa comunicação produz em cada tijolo uma singularidade, ou, uma pré-individualidade. Os excessos ou falhas da operação de moldagem permanecem marcados no tijolo como potências pré-individuais. A vida do tijolo está marcada pela história da terra e pela historicidade das mãos da trabalhadora, dos objetos técnicos e das máquinas. "O tijolo não traz seu molde consigo – ele manifesta somente as singularidades do *hit et nunc* que constituem as condições de informação de sua moldagem particular: estado de desgaste do molde, cascalho, irregularidades –, e ele se destaca do obreiro ou da máquina que o prensou" (ILFI, p. 55 – trouxemos a nota de rodapé para o corpo do texto no local em que ela aparece na citação).

Uma casa, de acordo com Simondon, contém energias químicas, físicas, elétricas e sociais em estado potencial (CI, p. 59). Uma casa está feita de tijolos, no entanto, a pirotecnia do pensamento simondoniano nos diz que a ruína também está feita de tijolos. O estado entrópico da ruína, despovoada de potenciais, permite que um tremor de terra apenas produza modificações arruinadas em sua capacidade de transformação. "A ruína já não é receptora nem emissora; os sinais incidentes se degradam nela como uma palavra sobre um cadáver; é perceptível, mas não responde, já que está em estado estável e já não metaestável; inclusive um tremor de terra pode somente modificar a ruína" (CI, p. 59-60). Para a casa, em estado metaestável, um tijolo só pode ser uma pré-individualidade quando um fio de água penetra na parede, fazendo com que uma viga se apodreça, podendo produzir um desmoronamento. O pré-individual aparece na casa a partir de uma singularidade-acontecimento.[8] Uma faísca e toda sua potência incendiária, um breve toque sobre a campainha, um furacão – para ficarmos nos exemplos de Simondon – são uma singularidade desdobrada (ou duplicada) em seu caráter acontecimental.

Em relação a uma casa, a pré-individualidade é de outra ordem. Em certo sentido, é análoga à pré-individualidade na individuação do tijolo pela operação de informação implicada nos dois processos. No entanto, é totalmente distinta como sistema comunicante de diferentes tipos de energia (química, física e social). Na casa, o conceito de pré-individual mobiliza – e tem por condição – seu caráter acontecimental. Em nossos países neoliberais, muitas casas têm tijolos arruinados, mas não são ruínas, esperam uma faísca que inflame um acontecimento.[9]

Figura 3. Afetividade e emoção

Por último, vejamos como o pré-individual pode operar em dois momentos da individuação psicossocial: antes e depois do surgimento

---

8   Nessa análise de *CI* Simondon não utiliza o termo "acontecimento", no entanto, em outras passagens de *CI*, assim como em vários casos de *ILFI* a palavra acontecimento aparece em relação com os conceitos de singularidade, informação e pré-individual. Podemos afirmar que estes conceitos aparecem em alguns casos vinculados a uma "condição acontecimental". "A existência efetiva de um estado individualizado resulta do fato de que duas condições independentes encontram-se simultaneamente preenchidas: uma condição energética e material, resultante de um estado atual do sistema, e uma condição acontecimental [*condition événementielle*], fazendo intervir frequentemente uma relação nas séries de acontecimentos que provêm dos outros sistemas. Nesse sentido, a individuação de uma forma alotrópica parte de uma singularidade de natureza histórica" (ILFI, p. 106).

9   "Mas *um estado pré-revolucionário*, eis o que parece ser o tipo mesmo do estado psicossocial a ser estudado com a hipótese que apresentamos aqui; um estado pré-revolucionário, um estado de supersaturação, é aquele no qual um acontecimento está totalmente pronto para se produzir, no qual uma estrutura está totalmente pronta para surgir; basta que o germe estrutural apareça e, às vezes, o acaso pode produzir o equivalente do germe estrutural" (FIP, p. 604).

da dimensão coletiva. Devemos ressaltar que tal abordagem não poderá se deter nos meandros de cada aspecto da individuação psicossocial e na diferenciação detalhada dos conceitos de afetividade, afecção e emoção, dado que nosso intuito aqui é apenas captar minimamente mais uma figura complexa na qual o pré-individual opera de modo distinto.[10]

> Se o ser vivo pudesse ficar inteiramente apaziguado e satisfeito em si mesmo, no que ele é enquanto indivíduo individuado, no interior de seus limites somáticos e pela relação ao meio, não haveria apelo ao psiquismo; mas é quando a vida, em vez de poder recobrir e resolver em unidade a dualidade da percepção e da ação, devém paralela a um conjunto composto pela percepção e pela ação que o vivente se problematiza. Nem todos os problemas do vivente podem ser resolvidos pela transdutividade simples da afetividade reguladora; quando a afetividade já não pode intervir como poder de resolução, quando ela já não pode operar essa transdução, que é uma individuação perpetuada no interior do vivente já individuado, a afetividade abandona seu papel central no vivente e se arranja próximo às funções perceptivo-ativas; uma problemática perceptivo-ativa e uma problemática afetivo-emocional ocupam então o vivente; o apelo à vida psíquica é como uma lentificação do vivente, que o conserva em estado metaestável e tensionado, rico em potenciais. A diferença essencial entre a simples vida e o psiquismo consiste em que a afetividade não desempenha o mesmo papel nesses dois modos de existência; na vida, a afetividade possui um valor regulador; ela transmonta as outras funções e assegura essa individuação permanente que é a vida mesma; no psiquismo, a afetividade é transbordada; ela coloca problemas em vez de resolvê-los e deixa não resolvidos os problemas das funções perceptivo-ativas. A entrada na existência psíquica manifesta-se essencialmente como o aparecimento de uma nova problemática, mais elevada, mais difícil, que não pode receber nenhuma verdadeira solução no interior do ser vivo propriamente dito, concebido no interior de seus limites como ser individuado; a vida psíquica não é, pois, nem uma solicitação, nem um rearranjo superior das funções vitais, que continuam existindo sob ela e com ela, *mas sim um novo mergulho*

---

10 Para quem quiser conhecer mais esses aspectos que não iremos detalhar aqui, pode ler o capítulo "A problemática afetiva: afecção e emoção" de *ILFI*, p. 383-90.

SIMONDON: uma introdução em devir

na realidade pré-individual, seguido de uma individuação mais primitiva (ILFI, p. 240-1 – *itálicos nossos*).[11]

Essa passagem é exemplar na descrição da entrada do vivente no psiquismo. Esta entrada altera o modo de operação da afetividade vinculando-a a outras problemáticas para as quais um novo mergulho na realidade pré-individual possibilita uma resolução. Essa resolução ocorrerá pela participação do indivíduo em um processo de individuação coletiva. "O ser psíquico não pode resolver em si mesmo sua própria problemática; sua carga de realidade pré-individual, ao mesmo tempo que se individua como ser psíquico que ultrapassa os limites do vivente individuado e incorpora o vivente num sistema do mundo e do sujeito, permite a participação sob forma de condição de individuação do coletivo" (ILFI, p. 23). Essa participação faz com que a afetividade do vivente se desdobre em emoção, e a percepção se desdobre em ação ou aprendizagem. Isto ocorre porque "O coletivo intervém como resolução da problemática individual, o que significa que a base da realidade coletiva está já parcialmente contida no indivíduo, sob a forma da realidade pré-individual que permanece associada à realidade individuada" (ILFI, p. 24).

Agora, para que se estabeleça a possibilidade de individuação do coletivo, criando um sistema entre mundos e sujeitos, faz-se necessária a dis-

---

11 É importante trazermos aqui uma nota esclarecedora, que acompanha essa passagem, sobre a diferenciação no surgimento das problemáticas psíquicas entre homens e animais: "Isto não significa que haja seres apenas vivos e outros vivos e pensantes: é provável que os animais se encontrem por vezes em situação psíquica. Só que essas situações que conduzem a atos de pensamento são menos frequentes entre os animais. O homem, dispondo de possibilidades psíquicas mais extensas, em particular graças aos recursos do simbolismo, apela mais frequentemente ao psiquismo; é a situação puramente vital que, nele, é excepcional, e pela qual ele se sente desamparado. Mas nisso não há uma natureza, uma essência que permita fundar uma antropologia; simplesmente, um limiar é transposto: o animal está mais bem equipado para viver do que para pensar, e o homem para pensar do que viver. Mas tanto um como o outro vivem e pensam, de feitio corrente ou excepcional" (ILFI, p. 240, n. 7).

junção que vimos na citação anterior entre duas problemáticas que surgem no vivente. A individuação psicossocial é a entrada do vivente na dimensão de coexistência e complementaridade entre duas problemáticas: a *sensório--perceptiva* e a *afetivo-emocional*. Essas duas problemáticas fazem com que exista no vivente duas instâncias: o indivíduo e o sujeito. O sujeito aparece como problemática de compatibilização entre as realidades do vivente e do psicossocial. "O sujeito é o indivíduo e outro afora indivíduo; ele é incompatível consigo mesmo" (ILFI, p. 377). Essa incompatibilidade é dupla e origina-se da disjunção entre o problema do indivíduo e o do sujeito. "O problema do indivíduo é o dos mundos perceptivos, mas o do sujeito é o da heterogeneidade entre os mundos perceptivos e o mundo afetivo, entre o indivíduo e o pré-individual" (ILFI, p. 377). Expliquemos essa relação entre as problemáticas e as instâncias de individuação.

A problemática do indivíduo vivente, em sua dimensão sensório-perceptiva, consiste em operar a unificação do diverso das sensações polarizadas em percepções; estas devem ser compatibilizadas na descoberta de uma "unidade de mundo". "A sensação aporta, pelo uso diferencial, a pluralidade, a não-compatibilidade dos dados, a capacidade problemática portadora de informação. A integração perceptiva só pode se efetuar por construção, geralmente implicando resposta motora eficaz, amplificação do universo sensório-motor" (ILFI, p. 310, n. 18). O conjunto de funções sensitivas, nervosas e musculares configuram um conjunto de comunicação ativa com a pluralidade e a não-compatibilidade de dados que surgem da relação entre o mundo interior e o mundo exterior do indivíduo. A motricidade aparece com um caso exemplar e extremamente claro da compatibilidade de incompatíveis, de uma *ação do indivíduo* (voluntária ou involuntária) que compatibiliza os mundos perceptivos em uma complementaridade que Bardin muito bem caracterizou como "consistência exterior" do ser vivente (2015, p. 81). A construção da motricidade em crianças ou a reconstrução/recuperação da motricidade em pessoas em situação de paraplegia – como Miguel Nicolelis mostrou ser possível – ocorrem não pela constituição de um mundo individual funcional, mas pelo sistema comunicante indivíduo-mundo. *A motricidade adquire sua consistência da comunicação entre mundos*, nesse sentido, a fisioterapia, por exemplo, é uma prática terapêutica essencialmente comunicacional; sua intervenção não consiste em apenas recuperar a capacidade sensitiva ou motora, mas recuperar a comunicação organizada do corpo com o exterior.

Já na problemática do sujeito, trata-se propriamente de descobrir uma *consistência interior*, uma *unidade* do ser vivente na incompatibilidade do indivíduo consigo mesmo e na incompatibilidade entre mundos afetivo-emotivos e sensório-perceptivos. "A afecção é para uma realidade transdutiva subjetiva (pertencente ao sujeito) o que a sensação é para uma realidade transdutiva objetiva [pertencente ao indivíduo]" (ILFI, p. 387). A pluralidade afetiva é polarizada a partir de um situar-se entre afeções, sendo os polos tradicionais, o prazer e a dor. Tomemos um exemplo: "A dor da fome não é somente o que está sendo experimentado e repercutido no ser; é também, e sobretudo, a maneira pela qual a fome, como estado psicológico dotado de poder de se modificar, insere-se no devir do sujeito; a afetividade é a integração autoconstitutiva a estruturas temporais. O desejo, a fadiga crescente, invasão pelo frio são aspectos da afetividade; a afetividade está bem longe de ser apenas prazer e dor; ela é uma maneira para o ser instantâneo situar-se segundo um devir mais vasto" (ILFI, p. 387). A heterogeneidade das significações modula os mundos sensório-perceptivos e as afeções; assim, a afecção "dor" não possui seu sentido em si mesma, ela se insere no devir da afetividade do sujeito em significações fisiológicas, psíquicas, sociais, coletivas, que informam a "fome". O absoluto fisiológico individual da fome é modulado coletivamente: torna-se uma emoção. Nenhuma afeção é em si, ela participa de uma "integração autoconstitutiva" do sujeito em seu existir – devém emoção. "As afecções não têm suas chaves em si mesmas, tampouco as sensações; é preciso um mais-ser, uma nova individuação, para que as sensações se coordenem em percepções; também é preciso um mais-ser do sujeito para que as afecções devenham mundo afetivo" (ILFI, p. 384). Poderíamos propor, finalmente, o seguinte esquema:

• Problemática sensório-perceptiva (do indivíduo):
sensação -> percepção -> ação

[a percepção aparece como compatibilidade de incompatíveis (comunicação) da polaridade da sensação; a ação do indivíduo aparece como compatibilidade dos mundos perceptivos]

• Problemática afetivo-emocional (do sujeito):
afecção -> emoção -> ação

[a emoção aparece como compatibilidade de incompatíveis (comunicação) da pluralidade das significações afetivas (modulação das afecções) em uma unidade de sentido; a ação do sujeito implica presença em um mundo de outros sujeitos, fazendo a dimensão individual impulsionar a possibilidade de individuação coletiva]

Como sintetiza Simondon:

> A ação não resolve apenas o problema perceptivo, pelo encontro dos mundos perceptivos; enquanto emoção, a ação resolve o problema afetivo, que é o da bidimensionalidade incompatível do prazer e da alegria; a emoção, vertente individualizada da ação, resolve o problema afetivo, paralelo ao problema perceptivo que a ação resolve. A ação é para a percepção o que a emoção é para a afetividade: a descoberta de uma ordem superior de compatibilidade, de uma sinergia, de uma resolução por passagem a um nível mais elevado de equilíbrio metaestável. A emoção implica presença do sujeito a outros sujeitos ou a um mundo que o questiona como sujeito; portanto, ela é paralela à ação, está ligada à ação; mas ela assume a afetividade, ela é o ponto de inserção da pluralidade afetiva em unidade de significação; a emoção é a significação da afetividade como a ação o é a da percepção (ILFI, p. 376).

Dito isto, podemos, agora, apontar como o pré-individual opera de modo distinto para a afetividade e para a emoção. Vimos, na citação da qual partimos, que no ser vivente a afetividade possui um valor regulador – é uma função essencial para assegurar a continuidade da individuação, a continuidade da própria vida. Em relação à individuação psicossocial a afetividade é transbordada pela injunção de duas problemáticas coexistentes e complementares – a sensório-perceptiva e a afetivo-emocional. Nesse último caso, a afetividade já não responde a uma pré-individualidade que aparece no limiar do vivente como exterioridade; mas opera no surgimento das emoções e no prolongamento das emoções, perpetuando a possibilidade de coindividuações em coletivo. "A própria afetividade precede e segue a emoção; ela *é, no ser sujeito, o que traduz e perpetua a possibilidade de individuação* em coletivo: é a afetividade que conduz a carga de natureza pré-individual a devir suporte da individuação coletiva; ela *é mediação entre o pré-individual e o individual; é o anúncio e a repercussão*, no sujeito, do encontro e da emoção da presença, da ação" (ILFI, p. 375-6).

A afetividade opera como possibilidade de realidades pré-individuais impulsionarem o surgimento da individuação no coletivo e da individuação coletiva se perpetuar em devir a partir da mediação, operada pela afetividade, entre as dimensões pré-individual e individual dos sujeitos. Nesse processo, aparece uma das dimensões da emoção, a que a conecta com a individuação coletiva antes do surgimento da realidade transindividual. Nesse caso, a emoção ainda opera apenas em relação à problemática afetivo-emocional produzindo a compatibilidade da pluralidade afetiva, implicando presença e ação para o sujeito. Entretanto, há outra dimensão da emoção e que é a que propriamente faz surgir a realidade transindividual.

> O instante essencial da emoção é a individuação do coletivo; após esse instante ou antes dele, não se pode descobrir a emoção verdadeira e completa. A latência emotiva, inadequação do sujeito consigo mesmo, incompatibilidade entre sua carga de natureza [pré-individual] e sua realidade individuada, indica ao sujeito que ele é mais que ser individuado e que ele abriga em si a energia para uma individuação ulterior; mas essa individuação ulterior não pode se fazer no ser do sujeito; ela só pode se fazer através desse ser do sujeito e através de outros seres, como coletivo transindividual. A emoção não é, portanto, socialidade implícita ou individualidade desregrada; ela é aquilo que, no ser individuado, abriga a participação possível em individuações ulteriores a incorporarem o que resta de realidade pré-individual no sujeito (ILFI, p. 469).

A dimensão pré-individual da emoção no sujeito é aquilo que permite que sua relação com o coletivo não seja apenas a interindividualidade (socialidade) ou intraindividualidade (emoção puramente individual – se é que ela existe). E mesmo a interindividualidade e a intraindividualidade ainda se configuram em uma presença e uma ação que participa da individuação do coletivo – *não há subjetividade que não seja coletiva, não há sujeito isolado*. E, há uma dimensão da emoção, enquanto ação correlativa a outros sujeitos, que produz um desdobramento da individuação do coletivo – abertura ao surgimento do coletivo transindividual. A afetividade é uma pré-individualidade no surgimento das emoções na individuação coletiva; a emoção é a primeira *pré-individualidade transindividual*: o sujeito devém coletivo.

PARTE II
Ética: os sentidos do devir

Ao abordarmos, até aqui, em detalhe a ontogênese simondoniana, a ética sempre esteve presente, em cada uma das páginas, em cada uma das palavras e no que ocorre entre as palavras – uma coindividuação da ética estava em processo, uma operação ética análoga à ontogênese já estava em curso. Mas era necessário, antes, mergulhar na ontogênese, no sentido geral da filosofia simondoniana – como quem separa, para manter a respiração ritmada e suficiente, os movimentos do corpo que mergulha da imensidão marítima em que coexiste no ato do mergulho. Mas se coindividuar na filosofia de Simondon exige um *margulhar*. A relação analógica estava subentendida, problemática aberta, enquanto nos transduzíamos cristal, tijolo, casa, vegetal, animal, devir, pensamento, individuávamos. Era preciso realizar a apneia filosófica e submergir no pensamento, abrindo-se ao devir do devir, para que os conceitos éticos pudessem surgir com toda sua força, mas ali estavam eles já sempre presentes, incrustados nas esponjas, nos corais e nos braços do mergulho. A imbricação entre ser e pensamento, faz com que já cada pensamento que capta o ser correlatamente se individue eticamente – cada um dos conceitos éticos simondonianos já está em operação nos conceitos ontogenéticos – a ontogênese se vive eticamente.

Entretanto, na conclusão de *ILFI*, após desenvolver as implicações e condições lógicas e ontológicas de sua teoria da individuação, e depois de elaborar em poucas páginas sua teoria da informação, Simondon irá formular a seguinte pergunta: "Por intermédio da noção de informação, pode uma teoria da individuação fornecer uma ética? Ela pode ao menos servir para lançar as bases de uma ética, mesmo que não possa acabá-la por não poder circunstanciá-la" (IFLI, p. 492). Essa resposta de Simondon aparentemente contrariaria nossa perspectiva de interpretação, dado que o filósofo parece circunscrever seu intuito apenas em "lançar as bases de uma ética", mas não em realizá-la de modo acabado. Acompanharemos nesta Parte II as bases da ética: seus conceitos, a crítica que efetua, suas condições de existência, seus modos de operação, o conhecimento que podemos ter dela e as problemáticas que abre. Talvez isso nos permita mostrar como a ética é sim realizada por já estar em operação na ontogênese e que, portanto, a teoria da individuação e a ontogênese não apenas *fornecem* as bases uma ética, mas *operam eticamente*. Não nos parece outro o sentido da afirmação de que "Apreender a ética em sua unidade exige que se acompanhe a ontogênese: a ética é o sentido da individuação, o sentido da sinergia de sucessivas individuações. É o sentido da transdutividade do devir" (ILFI, p. 497). Tendo isto em vista, talvez consigamos mostrar como há uma relação de analogia entre ética e ontogênese, e como é nessa correlação que encontramos na filosofia de Simondon uma nova compreensão para a vida, ou melhor dizendo, para o viver.

PRIMEIRO CAPÍTULO
Crítica à ética teórica e a ética prática

Assim como – e aqui iniciamos um processo de analogia e não uma comparação –, na introdução de *IFLI* Simondon começava criticando as duas vias que são incapazes de pensar a relação entre ser e devir, a via substancialista e a hilemórfica, nas poucas páginas em que desenvolve sua teoria ética, o filósofo criticará as duas éticas que foram formuladas, ao longo da tradição filosófica, e que são incapazes de pensar *a individuação ética e a complementaridade entre indivíduos e sociedade*. Essas duas éticas, essas duas veredas que bifurcam a tradição do pensamento ético, Simondon as nomeia como o da ética pura ou teórica e o da ética aplicada ou prática. A gênese dessa divergência possui o mesmo equívoco de base que operava no substancialismo e no hilemorfismo. "Essa dualidade provém do fato de que a substância é separada do devir e que o ser, sendo definido como uno e completamente dado na substância individuada, está acabado" (IFLI, p. 492). Esta passagem, que estaria adequada tanto à introdução quanto à conclusão, mostra que, tanto para a ética quanto para a individuação, os sistemas filosóficos caíram em uma falsa disjuntiva que surge quando ser e devir são tidos como realidades separadas.

No entanto, as operações críticas da teoria da individuação e da teoria ética, ainda que análogas no que diz respeito à crítica da separação efetuada entre ser e devir, não são homólogas. Ou seja, não se trata de equacionar: ética pura = substancialismo/ ética prática = hilemorfismo. Concordamos aqui com a leitura de Barthélémy de que se a ética pura demonstra uma base substancialista, a ética prática seria mais propriamente um anti-substancialismo, uma "filosofia *do devir contra o ser*" (2009, p. 137-8). Algo como uma ética de base hilemórfica – que poderíamos sugerir se assemelhar a filosofias morais e não propriamente a teorias éticas –, que teria por base uma espécie de processo de aquisição de norma (forma) dos valores (matéria) – é uma possibilidade que Simondon não analisa ao realizar sua crítica. A que se deve tal decisão?

Pensamos que se a teoria da individuação e a teoria ética de Simondon estabelecem uma relação de analogia entre si ao possuírem essa relação comum, própria à ontogênese, que é o rechaço à separação entre ser e devir, elas possuem maneiras singulares de efetuar esse rechaço. Primeiramente, porque não faz sentido que a teoria da individuação critique algo como "uma filosofia do devir contra o ser" – dito de outro modo, uma filosofia do puro devir –, já que justamente o que faltou às tradições filosóficas que pensaram o indivíduo, por seus princípios e por sua gênese, foi a capacidade de integrar o devir ao indivíduo e pensá-lo como processo, como individuação. Mesmo em relação à dialética – como *lógica do devir* –, Simondon não a critica por pensar o devir contra o ser, mas por pensar um devir demasiadamente exterior ao ser (ILFI, p. 480-1). Assim, como vimos na Parte I, a maneira singular da teoria da individuação rechaçar a separação entre ser e devir é criticando as duas teorias que têm por ponto comum a compreensão de que o *conhecimento* sobre a relação entre ser e devir só é possível quando essas duas dimensões são pensadas separadamente. Em outras palavras, ao postular a ontogênese como operação de conhecimento da individuação, Simondon está afirmando que esse conhecimento já é uma unificação entre ser e devir que é análogo à realidade do próprio ser.

Por outro lado, no caso da ética, não é a questão do conhecimento que está na base da singularidade de sua crítica, mas da ação. Não faz sentido, portanto, perguntarmo-nos se a ética prática e a ética pura *conhecem* a relação entre ser e devir a partir da separação entre essas duas instâncias, pois o que fazem as duas éticas é *circunscrever a ação e a comunicação entre as ações*, nas correlações entre normas e valores, como inexoravelmente ligadas à *oposição* entre ser e devir. Se ambas as críticas de Simondon tem em comum o rechaço às teorias que separam ser e devir, na crítica operada pela teoria da individuação os alvos que produzem a disjuntiva estão ligados à postulação do problema do conhecimento que produz uma *distinção* iniludível entre ser e devir. Já na crítica operada pela teoria ética os alvos que produzem a disjuntiva estão ligados à *oposição* necessária entre ser e devir.

Por se constituírem a partir dessa relação de oposição é que a ética pura/teórica e a aplicada/prática são complementares e indissociáveis já que "é mais o par das duas éticas que possui uma significação, não cada ética por si", dado que "a coerência interna de cada uma dessas éticas se faz pelo negativo, como recusa das vias da outra ética" (IFLI, p. 320-1).

A primeira via da ética, como Simondon denomina, é a da ética substancializante que tem na figura do sábio e na atitude contemplativa seu ideal. Essa ética busca a eternidade do ser por meio da consagração de "uma estrutura descoberta de uma só vez como definitiva e eterna, por consequência, respeitável acima de tudo, termo de referência primeiro e último, estrutura que se traduz em normas, absolutas como ela" (IFLI, p. 493). Essa ética se dirige às essências ontologicamente estabelecidas como substancialidade do ser já desde sempre individuado. Ela faz corresponder as essências desveladas a valores imutáveis e do imutável. Contemplando o ser em seu funcionamento estável, estabelece logicamente as normas, então, absolutas. No entanto, segundo Simondon, para que essa ética tome consciência de si e se circunscreva, ela necessita de seu oposto. "Sua substancialidade é apenas uma contraexistência, um antidevir, e ele [o sábio] precisa que a vida devenha em torno dele para recolher por contraste a impressão da substancialidade" (IFLI, p. 492). Nesse sentido, os valores, as normas e o sentido das ações apenas surgem na pressuposição da existência de seu contrário. A contradição em que essa ética da sabedoria ou da *eternidade do ser* cai consiste no fato de que ela apenas se substancializa ao negar seu caráter substancial e temporal, por um lado, obtendo sua significação a partir dos efeitos de relatividades perceptivas e afetivas, por outro, representando a si mesma no interior do devir da vida ou da vida corrente. O sábio necessita da temporalidade da vida, de seu seguir-se, para que certo *saber*, mas, principalmente, certa *atitude* em relação à vida possa almejar uma validade intemporal. Como diz Simondon, a virtude e a sobriedade têm eminente necessidade do louco e do ébrio para terem consciência de si (ILFI, p. 492). Por outro lado, a ética pura em "tal busca por uma norma absoluta só pode conduzir a uma moral da sabedoria como separação, retirada e inação, o que é um jeito de arremedar a eternidade e a intemporalidade no interior do devir de uma vida: durante esse tempo, o devir vital e social continua, e o sábio devém uma figura de sábio, ele desempenha um papel de sábio em seu século como homem que vê passar a vida e escoarem-se as paixões; se ele mesmo não está no século, ao menos seu papel de homem que não está no século está sim no devir" (IFLI, p. 495).

O segundo caminho, o da ética prática ou – como também a denomina Simondon – ética do devir é *"uma perpétua evolução do ser sempre em movimento"* (IFLI, p. 493). Essa ética se opõe a qualquer sedimentação ou estruturação do ser que possa interromper o fluxo permanente do devir. Ela se passa por prática, mas na verdade inibe toda prática, ao ser uma "preparação sempre recomeçada para uma ontogênese sempre diferida" (ILFI, p. 493). Como a ontogênese que essa ética acompanharia não cessa, apenas haveria duas possibilidades: ou as ações, normas e valores coincidem absolutamente com o devir e não podem ser percebidas; ou o fluxo desse devir é percebido propriamente como ação e essa percepção se configura em relação ao que rechaça. "A ética do devir e da ação no presente precisa da ética da sabedoria segundo a eternidade para estar consciente de si mesma como ética da ação; ela entra em acordo consigo mesma mais naquilo que recusa do que naquilo que constrói" (IFLI, p. 493). A ética do devir só se torna uma ética da ação ao agir para tornar-se consciente de si e isso apenas ocorre por meio da rejeição sobre a possibilidade de que o devir se detenha; contudo, nessa rejeição, a ação já se estruturou.

Resumidamente, o impasse da ética do puro devir é que: ou o devir seria uma operação absoluta sem nenhum ser, ou, ao se opor ao ser, o devir se detém, mesmo que infimamente, e se estrutura por meio dessa oposição – atitude pela qual a ética do devir e da ação pode se tornar consciente de si.

> As duas éticas opostas, ética teórica pura e ética prática, separam interioridade e exterioridade relativamente ao ser individuado, pois

> considerem a individuação, no caso da ética da contemplação, como anterior ao momento em que a tomada de consciência se cumpre, e, no caso da ética prática, sempre posterior a esse mesmo momento; a ética teórica é uma perpétua nostalgia do ser individuado em sua pureza, assim como a ética prática é uma preparação sempre recomeçada para uma ontogênese sempre diferida; nenhuma das duas apreende e acompanha o ser em sua individuação (IFLI. p. 493).

Entretanto, a crítica esquemática e até mesmo caricatural de Simondon dessas duas tendências possui, para nós, apenas a função de introduzir alguns elementos para que a "verdadeira ética" possa ser introduzida e os conceitos de comunicação, normas, valores e ação possam ser apresentados. Esses elementos críticos que devemos levar em consideração para os próximos capítulos são:

1. As contradições que surgem quando a ética é pensada a partir da oposição entre ser e devir.

2. A necessidade de que a ética não seja nem anterior, nem posterior, tampouco apenas exterior ou apenas interior às individuações com que se relaciona.

3. Que os conceitos centrais da ética simondoniana não sejam pensados a partir de extremos ou dicotomias como "puro" ou "aplicado", "teórico" ou "prático" etc. – tais dicotomias apenas denotam uma *moralização da ética*.

Imbuída desses aspectos críticos, a ética simondoniana pode ser introduzida a partir da analogia entre a comunicação e o equilíbrio metaestável. Assim como "a individuação não pôde ser adequadamente pensada e descrita porque só se conhecia uma única forma de equilíbrio, o equilíbrio estável; não se conhecia o equilíbrio metaestável" (IFLI, p. 18); a "verdadeira ética" não pôde ser pensada e descrita adequadamente porque apenas se considerava um tipo de comunicação entre normas, valores e ações. Com uma nova metafísica da comunicação ligada à informação, outra ética se torna possível.

SEGUNDO CAPÍTULO
As condições de existência da ética: comunicação e informação [metafísica da informação]

> Normas e valores não existem anteriormente ao sistema de ser no qual aparecem; elas são o devir, em vez de aparecerem no devir sem fazerem parte do devir; há tanto uma historicidade da emergência dos valores como uma historicidade da constituição das normas. Não se pode refazer a ética a partir das normas ou a partir dos valores, bem como não se pode refazer o ser a partir das formas e das matérias às quais a análise abstrativa restringe as condições da ontogênese (ILFI, p. 497).

A afirmação não poderia ser mais clara e contundente; *do mesmo modo* como a análise abstrativa das tradições reduziu as condições da ontogênese às formas e matérias, acreditando ser possível refazer o ser a partir destas, as teorias éticas também buscaram refazer *A Ética* a partir da análise abstrativa das normas e valores. A ética, então, era obtida a partir de métodos dedutivos ou indutivos de análise das normas e dos valores. Contudo, normas e valores não aparecem no devir, eles *são* o devir. Assim como Simondon propõe que o verdadeiro sentido da ontogênese não é o de gênese dos indivíduos, mas o de devir do ser; o verdadeiro sentido da ética não é o da prescrição ou orientação do viver a partir de uma moral, mas é o próprio *devir da vida*. A ética, portanto, não é anterior ao devir da vida, mas é o sentido desse devir. Por isso, as normas e valores não são princípios ou bases para a formação de uma ética, não são condições de existência da ética, mas são a própria maneira em que o devir da ética opera e se estrutura – como veremos no próximo capítulo.

Em relação à tradição filosófica, Simondon propõe uma radical transformação da compreensão sobre o significado da ética. Digamos contundentemente: a ética não é anterior ou posterior aos modos de vida, ao viver, ela é *contemporânea* e *correlata* aos devires. A ética não é um modo de viver segundo uma moral estabelecida, mas é, como veremos no quarto capítulo, o próprio viver do sujeito que inventa outros sentidos para o ato moral.[1] Essa transformação foi possível porque, simultaneamente, Simondon coloca em operação, com a ontogênese, um pensamento em devir para captar o devir do ser, e porque esse próprio devir já possui um sentido ético implicado. *A ontogênese permite outra compreensão do sentido do viver e já é esse outro sentido em realização.* Entretanto, se não é por meio da dedução ou da indução das relações entre normas e valores que a ontogênese da ética se faz possível, então, em que consistem as condições de existência (e gênese) da ética?

I. Informação, significação e relacionalidade

"Há ética na medida em que há informação, isto é, significação superando uma disparação de elementos de seres, e assim fazendo com que aquilo que é interior seja também exterior" (ILFI, p. 497 – trad. modificada). Aqui vemos como a existência da ética está condicionada à existência de informação. Como vimos, na Parte I, no capítulo sobre a teoria da informação simondoniana, a descrição aqui apresentada é análoga àquela que apresentava a *informação como exigência de individuação.* Na correlação entre informação e individuação, tratava-se de articular as condições da informação (metaestabilidade, comunicação e ressonância interna) como possibilidade de que a informação se tornasse significativa, ou seja, que pudesse disparar um processo de transformação no receptor. Aqui, as mesmas condições aparecem:

---

1   Talvez, aqui, alguns dilemas já comecem a se delinear para a leitora: isso não acabaria fazendo a ética soçobrar em um relativismo? Como é possível avaliar os modos de vida se a ética é correlata ao surgimento dos atos na vida mesma? Convidamos a leitora a acompanhar a ontogênese da ética para que observemos como uma ética relacional (e não relativista) vai se engendrando, e como a dimensão moral do valor de um ato e do sujeito ético criarão certos *parâmetros* para pensarmos o valor e o sentido da ética simondoniana.

1. Há uma disparação de elementos de seres que configuram uma disparidade, uma *situação metaestável* do sistema.

2. Esta disparidade pode ser superada por uma significação, ou seja, por uma estruturação que surge da *comunicação* entre ordens díspares no ser, produzindo uma compatibilidade de incompatíveis.

3. Essa compatibilidade de incompatíveis torna possível a *ressonância interna*, ou seja, a superação da disparidade fazendo com que interioridade e exterioridade sejam correlatas nos processos.

No entanto, compete-nos perguntar qual o sentido ético que a relação entre informação e significação opera? Tentaremos mostrar como, se no caso da correlação entre informação e individuação, a informação passava a ser *significativa* pela *transformação que era capaz de produzir*, no caso da correlação entre informação e ética, a informação terá *significação quando uma operação de informação significativa resulte em uma estruturação* (relacionalidade) *que produziu entre ontogênese e ética um sentido comum, fazendo-as análogas e correlatas.*

> Seria preciso poder definir uma noção que seria válida para pensar a individuação tanto na natureza física quanto na natureza vivente, e, em seguida, para definir a diferenciação interna do vivente que prolonga sua individuação separando as funções vitais em fisiológicas e psíquicas. Ora, se retomarmos o paradigma de aquisição de forma tecnológica, acharemos uma noção que parece poder passar de uma ordem de realidade à outra, em razão de seu caráter puramente operatório, não ligado a esta ou àquela matéria, e definindo-se apenas em seu nexo com um regime energético e estrutural: a noção de informação (ILFI, p 328-9 – trad. modificada).

Como vimos, a informação é a noção central para que Simondon possa pensar os processos de individuação; ela é o conceito que permite pensar a complementaridade entre estrutura e operação para todo o espectro da ontogênese. Uma informação pode ser significativa dentro de um sistema do ser a partir de um critério de significação: a condição metaestável do receptor que permite que a informação incidente possa operar uma transformação no sistema. Assim, uma operação de informação ao disparar uma transformação no sistema do ser e, portanto, no surgimento de novas estruturas e relações, produzia uma significação ontogenética; ou seja, fazia com que o devir do ser superasse a disparidade de elementos ou conjuntos, permitindo-o entrar em ressonância interna consigo mesmo. Mas, vejamos, então, o que Simondon compreende por significação.

A noção de significação aparece em todo *ILFI*. Desde os processos de individuação física – para os quais Simondon investigará detidamente a "significação física da aquisição de forma técnica" –, passando pelas significações biológicas e vitais que surgem na análise das individuações dos seres viventes – incluídas aí as significações sensório-perceptivas e afetivo-emocionais –, até a significação transindividual como condição de surgimento da individuação coletiva. Em todos os casos a *significação é sempre relacional* (ILFI, p. 333). Ela é essa *relacionalidade* que será produzida quando uma operação de individuação descobrir a compatibilidade de incompatíveis a partir de uma operação de informação. "*É a significação que surgirá quando uma operação de individuação descobrir a dimensão segundo a qual dois reais díspares podem devir sistema*" (ILFI, p. 26). Esse devir sistema estruturado, essa *relacionalidade* é o que caracteriza a *significação* como resultado de uma operação de informação, como exigência de individuação. Como definiu David Scott, "significação é, em resumo, o ser da relação, enquanto o transindividual é uma ação que se dá através da 'relação entre duas relações'; o sujeito significativo e o objeto significativo são unificados e recebem suas distintas presenças através de uma relação de significação" (2014, p. 151).[2]

---

2   Como aparece nesta citação, há uma dimensão da significação que é transindividual. A significação transindividual pode ser compreendida como uma atividade de significação sobre uma significação coletiva, ou seja, há uma *significação da significação*, um desdobramento – como veremos adiante, uma relacionalidade que surge em relação a uma relacionalidade coletivamente constituída. "O coletivo é a significação obtida por superposição num sistema único de seres que, um a um, são díspares: é um encontro de formas dinâmicas edificado em sistema, uma significação realizada, consumada, que exige passagem a um nível superior,

SIMONDON: uma introdução em devir

Entretanto, se as relações possuem, como vimos, *estatuto ontológico de ser* na ontogênese simondoniana e possuem mesmo mais realidade que os termos ou que os indivíduos, devemos nos perguntar: em que consiste o *ser* da relação? Em outras palavras como existem e operam as relações? Como vimos, as relações existem quando há informação, ou seja, quando uma significação se estabelece a partir da comunicação entre conjuntos e subconjuntos do sistema do ser. As relações operam como estruturação do devir do ser, elas são uma significação resultante de uma operação ontogenética. Vejamos em detalhe cada passo para compreendermos as relações entre informação, significação e relacionalidade.

> A diferença entre o sinal e a significação é importante, já que ela constitui um critério fiel e essencial para distinguir uma verdadeira individuação ou individualização do funcionamento de um sub-conjunto não individuado. [...] Segundo a distinção entre sinais e significação, diremos que há indivíduo quando houver processo de individuação real, ou seja, quando significações aparecem; *o indivíduo é aquilo pelo qual e no qual significações aparecem*; enquanto entre os indivíduos só existem sinais. O indivíduo é o ser que aparece quando há significação; reciprocamente, só há significação quando um ser individuado aparece ou se prolonga no ser, individualizando-se (ILFI, p. 390-1).

---

advento do coletivo como sistema unificado de seres recíprocos [...] O coletivo é o que resulta de uma individuação secundária relativamente à individuação vital, retomando o que a primeira individuação havia deixado de natureza bruta não empregada no vivente. Essa segunda individuação não recobre totalmente a primeira [...] A segunda individuação, a do coletivo e do espiritual, faz nasce-rem significações transindividuais que não morrem com os indivíduos através dos quais elas são constituídas; o que há de natureza pré-individual no ser sujeito pode sobreviver, sob forma de significações, ao indivíduo que estava vivo [...] A única chance para o indivíduo, ou melhor, para o sujeito de sobreviver a si de algum jeito é devir significação, fazer com que alguma coisa de si devenha significação [...] é apenas como informação que o ser sujeito pode sobreviver a si, no coletivo generalizado" (ILFI, p. 463-4).

Contundentemente, mas de maneira sutil, Simondon complexifica aqui a relação entre indivíduo e significação. Não são apenas os indivíduos que são condição de significação, mas a aparição de significações é o que evidencia que individuações estão ocorrendo, que conjuntos e subconjuntos de relações estão se constituindo no sistema do ser. É a individuação do indivíduo e não sua mera existência como termo individual que, reciprocamente, condiciona a existência das significações.

O indivíduo não é uma unidade substancial, ele é um conjunto de relações que entra em relação com outro conjunto de relações quando há significação. As significações existem, assim, por meio do indivíduo (conjunto de relações) e aparecem na relação de um conjunto com outro, ou seja, de *relações com outras relações*. É nesse sentido que a significação é o ser das relações, e que, entre indivíduos como conjuntos de relações, os processos de individuação permitem o estabelecimento de uma *relacionalidade*. Quando a imagem se forma a partir de percepção binocular, há uma significação perceptiva, uma *relacionalidade*, que resulta e é condição das relações estabelecidas. Quando um tijolo passa por uma operação de moldagem, é uma significação física que surge como *relacionalidade* do processo de aquisição de forma técnica. Quando a emoção surge como compatibilidade da pluralidade afetiva, é uma significação que surge como *relacionalidade* entre indivíduo e mundo, ou entre sujeitos.

Nesse aspecto é que a diferença entre sinais e significação é relevante. Um sinal é um meio para a transmissão, propagação ou incidência de informação – *é o que possibilita a relação entre indivíduos, mas não é essa relação*. O indivíduo se *vincula* com outros indivíduos por meio de sinais, mas, o conjunto de relações se comunica por meio ou através das significações. Ao analisar o registro feito realizado em fita magnética ou película fotográfica, Simondon explica:

> Um registro de informação é, de fato, uma fixação de sinais, e não um verdadeiro registro de informação; a fita magnética ou a película fotográfica registram sob forma de um conjunto de estados locais, mas sem prova de disparação [...] Se a disparação entre dois sinais externos é necessária para a percepção, o registro deve liberar

SIMONDON: uma introdução em devir

> separadamente dois conjuntos ou séries de sinais: é preciso duas fotografias separadas para dar a percepção do relevo, e duas pistas sobre a fita magnética para o relevo sonoro. Essa necessidade de dois registros bem separados mostra que o registro veicula *sinais*, mas não *informação* diretamente integrável: a disparação não é feita, e não pode ser feita, pois ela não está no nível dos sinais, e não faz nascer um *sinal*, mas uma *significação*, que só tem sentido num funcionamento; é preciso um receptor em funcionamento para que a disparação aconteça; é preciso um sistema com estruturas e potenciais. As condições de boa transmissão dos sinais não mais devem ser confundidas com as condições de existência de um sistema. O sinal não constitui a relação (ILFI, p. 335).

O princípio da montagem cinematográfica ou da composição eletroacústica explicita muito bem o que Simondon diz aqui: o registro imagético ou sonoro separa e organiza as incompatibilidades, disparidades e dessemelhanças existentes entre sinais, criando *relevos*. Contudo, a disparação de uma informação significativa, que produza uma modificação no funcionamento do receptor, ou seja, uma experiência tecnoestética do espectador ou do ouvinte, depende de um sistema complexo que envolve a existência de significações como *relacionalidades* entre receptor e conjuntos imagéticos ou sonoros.

Vemos se delinear aqui um segundo desdobramento que permite à filosofia simondoniana se afastar de todo substancialismo: não apenas os indivíduos não possuem unidades e identidades substanciais, mas também as relações entre indivíduos, o sentido dessas relações, não constitui e não é constituído por significações substancializadas. As relações entre relações, ou seja, *a relacionalidade que é o ser das relações, não é substancializada em um estado do sistema, no registro dos sinais, em um modo preestabelecido das comunicações ou funcionamentos ocorrerem, em nexos arbitrários entre relações*. O indivíduo e os sinais vinculam relações, mas estas se relacionam a partir das significações produzidas. Daí a famigerada distinção tão frisada pelas comentadoras da filosofia simondoniana entre relação (*relation*) e nexo ou vínculo (*rapport*):

> Se uma distinção de termos é útil para fixar os resultados da análise das significações, pode-se nomear relação [*relation*] a disposição

dos elementos de um sistema com um alcance que ultrapassa uma simples visão arbitrária do espírito, e reservar o termo nexo [*rapport*] para uma relação arbitrária, fortuita, não conversível em termos substanciais; a relação seria um nexo tão real e tão importante quanto os próprios termos; poder-se-ia dizer, consequentemente, que uma verdadeira relação entre dois termos equivale, de fato, a um nexo entre três termos (ILFI, p. 87-8).[3]

Toda essa análise das significações poderia nos levar, então, a diferenciar *dois tipos de relacionalidade*: uma resultante de *nexos arbitrários* estabelecidos pelo pensamento e a outra da própria *atividade da relação*. Ao comentar sobre o *realismo das relações* proposto pelo filósofo, Muriel Combes propõe uma diferenciação entre os dois sentidos em que Simondon afirma que o ser consiste em relações, ou seja, que a *realidade do ser é relacional*. Combes sugere – relendo a famosa frase de Hegel de que "O que é racional é real, e o que é real é racional" – que para Simondon essa frase se reescreveria assim: "O que é relacional é real, e o que é real é relacional" (2013, p. 18). Com isto, Combes afirma não apenas que a realidade do ser é feita ou obtida a partir da análise das relações – o que seria um sentido restrito para o realismo das relações –, mas que a própria realidade do ser é *constituída por uma atividade das relações* (2013, p. 19). Assim, a relacionalidade, o ser das relações, não é produzido por nexos ou vínculos arbitrários que o pensamento encontra como *consistência do ser*, mas é a própria atividade do devir ontogenético – atividade esta que é a das significações relacionando as relações.

Podemos compreender, então, que não são as significações do pensamento (relatividade dos nexos) que produzem as relações, mas é uma atividade das relações (relacionalidade do devir ontogenético) que produz as significações – sejam elas físicas, biológicas, técnicas, espirituais, coletivas, transindividuais. Ou, melhor dito, *a atividade das relações já é a significação em relação.*

---

3   Obviamente Simondon, com esta distinção, não está querendo sugerir que a relação poderia ser tomada em termos substanciais, enquanto o vínculo não. Se as relações *poderiam* ser tomadas em um sentido substancial é tão somente pelo fato de que elas designam uma realidade do ser e não uma visão arbitrária do espírito.

SIMONDON: uma introdução em devir

Entretanto, ao afirmarmos que a atividade das relações é o que constitui a relação, e que, por isso, devemos considerar a relacionalidade como aquilo que estrutura a significação das operações de informação, não fizemos muito mais do que estabelecer uma *caracterização tautológica*. Até agora apenas conseguimos mostrar que a relação não é um subproduto dos nexos ou vínculos do pensamento, dos termos ou indivíduos, mas que é ela mesma o que constitui o ser e que estrutura os devires ontogenéticos. Contudo, com isto, continuamos apenas conseguindo afirmar que é a relacionalidade o que caracteriza a significação; mas, se ainda nos questionarmos sobre *o que é a relacionalidade*, para melhor compreendermos o que é a significação, apenas conseguiríamos continuar afirmando que ela é uma atividade das relações.

Para nos desvencilharmos dessa caracterização tautológica temos que apresentar uma segunda razão pela qual é a relacionalidade o que caracteriza a significação; trata-se, como sugere Scott, de apresentar como essa própria dificuldade, esse problema para caracterizar a significação decorre de *a significação apenas poder ser compreendida como um problema* (2014, p. 153). Essa é a segunda dimensão da relacionalidade: ela caracteriza a significação como problemática. *A atividade de relação é o modo como o ser se abre às suas dimensões problemáticas, e como as distintas significações surgem como modos de resoluções desses problemas.*

Nesse sentido, é que podemos inserir aqui uma questão central para a compreensão de significação que a filosofia simondoniana constrói. Se a significação é problemática e é um modo de resolução das problemáticas ontogenéticas, então, a significação não pode ser compreendida apenas como uma dimensão linguística, como um produto da linguagem.

> É absolutamente insuficiente dizer que é a linguagem que permite ao homem aceder às significações; se não houvesse significações para sustentar a linguagem, não haveria linguagem; *não é a linguagem que cria a significação; ela é somente aquilo que veicula entre os sujeitos uma informação* que, para devir significativa, precisa reencontrar οάπειρου associado à individualidade definida no sujeito; a linguagem é instrumento de expressão, veículo de informação, mas não criadora de significações. A significação é um nexo de seres, não uma pura expres-

são; a significação é relacional, coletiva, transindividual, e não pode ser fornecida pelo encontro da expressão com o sujeito. *Pode-se dizer o que é a informação a partir da significação, mas não a significação a partir da informação* (ILFI, p. 457 – itálicos nossos).

Assim como a comunicação e a informação foram pensadas como realidades operando em todo o espectro da ontogênese e, portanto, não podendo ser reduzidas ao modo de operação das individuações nas quais aparece a linguagem; também a significação é compreendia por Simondon como uma dimensão que aparece de distintas formas no escopo do ser. Já frisamos em outros momentos desta introdução como tal compreensão da comunicação e da informação (agora também da significação) foi importante para que Simondon se relacionasse com outras problemáticas da tradição filosófica que não as hegemônicas de sua época (por exemplo, da fenomenologia, do estruturalismo e da psicanálise). O que apontamos anteriormente eram *consequências metafísicas e metaontológicas* que tal compreensão implicava para o pensamento ontogenético. No entanto, devemos agora nos perguntar quais as consequências de tal concepção para o pensamento ético?

Se as significações estão presentes em todos os tipos de individuação e são, não uma individualidade constituída, mas uma relacionalidade que é estruturada como consequência das operações de informação, então, podemos afirmar que *a significação se constitui na relação entre os seres e constitui a relação entre os seres*. Esta afirmação, que pode parecer inicialmente banal, aponta um primeiro sentido ético fundamental da filosofia de Simondon: *se a ética existe na medida em que existe informação e significação, então, existe ética para todos os seres,* dado que a informação e a significação são realidades existentes como relacionalidade nos mais distintos tipos de individuação. Dito em outras palavras, a ética não é uma dimensão circunscrita à vida humana, mas é o sentido do devir ontogenético para todo o espectro da ontogênese. Existe ética como sentido dos processos de individuação dos cristais, dos vegetais, dos animais, dos objetos técnicos etc. Não é um privilégio humano ser um ser ético. Tampouco a ética é uma projeção (antropologocêntrica) do vivente humano sobre os animais; a ética existe quando existe significação relacional, quando há relacionalidade entre as vidas dos seres: é na *correlação que o sentido ético passa a existir*. O chão toca os pés dos animais e dos seres humanos e uma relação ética está ocorrendo; os alimentos vivem na boca humana sua individuação; os ventos, as águas, as plantas, os objetos técnicos se roçam entre si e tocam os animais (inclusive o animal humano) e novas informações estão ocorrendo, exigindo individuações e, então, a vida ética ocorre. Não apenas o ser humano se coindividua em relação aos processos de individuação dos outros seres; mas os outros seres estão se coindividuando nas relações com os seres humanos. O mundo ético está povoado dessas ressonâncias em que o que é interior é também exterior, em que as individuações se imbricam e só possuem sentido quando se coindividuam.

E é por isto que a significação é problemática, pois ela não pode se estruturar antes da informação que dispara uma individuação, ou de uma relação entre processos de individuação (coindividuação).[4] É por tal razão que Simondon afirma na citação acima que "pode-se dizer o que é a informação a partir da significação, mas não a significação a partir da informação", pois a informação é determinada pela significação que operou – ou seja, não é possível determinar o modo de operação da informação e a estruturação (ou relacionalidade) que dela poderá resultar antes da individuação concreta em que tal significação surge como resolução de uma problemática. Por isso, devemos entender a informação "como significação relacional de uma disparação, isto é, ainda como problema que só pode ser resolvido por amplificação" (ILFI, p. 473).

Existe ética quando existe informação, ou seja, quando existe significação relacional, ou seja, quando uma problemática do ser exige a disparação de um devir. Agora, quando uma operação de informação estrutura a significação como resolução de uma problemática – por meio

---

4   Lembremos que a problemática ontogenética é uma exigência de individuação e, simultaneamente, uma exigência de processualização da individuação – devir do devir. Neste sentido, a problemática ontogenética também surge, a partir das significações, como exigência de *coindividuação*, ou seja, de complementaridade e compatibilidade de processos de individuação inicialmente incompatíveis entre si.

da relacionalidade do devir ontogenético – o que está ocorrendo é criação de um sentido. *E o sentido é essa dimensão de correlação, comunicação e analogia entre ética e ontogênese.*

II. Comunicação, sentido e correlacionalidade

> Apreender a ética em sua unidade exige que se acompanhe a onto- gênese: a ética é o sentido da individuação, o sentido da sinergia de sucessivas individuações. É o sentido da transdutividade do devir, sentido segundo o qual em cada ato reside ao mesmo tempo o mo- vimento para ir mais longe e o esquema que se integrará a outros esquemas; é o sentido segundo o qual a interioridade de um ato tem um sentido na exterioridade. Postular que o sentido interior é tam- bém um sentido exterior, que não existem ilhotas perdidas no devir, nem regiões eternamente fechadas sobre si mesmas, nem autarquia absoluta do instante, é afirmar que cada gesto tem um sentido de informação e é simbólico relativamente à vida inteira e ao conjunto das vidas (ILFI, p. 497).

Já descrevemos em linhas gerais *as condições de existência da ética*: a informação produzindo uma significação relacional como estruturação que permite o surgimento do sentido como correlação entre ética e ontogênese. Agora, trata-se de descrever *como* a ética existe – esse é um aspecto complementar e preparatório do próximo capítulo que aborda- rá como a ética opera.

Diferentemente dos conceitos de informação e significação, o con- ceito de *sentido* não possui definição ou circunscrição na filosofia simon- doniana; isto porque ele opera pela convergência e na correlação entre ética e ontogênese. Se fosse possível oferecer uma caracterização em devir do conceito de sentido, poderíamos dizer que, assim como o conceito possui uma dimensão pré-individual, *a realidade do sentido é a dimensão transindividual do conceito*. O sentido nomeia a analogia que existe entre ética e ontogênese, ele cria uma dimensão comum de correlação entre a operação ontogenética e a operação ética. Ele é a transdutividade do de- vir, o conjunto das significações das individuações, pois ele é a exigência de correlação e analogia entre ética e ontogênese. O sentido é justamente aquilo que garante que uma operação ontogenética não possui seu sentido em si mesma, mas na relação com uma operação ética que lhe é correlata. A correlação com a operação ética surge quando duas operações inicialmente díspares (ética e ontogenética) entram em comunicação fazendo com que as individuações, a transdutividade do devir exista em complementaridade com o sentido ético. Contudo, como a comunicação entre ética e ontogênese se constitui fazendo existir um sentido?

De certo modo, esta pergunta só poderia ser respondida ao final desta investigação quando abordarmos como o modo de existência do sujeito e como suas problemáticas são distintas das dos indivíduos – quando apresentarmos como o "sujeito é o indivíduo e outro afora indivíduo; ele é incompatível consigo mesmo" (ILFI, p. 377). Isto porque, como veremos, se a ética e a significação existem para todos os tipos de individuação, *apenas para o sujeito ético existirá o sentido como comunicação entre ética e ontogênese.*[5] Há uma disjunção na filosofia simondoniana entre existir eticamente e os sentidos éticos que apenas podem ser captados e operados *no* sujeito ético. O ser humano não é aquele que cria as significações, mas é aquele que as descobre como sentido dos processos. "É o homem que descobre as significações: a significação é o sentido que toma um acontecimento relativamente a formas que já existem; a significação é o que faz com que um acontecimento tenha valor de informação" (MEOT, p. 212 – trad. modificada.).

Entretanto, é fundamental abordarmos aqui a questão do sentido porque é a partir dela que poderemos produzir uma ressonância nos capítulos que seguem; ressonância que é a correlação entre os conceitos e operações éticas e ontogenéticas. Para tanto, é necessário estabelecermos dois aspectos

---

5   Recordemos que, como frisa Barthélémy: "O ser humano assim não possui o monopólio de ser um sujeito. [...] por individualizar-se através da duplicação somato-psíquica (*sic*), o animal devém um 'sujeito' que já não é um simples indivíduo, mas o conjunto indivíduo/carga pré-individual, com a sua afetividade psíquica sendo capaz de reunir a metaestabilidade mantida no vivente a partir do qual este sujeito surge, e que continua a ser" (BARTHÉLÉMY, 2012, p. 227-8).

da comunicação entre ética e ontogênese. A complementaridade entre esses dois aspectos é o que constitui os sentidos dos devires. O primeiro aspecto é *a relação analógica entre as operações ontogenética e ética*; o segundo, *a correlação entre os conceitos éticos e ontogenéticos*. Ambos os aspectos estão e seguirão sendo apresentados e desenvolvidos paulatinamente em toda a Parte II deste livro; no entanto, apenas os apresentando, agora, em linhas gerais é que poderemos compreender como eles constituem o que Simondon denomina como sentido.

1. A relação analógica entre ética e ontogênese

Chegamos ao momento em que se poderia supor que demonstraríamos a primeira hipótese que veio orientando toda a escrita desta introdução – o coração de nossa leitura –, a saber, que *ética e ontogênese são duas operações distintas que estão em relação analógica em cada processo singular de individuação*. No entanto, como já avisávamos na Introdução, a relação analógica entre ética e ontogênese não seria abordada como *resultado* da teoria e da operação de individuação, mas como *condição* destas. Isto significa que a relação analógica entre ética e ontogênese não poderia ser estabelecida pela análise da teoria e da operação de individuação – e, portanto, não se trata de rechaçar ou confirmar nossa hipótese. *Adotar a perspectiva da existência de tal relação analógica* significa ler e viver a filosofia simondoniana a partir de uma de suas problemáticas abertas. Então, podemos dizer que nossa hipótese é uma perspectiva de leitura que vem sendo construída ao longo de todo o livro, e que se trata, agora, de explicitar o sentido de adotar tal perspectiva e as consequências de abordar essa filosofia de Simondon a partir dessa problemática.

A relação analógica entre a operação de individuação e a operação de conhecimento da individuação já foi amplamente abordada pelas comentadoras da obra simondoniana.

> "Não podemos, no sentido habitual do termo, *conhecer a individuação*; podemos somente individuar, individuar-nos e individuar em nós; portanto, esta apreensão, à margem do conhecimento propria-

mente dito, é uma analogia entre duas operações, o que é um certo modo de comunicação. A individuação do real, exterior ao sujeito, é apreendida pelo sujeito graças à individuação analógica do conhecimento no sujeito; mas é *pela individuação do* conhecimento, e não só pelo conhecimento, que a individuação dos seres não sujeitos é apreendida. Os seres podem ser conhecidos pelo conhecimento do sujeito, mas a individuação dos seres só pode ser apreendida pela individuação do conhecimento do sujeito" (ILFI, p. 35).

Frente a essa dificuldade que é anunciada por Simondon já ao final da introdução de *ILFI*, passava a ser obrigatório se perguntar: o que significa essa individuação do conhecimento que ocorre por meio da analogia entre a operação de individuação e a operação de conhecimento da individuação? Entre as distintas soluções encontradas pelas comentadoras para essa questão, a perspectiva de leitura de Muriel Combes nos parece a mais adequada. Combes propõe uma *coindividuação entre o pensamento e o ser* que caracteriza a relação entre conhecimento e individuação como processos correlativos – operações que obtém seu sentido em sua *correlacionalidade* (2013, p. 9-12). Nesse sentido, acompanhar ou captar um processo de individuação é um ato do conhecimento que consiste em se coindividuar analogamente, ou seja, estabelecendo identidades entre as relações dos dois processos. Esta identidade transdutiva entre os conjuntos de relações que estão em operação no processo de individuação e na operação de conhecimento que capta esse processo é o que podemos compreender como a correlacionalidade entre conhecimento e individuação.

Entretanto, cabe adicionarmos uma dimensão suplementar à coindividuação que estabelece a relação de analogia entre individuação e conhecimento, dado que, se "a ética é o sentido da individuação" e acompanhar a ontogênese é apreender a ética em sua unidade, é apreender o sentido da transdutividade do devir, podemos também afirmar que a *relação analógica entre ética e ontogênese é o sentido da coindividuação entre pensamento e ser*. Trata-se de dizer que, se a dificuldade supracitada é um aspecto incontornável que Simondon apresenta logo ao início de seu estudo da individuação, também deveria ser premente nos perguntarmos pelo sentido ético que é instaurado nessa coindividuação entre ser e pensamento e na correlação entre individuação e conhecimento. O horizonte que a filosofia da individuação arqueia em *ILFI*, da introdução à conclusão, parece-nos convocar a reflexão sobre como se dá a complementaridade e correlação entre ética, epistemologia e ontogênese na filosofia simondoniana.

Para tanto, precisamos ainda compreender melhor a relação analógica entre ética e ontogênese. Mas, então, nos enfrentamos com duas dificuldades que se apresentam nesse momento para nossa leitura. Por um lado, para que se compreenda essa relação analógica em toda sua extensão, seria necessário já termos apresentado todo o desenvolvimento sobre a ética que apenas realizaremos mais adiante. Por outro lado, os principais aspectos do que Simondon compreende por analogia foram abordados tanto pelo filósofo quanto por suas comentadoras apenas no que se refere à correlação entre conhecimento e individuação – e não propriamente na correlação entre ética e ontogênese. Tendo em vista estas duas dificuldades, queremos sugerir para nossa leitora: prudência e paciência; o que apresentaremos agora ainda irá se amplificar na individuação da ética, irá se transduzir nos próximos capítulos – nossa leitura aqui deixa de ser apenas uma interpretação do método analógico simondoniano e passa a ser uma *invenção*. Adiante.

No começo deste livro, havíamos mencionado como Simondon pretende criar um novo pensamento da analogia e que esse novo pensamento da analogia deveria afastar duas compreensões equivocadas. Por um lado, não se trata de com a analogia estabelecer uma comunicação entre essência e existência, podendo descobrir por meio desta a realidade daquela. Para a concepção de devir de Simondon, essência e existência coincidem nos processos ontogenéticos. Por outro lado, era preciso afastar uma confusão muito comum entre *analogia e semelhança*. Não se trata na analogia de estabelecer uma identidade entre termos ou indivíduos, como ocorre nos nexos de semelhança, mas de apreender as relações de identidade entre processos, as *identidades entre relações*. Nesse sentido, a analogia é captada entre as identidades transdutivas (processuais), entre as significações e relacionalidades que devém entre duas operações. Essas identidades transdutivas é que permitem compreendermos como o que define a analogia é uma "equivalência transoperatória" (ALG, p. 563). Esta equivalência transoperatória, no caso da correlação entre ética e ontogênese, aparece quando a comunicação entre as duas operações (ética e ontogenética) produz um sentido que é comum a ambas. Veremos adiante como esse sentido comum pode ser compreendido como uma *mutuação*. Mas, antes, vejamos como a equivalência transoperatória e as identidades transdutivas entre relações se estabelecem.

> Tal é a legitimidade do método analógico. Mas toda teoria do conhecimento supõe uma teoria do ser; o método analógico é válido se ele incide sobre um mundo onde os seres são definidos por suas operações e não por suas estruturas, por aquilo fazem e não pelo que são: se um ser é aquilo que faz, se ele não é independente do que ele *faz*, o método analógico pode ser aplicado sem reservas. Se, ao contrário, um ser se define tanto por sua estrutura quanto por suas operações, o pensamento analógico não pode atingir toda a realidade do ser. Se, enfim, é a estrutura, e não a operação, que é primordial, o método analógico é desprovido de sentido profundo e só pode ter um papel pedagógico ou heurístico. A questão primeira da teoria do conhecimento é, portanto, metafísica: qual a relação da operação e da estrutura no *ser*? (ALG, p. 567).

Não se trata aqui de retroceder em relação à complementaridade, que havíamos estabelecido no capítulo sobre a alagmática, entre estrutura e operação. Dado que o próprio Simondon afirma que "o método analógico supõe que se possa conhecer *definindo estruturas pelas operações que as dinamizam*, ao invés de conhecer *definindo as operações pelas estruturas entre as quais elas se exercem*" – daí a primazia do conhecimento das operações – e complementa: "A condição lógica de exercício da analogia supõe uma condição ontológica do nexo entre a estrutura e a operação" (ILFI, p. 565). Trata-se de estabelecer que *a validade* da relação analógica estruturada depende daquilo que os processos *realizam*, do que suas operações *fazem*. É nesse sentido que o método analógico é válido, na correlação entre conhecimento e individuação, quando a *individuação do conhecimento é tomada por aquilo que faz*, ou seja, por realizar a captação de um processo de individuação. Essa operação de captação, esse *ato do conhecimento analógico*, é a chave da equivalência transoperatória entre individuação e conhecimento. Como vimos "os seres podem ser conhecidos pelo conhecimento do sujeito, mas a individuação dos seres só pode ser apreendida pela individuação do conhecimento do sujeito" (ILFI, p. 35), ou seja, os seres definidos por suas estruturas individuais podem ser conhecidos pelo mero conhecimento, mas o que eles *fazem*, suas operações, a individuação dos seres só pode ser apreendida a partir a individuação do conhecimento. E a individuação do conhecimento não é primeiramente um problema lógico, ontológico ou epistemológico, mas, como queremos mostrar, um problema de como se correlacionam ética e ontogênese.

No caso desta correlação, o que é comum a ambos os processos *é a operação de amplificação*. Já vimos detidamente no capítulo sobre a amplificação como esta pode ser compreendida como a *ressonância interna permanente e continuada que é um processualizar-se da ontogênese, uma individuação da individuação*. No caso da ética, como veremos, *o sujeito é o nome dessa operação de amplificação que processualiza os processos éticos e seus sentidos em relação à ontogênese*. Como diz Simondon, há uma "individuação amplificadora que o sujeito opera segundo sua relação ao mundo" (ILFI, p. 310). Como já mencionamos, o "sujeito é o indivíduo e outro afora indivíduo; ele é incompatível consigo mesmo" (ILFI, p. 377). Assim como a amplificação é uma processualização da ontogênese, a ação do sujeito pode ser descrita como a descoberta de uma incompatibilidade que dispara uma processualização (transformação) da operação ética e de seus sentidos.

> O esquema da ação é tão somente o símbolo subjetivo dessa nova dimensão significativa que acaba de ser descoberta na individuação ativa. Assim, tal incompatibilidade pode ser resolvida como significação sistemática por um esquema de sucessão e de condicionamento. A ação segue caminhos, sim, mas tais caminhos só podem ser caminhos porque o universo se ordenou individuando-se: o caminho é a dimensão segundo a qual a vida do sujeito no *hic et nunc* [aqui e agora] integra-se ao sistema individuando-o e individuando o sujeito: o caminho é de uma só vez mundo e sujeito, ele é a

significação do sistema que acaba de ser descoberto como unidade que integra diferentes pontos de vista anteriores, as singularidades aportadas (ILFI, p. 313-4).

Se a ontogênese não se processualiza, ela corre o risco de se sedimentar em uma estrutura fechada ou em apenas uma configuração lógica e/ou ontológica de operação do devir. Se o sujeito não se processualiza, se sua ação não abre um caminho de transformação de si em relação ao mundo, ele acaba por se fechar ou no conformismo de uma individualidade constituída ou no sofrimento da ontogênese invertida, no afogamento da angústia.

A relação analógica entre ética e ontogênese se estabelece, então, nessa operação comum que é a amplificação – possibilitando e pluralizando o conhecimento. A equivalência transoperatória aqui é mais bem compreendida se a concebemos como uma *ação (ou mutuação, como veremos) transoperatória*. Nesta correlação, não é apenas a individuação do conhecimento que *apreende* ou *acompanha* os processos ontogenéticos – sendo, portanto, uma operação paralela, concomitante e correlata – mas é a própria ação de "apreender a ética em sua unidade" que "exige que se acompanhe a ontogênese" (ILFI, p. 497). Por essa razão é que devemos falar em *imbricação* entre ética e ontogênese. A ética expressa a ontogênese sendo o sentido da individuação perpetuada, sendo o sentido da ação de processualização (amplificação) da própria ontogênese. "A ética exprime o sentido da individuação perpetuada, a estabilidade do devir que é aquele do ser como pré-individuado, individuando-se e tendendo para o contínuo que reconstrói sob uma forma de comunicação organizada uma realidade tão vasta como o sistema pré-individual (ILFI, p. 501).

De modo complementar, a ontogênese opera na ética pela ação amplificadora e processualizante do sujeito que rechaça tanto devir indivíduo absoluto (realidade fechada em si mesma), como devir um devir absoluto (coincidência entre teoria e operação que bloqueia as transformações do funcionamento das operações). "A ética é aquilo pelo qual sujeito permanece sujeito, recusando devir indivíduo absoluto, domínio fechado de realidade, singularidade separada; ela é aquilo pelo qual sujeito permanece numa problemática interna e externa sempre tensionada, isto é, num presente real, vivendo sobre a zona central do ser, não querendo devir nem forma, nem matéria" (ILFI, p. 501 – trad. modificada).

Há uma *ética da ontogênese* na medida em que existe uma exigência de processualização da individuação – o sentido ético da ontogênese é essa abertura de problemáticas que criam novos devires para o devir. E há também uma *ontogênese da ética* na medida em que esta não é mais a conformação teórica de uma visão de mundo deduzida ou induzida a partir de normas e valores preexistentes aos processos em que aparecessem. A operação ética aparece como sentido da individuação, do processualizar-se da individuação – a operação ética é uma ação de renovação das problemáticas ontogenéticas para os devires do ser. *É justamente essa imbricação e correlação entre ética e ontogênese o sentido da filosofia simondoniana.*

2. A correlação entre os conceitos éticos e ontogenéticos

A operação ética está em ação na operação ontogenética e a operação ontogenética está em ação na operação ética. Elas não *são a mesma operação*, e, portanto, não se trata de uma ética ontogenética como propõe David Scott; tampouco *são a mesma doutrina* como propõe Jean-Yves Chateau. Como veremos agora, a relação entre os conceitos éticos e ontogenéticos não pode ser a de uma simples homologia ou identidade; os *conceitos também aparecem como possibilidade de devir dessa correlação.* Como ocorre, então, a correlação entre os conceitos éticos e ontogenéticos?

Como vimos em nossa introdução, a interpretação de Chateau que coloca a ética e a teoria da individuação como a mesma doutrina é dificilmente sustentável. Para que ela fosse sustentável, a teoria da individuação simondoniana teria que se conformar em uma espécie de teoria ontogenética fechada (uma doutrina) que pudesse ser aplicada subsumindo as operações concretas, e, além disso, os conceitos e o modo de operação de ambas as instâncias teriam que ser intercambiáveis – condições irrealizáveis segundo a interpretação que construímos até aqui. Contudo, a leitura de Chateau nos interessa aqui pois ela aponta que "a coerência desta ética com a doutrina da individuação e do ser é estreita e visível" (2008, p. 74). Esta evidência da coerência entre ambas foi uma espécie de ponto de partida para a perspectiva que adotamos aqui, mas devemos amplificá-la, afirmando que, desde o início de *ILFI* e em cada uma de suas páginas, mais que um vínculo de coerência, é uma relação de imbricação entre ética e ontogênese que está se coindividuando.

Por outro lado, também a interpretação de Scott sobre uma "ética ontogenética" pode conter alguns aspectos bastante relevantes, mesmo errando ao realizar uma espécie de *homologia* entre os conceitos éticos e ontogenéticos. Ele afirma que: "no coração da formulação simondoniana de uma ética ontogenética está a oposição entre normas e valores. Ela poderia aparecer como uma relação opositiva. Mas não é. Na verdade, a distinção que se mantém entre normas e valores é, para Simondon, totalmente não-opositiva e, como tal, recíproca e uma relação de code-terminação" (SCOTT, 2014, p 181). Simondon define os valores como o pré-individual das normas (ILFI, p. 496, n. 14), no entanto – como vermos no próximo capítulo – não há uma relação de anterioridade ou predominância entre normas e valores. A relação transdutiva entre normas e valores pode também ser definida como uma operação análoga aos processos de individuação. Tendo isto em conta, Scott propõe uma inter-pretação plausível para essa relação: os valores devem ser compreendidos como operacionais e como operações, já as normas como estruturais e como estruturas (2014, p. 185). Como dissemos, esta interpretação visa o estabelecimento de uma homologia – e não propriamente de uma ana-logia – entre o funcionamento da alagmática na teoria da individuação e a operação ética. Scott fornece, então, a seguinte tabela (2014, p. 185):

Comparação entre conceitos éticos e ontogenéticos

NORMAS	VALORES
Estabilidade	Metaestabilidade
Individualizado	Pré-individual
Individual	Relacional
Ser	Devir
Estrutura	Operação

Podemos constatar que estabilidade, individualizado, individual, ser e estrutura são colocados do lado das normas, e metaestabilidade, pré-individual, relacional, devir e operação são colocados do lado dos valores. Essa interpretação dicotômica nos parece também dificilmente sustentável. Primeiramente, porque ela perde de vista o aspecto central da relação entre teoria da individuação e ética, a saber, que existe entre as duas uma relação de analogia e não mera homologia entre conceitos. E com isto, o que a interpretação esquemática de Scott também perde de vista é que se Simondon afirma que os valores são o pré-individual das normas – e ele realmente o faz – isto não quer dizer que o valor se restrinja a ser unicamente pré-individual. Se assim fosse, como veremos, a diferenciação que Simondon estabelece em *NC* entre três tipos de valores – dois relativos e um absoluto – perderia todo sentido e o valor teria que ser concebido de uma única maneira. Ademais, a normalização de um valor, que muitas vezes ocorre no âmbito das culturas, produz a individualização de um valor, afastando-o de sua dimensão pré-individual. Contudo, a interpretação de Scott também foi um bom ponto de partida para nós ao estabelecer uma correlação necessária entre os conceitos éticos e ontogenéticos – ele apenas erra o tipo de correlação. Como propomos, então, que a verdadeira correlação entre esses conceitos ocorre?

Já introduzimos para a leitora, no capítulo "O conceito de pré-individual e a pré-individualidade do pré-individual", qual é o sentido geral dos conceitos na filosofia simondoniana. Vimos como o conceito possui plasticidade nesta filosofia e que ele pode ser compreendido como uma ferramenta relacional em devir. Vimos também como o modo de operação dos conceitos e sua gênese no pensamento simondoniano nos possibilita caracterizar um conceito como uma realidade energética e processual – o que implica que tanto o conhecimento quanto o pensamento sejam análogos às dimensões perceptiva, sensível e afetiva dos processos do ser e do devir. Isto nos levou a afirmar que "O conceito estabelece a ressonância interna da ontogênese como possibilidade de correlação entre ser e pensamento".

Agora, na correlação entre ética e ontogênese como se articulam os conceitos? Poderíamos responder que incidindo como uma informação que altera a processualidade conceitual amplificando e processualizando a operação em questão. Isto é, que os conceitos de pré-individual, individuação e transindividual exigem uma transformação da operação ética, fazendo com que o conceito de valor, por exemplo, possa ser compreendido a partir da correlação que nos convida a pensar o valor em suas dimensões pré-individual, individual e transindividual. Assim como fizemos os conceitos ontogenéticos se dobrarem e desdobrarem sobre eles próprios – como no caso da pré-individualidade do pré-individual ou no caso do devir do devir – podemos também mostrar como os conceitos éticos e ontogenéticos se correlacionam e se implicam mutuamente. Aliás, poderíamos afirmar que *esses dobramentos e desdobramentos até agora produzidos já são a própria implicação da ética simondoniana em sua filosofia ontogenética*. E – mais ainda – podemos afirmar que os *conceitos éticos e ontogenéticos se articulam em uma inextricável relação entre filosofia (explicação) e cosmovisão (implicação)*.

Um conceito ontogenético é amplificado e processualizado por um possível sentido ético que lhe é correlato. Por exemplo, que um valor possa ser pensado em uma dimensão pré-individual significa que valores como o Bem, o Bom, o Justo etc., podem ser repensados e vividos como inseridos em um processo histórico-social e cultural que os altera permanentemente; assim, mais que valores dados (já individuados), eles podem ser pensados como potenciais do devir das normas e das normatividades psicossociais. O bem, o bom e o justo jamais são valores totalmente alcançados e/ou realizados, e não porque estejam pairando como ideias acima de nossas existências, mas justamente porque são indissociáveis da própria existência.

Assim também, a maneira como Simondon concebe as relações entre *normas, normatividades e normalização* está implicada nas relações entre ser e devir na ontogênese. Por exemplo, a preocupação em não fazer o devir sucumbir à configuração, por um lado, de puro devir, de devir absoluto, ou, por outro, de devir restringido ou do ser substancializado sem devir; esse duplo rechaço da ontogênese, pode ser lido como uma maneira de que o devir não se torne uma *norma normalizada* ou uma *normatividade sem nenhuma normalização*. Dito de outro modo – e muitas leitoras já se questionaram sobre esse "*dever-devir*", esse *imperativo do devir simondoniano* –, o devir não deve ser restrito a apenas uma configuração lógica ou ontológica, ou mesmo a um imperativo ético, mas tampouco deve ser compreendido como uma ação do ser ou no ser que não pode ser captada por nenhuma lógica ou ontologia. O devir é abertura problemática para a constituição de novas normatividades no ser, que possuem seus momentos de estruturação normalizadora, mas também de disparação de transformação em novas normatividades. Pluralizar as lógicas e ontologias para a relação entre ser e devir é, ao mesmo tempo – e radicalmente –, um sentido filosófico e uma aposta de vida.

"Por isso é preciso fazer a advertência: este livro é uma viagem de ida" – afirma Pablo Rodríguez no final do prólogo da primeira edição argentina de *ILFI* (2009, p. 19). E não devemos entender essa advertência como uma frase de efeito ou como um mero enfeite retórico: a relação analógica que vai se construindo da primeira à última página de *ILFI* é aquela na qual o percurso filosófico é uma travessia em que a vida e os viveres já não podem permanecer os mesmos.

A autêntica correlação entre os conceitos éticos e ontogenéticos ocorre quando um conceito ontogenético, utilizado na descrição da moldagem de um tijolo, nos emociona fazendo resplandecer a singularidade que aparece em suas fissuras e que indicam no tijolo uma marca de sua historicidade. Descobrimos que viver se abrindo para novas problemáticas, processos, normatividades e valores, já é irmanar-se com os devires do ser em uma *cosmoimersão*. A ética está em ação na ontogênese. A ontogênese está em ação na ética. Os conceitos ontogenéticos estão ressoando nos conceitos éticos. Os conceitos éticos são a ressonância dos conceitos ontogenéticos. Há uma *mútua-ação* entre ética e ontogênese – e este é o sentido que somos convidados a viver pela filosofia de Simondon.

3. Reciprocidade, mutuação e sentido

Entretanto, retomemos a questão sobre a disjunção que havíamos encontrado na filosofia simondoniana entre *existir eticamente e os sentidos éticos que apenas podem ser apreendidos e operados no sujeito ético*. Há dois modos da comunicação entre ética e ontogênese ocorrer. Esta disjunção, assim como a afirmação de que a ética é uma dimensão correlata a todo o espectro da ontogênese, não aparecem formuladas explicitamente em *ILFI*. Tampouco, até onde temos conhecimento, aparece nos outros escritos simondonianos. No entanto, elas nos parecem consequências plausíveis e coerentes com a relação analógica entre ética e ontogênese que a filosofia de Simondon constrói. Retomemos alguns dos elementos que nos permitiram estabelecer esse movimento interpretativo:

1. A ética existe quando existe significação e o indivíduo é aquilo por meio do que e em que aparecem significações. Considerando que para Simondon, um indivíduo pode ser uma pedra, um cristal, um objeto técnico, uma bactéria, um vegetal, um animal etc., podemos afirmar que a ética existe para todos os tipos de indivíduos.

2. Apreender a ética em sua unidade exige que acompanhemos a ontogênese, ou seja, para captarmos a ética, faz-se necessário que acompanhemos o devir do ser nos distintos tipos de individuação e de amplificação da individuação.

3. A ética é a exigência de acordo com a qual existe correlação entre normas e valores, estas não existem anteriormente ao sistema do ser em que aparecem, no entanto, a correlação entre normas e valores só aparecerá quando os processos ontogenéticos forem significativos

e só possuirão sentido a partir de um funcionamento singular no sistema do ser.

Todos estes aspectos estão estabelecidos em *ILFI*. Agora, o que Simondon não estabelece é que apenas para os seres sujeitos poderá existir o sentido como *amplificação da operação ética*. Os movimentos da análise da duplicação psicossomática estabelecem que há para Simondon indivíduos *não sujeitos* e que o sujeito é o "conjunto indivíduo/carga pré-individual, com a sua afetividade psíquica sendo capaz de receber a metaestabilidade mantida no vivente a partir do qual este sujeito surge, e que continua a ser" (BARTHÉLÉMY, 2012, p. 228).

O que queremos propor agora é a interpretação de que há *dois* tipos de comunicação entre ética e ontogênese na filosofia simondoniana – interpretação cuja coerência e consistência poderão ser verificadas na relação com os capítulos subsequentes. Por um lado, há um modo de comunicação que estabelece a *reciprocidade* entre as operações ética e ontogenética, a partir da relação de analogia entre as significações (relacionalidades) de ambas as operações; por outro lado, um modo que estabelece a *mutuação* entre as operações, a partir do sentido das ações transoperatórias que aparecem na *correlação analógica entre as operações*. O ponto de diferenciação será justamente a *disparidade* (e, portanto, possível compatibilidade de incompatíveis) entre as operações que o sentido recupera como sistema metaestável das significações.[6]

No primeiro modo de comunicação (*reciprocidade*), as operações coincidem e se correspondem – a relação analógica entre ambas as operações é *necessária*. As significações que aparecem como relacionalidades internas às operações ética e ontogenética, mesmo não sendo homólogas, são recíprocas. Assim, no caso de um processo de cristalização, as significações

---

6   O que pretendemos realizar nesse ponto é apenas a diferenciação entre as possibilidades de comunicação das operações concretas. Nos próximos capítulos apontaremos outras diferenças entre o *ser sujeito e os outros tipos de indivíduos*, mostrando como apenas no ser sujeito aparecerá a espiritualidade como "significação da relação do ser individuado ao coletivo" (ILFI, p. 375).

surgidas da complementaridade entre estruturas e operações são reciprocamente análogas às significações da normatividade física que está em operação. No entanto, as significações não são homólogas, pois a incidência de um valor como informação que pode modificar essa normatividade pode ser de distintas ordens: (a) pode ser uma operação exterior (modificação da pressão e da temperatura) que venha modificar o processo de estruturação em curso, ou mesmo, o modo de funcionamento da própria estruturação; ou (b) pode ser da ordem de uma potência pré-individual já presente na "água-mãe". Em suma, o valor pode ser da ordem de uma informação exterior ao processo de cristalização ou da ordem de um conjunto de potenciais, por assim dizer, interiores ao processo de individuação.

A reciprocidade, apontada acima, pode ser compreendida a partir do que Juan Manuel Heredia – valendo-se da leitura de Jorge Montoya – sugere como sendo o *isodinamismo* entre operações que o método analógico vincula. "Entre o que e o que devem ser estabelecidas as analogias? A resposta, como já sugerimos em várias passagens, é inequívoca: a analogia deve ser buscada entre operações isodinâmicas em estruturas diversas" (HEREDIA, 2017, p. 274).[7] As operações ética e ontogenética se estruturam e se processualizam reciprocamente a partir dessa correlação isodinâmica sem, no entanto, conformarem uma unidade e identidade estrutural que permitiria ao pensamento estabelecer uma homologia entre as operações. As significações que aparecem em cada uma das operações são análogas, ou seja, há identidade entre as relacionalidades que aparecem nos dinamismos de cada operação.

No segundo modo de comunicação (*mutuação*), o sentido surge, paradoxalmente, como a simultaneidade da correspondência e da não correspondência entre as operações. É extremamente difícil captar conceitualmente como ocorre essa *correlação paradoxal*. O sentido é uma processualização (amplificação) da relação analógica entre as operações ética

---

7   É importante salientar que o isodinamismo recíproco entre as operações é captado pelo método analógico, mas essa relação isodinâmica não depende dos nexos ou vínculos produzidos pelo pensamento para ocorrer nas processualidades do ser.

e ontogenética, e ele possui as seguintes condições:

1. A reciprocidade inicial das operações é captada como um funcionamento isodinâmico do sistema metaestável que conforma essas operações.

2. Esse funcionamento constitui o sentido como identidade transdutiva do sujeito com seu processo de individuação. Ou seja, a correlação é individualizada e captada pelo indivíduo como dimensão da qual ele faz parte e na qual sua dinâmica pode intervir.

3. Com isto, a disparidade que havia sido compatibilizada entre ética e ontogênese é reinstaurada como uma nova problemática, uma nova incompatibilidade, que imbrica as operações ética e ontogenética.

4. O sentido é, então, um modo de o sujeito se implicar nessa nova problemática; e a ação passa a ser a transdutividade do devir. Devir que é transoperatório, pois uma ação ética já configura um processo ontogenético; um devir ontogenético, que responde a essa nova problemática, já é uma transformação ética, ou seja, do viver.

Agora, esse segundo modo de comunicação que ocorre com a *mutuação* transoperatória não é nunca necessário, inexorável. Como vimos, o problema do sujeito é o "da heterogeneidade entre os mundos perceptivos e o mundo afetivo, entre o indivíduo e o pré-individual" (ILFI, p. 377); essa problemática do sujeito, na coexistência da dimensão individual e pré-individual na existência transindividual, *é o viver ético* – como "individuação perpetuada", como ato de rechaçar a existência como "indivíduo absoluto" (ILFI, p. 501). O sentido ético aparece, então, como recuperação da dimensão metaestável do existir, como encontro com os excessos pré--individuais que abrem a dimensão transindividual do devir do ser, como possibilidade de recriar o devir nas relações entre ética e ontogênese. O sujeito ético recupera a ética presente nos processos de individuação como ressonância interna permanente, continuada e transformadora que faz com que o conjunto das vidas devenham mundo.

Apreender a ética em sua unidade exige que se acompanhe a onto-gênese: a ética é o sentido da individuação, o sentido da sinergia de sucessivas individuações. É o sentido da transdutividade do devir, sentido segundo o qual em cada ato reside ao mesmo tempo o mo-vimento para ir mais longe e o esquema que se integrará a outros esquemas; é o sentido segundo o qual a interioridade de um ato tem um sentido na exterioridade. Postular que o sentido interior é tam-bém um sentido exterior, que não existem ilhotas perdidas no devir, nem regiões eternamente fechadas sobre si mesmas, nem autarquia absoluta do instante, é afirmar que cada gesto tem um sentido de informação e é simbólico relativamente à vida inteira e ao conjunto das vidas (ILFI, p. 497).

Adentremos o mundo da ética.

TERCEIRO CAPÍTULO
A operação ética: normas e valores [alagmática]

Normas, normas, normas por toda parte – em que momento elas devém normatividades ou normalizações? Valores voando, sobrevoando e se elevando cultura – em que momento eles cultivam e se cultivam solo comum dos viveres? Normas e valores acadêmicos, teóricos, gramaticais, existenciais – em que momento se dispara uma operação ético-política? A operação ética já é política – é uma disputa ontogenética pelo sentido das normas e dos valores, por suas transformações.

Diferentemente do capítulo anterior, em que pudemos perscrutar os conceitos de comunicação e informação – que aparecem frequentemente em toda obra de Simondon e que possuem um conjunto de cursos e escritos especificamente dedicado à sua análise – e que, conjuntamente aos conceitos de significação e sentido, constituem as condições de existência e captação da operação ético-política; os conceitos de normas e valores – por mais que estejam operando em toda sua filosofia – aparecem pouquíssimas vezes explicitados. Os dois momentos em que Simondon define e mais desenvolve esses conceitos são: as reflexões sobre uma possível teoria ética (na conclusão de *IFLI*) e as reflexões presentes na "Nota complementária sobre as consequências da noção de individuação" (*NC*).[1]

Neste capítulo, veremos primeiramente como os conceitos de norma e valor se constituem de maneira complementar, sendo que o sentido

---

1   Esse texto inicialmente havia sido planejado como um apêndice a *IFLI* que desenvolveria algumas reflexões presentes em todo livro conectando-as com as teorias, conceitos e reflexões presentes na tese complementar, MEOT. Na versão final da tese principal (*ILFI*), antes da defesa, Simondon decide retirá-lo. Na preparação da edição de 1989 de *L'individuation psychique el collective* (Aubier) – que é formado pela segunda parte de *ILFI*, Simondon decidiu reintegrar a nota.

de cada um se estabelece na relação com o outro. Assim, veremos que a captação da operação ético-política exige que acompanhemos a relação transdutiva entre normas e valores. Na sequência, veremos especificamente como os sistemas de normas estruturam normatividades, mas como, também, podem *tender* à normalização, quando novos valores não operam como devir desses sistemas. Dedicaremos um terceiro item, por fim, a análise do que Simondon compreende por valor e como há três modos de existência do valor em relação aos sistemas de normas. Veremos que esses modos são correlatos aos modos de operação da informação de acordo com as dimensões da metaestabilidade, ressonância interna e comunicação. Deste modo, esperamos mostrar que uma análise detida e implicativa dos textos que mencionamos é mais que suficiente para captarmos a operação ético-política e apontarmos sua relação analógica com a operação ontogenética no modo transdutivo de ambas as operações.

I. A relação transdutiva entre normas e valores

"É preciso substituir esta estabilidade do absoluto incondicional e essa perpétua evolução de um relativo fluente pela noção de uma série sucessiva de equilíbrios metaestáveis" (ILFI, p. 493-4). Como vimos no Primeiro Capítulo, a ética não é captada em sua unidade real nem pela ética da eternidade, nem pela ética do puro devir. A proposta ética simondoniana será concebida como uma *operação transdutiva*, ou seja, uma operação que se constitui de uma sucessão de equilíbrios metaestáveis.

> As normas são as linhas de coerência interna de cada um desses equilíbrios, e os valores, as linhas segundo as quais as estruturas de um sistema se traduzem em estruturas do sistema que o substitui; os valores são aquilo pelo qual as normas de um sistema podem devir normas de outro sistema, através de uma mudança de estruturas; os valores estabelecem e permitem a transdutividade das normas, não sob forma de uma norma permanente mais nobre que as outras, pois seria bem difícil descobrir tal norma dada de maneira real, mas como um sentido da axiomática do devir, a qual se conserva de um estado metaestável ao outro (IFLI, p. 494).

SIMONDON: uma introdução em devir

Assim como para captarmos a operação ontogenética buscamos a compreensão da alagmática que estabelece a complementaridade entre estruturas e operações, para captarmos a operação ética teremos que estabelecer a *alagmática das normas e valores*. Isto não significará uma perfeita homologia estruturas = normas e operações = valores, mas uma analogia que permite a melhor compreensão do elemento comum às duas operações: a *transdutividade que ocorre pela complementaridade de ambas as instâncias*. A partir da citação acima, vejamos alguns elementos que já podemos estabelecer para a definição do funcionamento das normas e valores:

1. As normas são as "linhas de coerência interna", ou seja, são as relacionalidades ou as estruturações do sistema constituído pelos equilíbrios metaestáveis.

2. Os valores são as operações que permitem a passagem de uma estrutura à outra, de um sistema de normas ao outro, por meio de uma modificação das estruturas. Os valores são, assim, as significações que permitem a transdutividade do sistema metaestável por meio de uma modificação do conjunto das normas.

3. Isto não significa a estabilização dos valores (operações) como uma espécie de norma superior às outras normas que a teoria poderia encontrar na realidade, mas, sim, que os próprios valores estão em devir em relação aos sistemas de normas em que operam.

Nesse sentido, Simondon estabelece a complementaridade entre normas e valores a partir do seguinte modo de relação entre ambas:

> Seria preciso que os valores não estivessem acima das normas, mas através delas, como a ressonância interna da rede que elas formam e seu poder amplificador; as normas poderiam ser concebidas como exprimindo uma individuação definida e tendo, consequentemente, um sentido estrutural e funcional no nível dos seres individuados. Ao contrário, os valores podem ser concebidos como atrelados ao próprio nascimento das normas, exprimindo o fato de que as normas surgem com uma individuação e só duram enquanto essa individuação existe como estado atual (ILFI, p. 496).

Os valores não existem enquanto uma instância transcendente que organiza a existência das normas – também das normatividades, produzindo normalização –; tampouco são imanentes, coincidindo com o sistema normativo em que aparecem. Os valores da justiça e do justo, por exemplo, não são ideias transcendentes que organizam o modo de existência das leis – inclusive das jurisprudências que vão conformado sensos comuns –; tampouco são essências imanentes ao texto constitucional. Os valores existem através das normas, como ressonância interna, ou seja, como compatibilidade de incompatíveis que subverte a mera dualidade interior/exterior. Por isto é que eles, simultaneamente, formam uma rede (normativa e de ações) e são a potência amplificadora (processualizante) dessa mesma rede. "Os valores são a capacidade de transferência amplificadora contida no sistema das normas, são as normas conduzidas ao estado de informação" (ILFI, p. 494). *Os valores são uma norma em estado de informação, ou seja, são exigência de devir de um sistema normativo –* seriam, por exemplo, as leis em disputa em relação ao seu sentido no próprio devir do sistema jurídico. É por isto que Simondon pode definir os valores como o pré-individual das normas (ILFI, p. 496, n. 14), pois, em um de seus sentidos, o valor é a dimensão pré-individual de uma norma em devir. Complementarmente, poderíamos dizer que a norma ou o sistema normativo é a individualização de um valor ou de uma "escala de valores". A estética do Direito, a individuação do sistema jurídico é a Justiça individualizando as problemáticas e os sentidos do que é justo.

Retomando o caso da diferença analisada por Simondon entre religião e moral em *API*, o filósofo definia as normas como "uma escala de valores" que polarizam e distribuem as relações dentro de um grupo social (API, p. 293-4). Esta escala de valores recebe, segundo Simondon, dois tratamentos distintos nos casos da religião e da moral. No caso da religião, a escala de valores é modulada em rituais que conjugam um conjunto de códigos somado a um programa de ações. Essa escala de valores se individua em um conjunto de ritos, liturgias, teologias etc., que tendem a se sedimentar como uma norma absoluta – eterna e imutável. Já no caso da moral, a escala de valores se individua sustentando uma ambivalência, uma norma relativa. Ela opera "um regime permanente de limitação da atividade" (API, p. 294), ou seja, ela estrutura uma escala de valores que orientam quais seriam as ações possíveis em um grupo social – "constituem a polarização prévia de cada membro do grupo", tornando-o "capaz de apreciar uma informação determinada, um esquema de conduta, como uma grandeza positiva ou negativa com relação a essa polarização inicial" (API, p. 294).

Tanto a moral quanto a religião constituem (e são constituídas) por uma escala de valores (normas de conduta) que operam como normatividade para as ações em determinado grupo social. A diferença é que a religião tende a *normalizar essa normatividade como um valor absoluto em si*. Já a moral possui a escala de valores como uma espécie de *índice da inscrição social de um indivíduo e de suas ações em um grupo* e em seu esquema de conduta – nesse sentido, é condição de recepção da significação e recepção da informação em um coletivo (grupo social). Entretanto, na moral, a normatividade se mantém como um valor relativo, ou seja, como veremos adiante, como uma normatividade que está aberta às problemáticas sociais que constituem seu valor como conjunto de normas. Diferentemente do agnóstico, o herege ou o ateu são figuras que não tem lugar na partilha religiosa: seus valores e suas normas não importam para o reino religioso – excetuando-se obviamente o caso dos fundamentalismos. Já os loucos, miseráveis, marginais, ou os ditos "indigentes" possuem, como mostrou Jacques Rancière, uma situação paradoxal – *sua exclusão precisa ser incluída* na partilha das normas e dos valores, seu estatuto de "excluído", de "sem-parte", precisa ser incorporado na vida social.

Agora, retomemos o que Simondon diz na passagem acima: as normas podem ser concebidas como expressando uma individuação determinada e os valores expressando o surgimento destas normas durante um processo. As normas possuem um sentido estrutural e funcional – ou seja, decorrem de significações surgidas em um sistema – em relação aos seres individuados. As normas "surgem com a individuação" e tem seu nascimento disparado por valores – nesse sentido o valor é pré-individual das normas –, mas elas só duram e tem existência em correlação a uma individuação. Então, retomando a diferença entre moral e religião, podemos afirmar que essas instâncias apenas se configuram como *tendências* em operação na individuação de um grupo social (de um coletivo). Normas e valores expressam um processo de individuação, constituem uma operação ético-política concreta que só terá sentido em relação a uma individuação específica (historicidade). O que Simondon está descrevendo, ao falar da moral e da religião – mas isto vale também para a gênese dos outros tipos de pensamento que são apresentados em MEOT – são *tendências* de correlações entre individuação e operação ético-política. Estas tendências, na relação com individuações concretas, podem elas mesmas serem reorganizadas pela relação transdutiva entre normas e valores, ou seja, certos grupos sociais podem manter suas normatividades religiosas (ritos, liturgias etc.) como valores relativos – pensemos nas religiosidades panteístas baseadas em mitos ou nas religiosidades afro-ameríndias.[2] Também certos grupos sociais podem manter suas escalas de valores e normas de condutas como normatividades absolutas – pensemos em tendências monárquicas e aristocráticas – ou o conservadorismo autoritário à brasileira. Enfim, com o nome de "moral" e de "religião", Simondon está descrevendo *tendências*, de maior ou menor grau, de absolutizar/totalizar ou relativizar/singularizar a correlação entre a operação transdutiva ético-política e um processo de individuação de um grupo social.[3]

---

2   "O mito ganha aqui um sentido profundo, pois ele não é só uma representação útil à ação ou um modo fácil de ação; não se pode dar conta do mito nem pela representação, nem pela ação, pois ele não é somente uma representação incerta ou um procedimento para agir; a fonte do mito é a afetivo-emotividade, e o mito é feixe de sentimentos relativos ao devir do ser; esses sentimentos arrastam consigo elementos representativos e movimentos ativos, mas tais realidades são acessórias e não essenciais ao mito. Platão tinha visto esse valor do mito e o empregava todas as vezes que o devir do ser estava em questão, como um modo adequado de descoberta do devir" (ILFI, p. 372).

3   Como veremos adiante, essa larga ressalva que realizamos aqui antecipa o *sentido relacional de "moral"* que Simondon empregará ao falar de ação moral e imoral em relação às operações éticas.

Finalmente, as duas citações que privilegiamos para analisar aqui a relação transdutiva entre normas e valores foram aquelas que expressavam a correlação, por um lado, entre normas/valores e estruturas/operações em relação a um sistema, e, por outro, normas/valores e dimensão individual/dimensão pré-individual de uma individuação. Esta escolha visou podermos chegar minimamente às seguintes caracterizações:

1. As *normas* expressam as estruturas e estruturações de um sistema ou de um processo de individuação.

2. Os *valores* expressam a gênese das estruturas em um sistema ou processo de individuação, mas, também, a possibilidade de passagem ou transformação de certas estruturas ou normas em outras.

Assim, podemos compreender que a operação ético-política conjuga normas e valores em uma relacionalidade transdutiva que faz com que normas e valores possam ser definidos reciprocamente e em correlação com uma operação ontogenética. Deste modo, analogamente ao caso da alagmática entre estruturas e operações, *normas e valores se diferenciam por graus maiores ou menores de estabilidade ou por tendências à estabilização ou à transformação*. Contudo, a relação transdutiva entre normas e valores conforma um sistema metaestável em que ambas as instâncias são implicadas e explicadas uma em relação à outra.

A operação ético-política pode expressar os processos de individuação física, vivente, psicossocial, dos objetos técnicos etc.; isto significa que ela *não é idêntica a essas individuações, mas ocorre como um desdobramento, uma operação correlata e análoga que oferece o sentido desses processos.* Nossa perspectiva de interpretação propõe que é na imbricação entre ambas as operações que o sentido da filosofia simondoniana se constrói e é deste modo que percebemos que a metaestabilidade da alagmática já era uma forma de implicar a operação ético-política na operação ontogenética, e que a operação ético-política, de uma perspectiva ontogenética, é uma operação transdutiva que capta o devir das normas e valores, e o devir das normas *em* valores e dos valores *em* normas.

II. Normas, normatividade e normalização

> Poder-se-ia dizer que o valor é a relatividade do sistema das normas, conhecido e definido no sistema mesmo das normas. Para que a normatividade de um sistema de normas seja completa, é preciso que no interior mesmo desse sistema estejam prefiguradas sua própria destruição enquanto sistema e sua possibilidade de tradução num outro sistema, segundo uma ordem transdutiva. Que o sistema conheça no interior de si sua própria relatividade, que ele seja feito segundo essa relatividade, que nas suas condições de equilíbrio esteja incorporada sua própria metaestabilidade, tal é a via segundo a qual as duas éticas devem coincidir (ILFI, 494-5).

Adentremos agora mais especificamente a discussão sobre a "normatividade de um sistema de normas". Partamos de algumas condições que Simondon descreve para tal normatividade esteja "completa", ou seja, exista de modo transdutivo e metaestável. São elas:

1. Que a normatividade esteja aberta à incidência dos valores como relatividade desse sistema.

2. Essa relatividade aparece como interior ao sistema de normas, na medida em que sua normatividade prefigura a possibilidade transdutiva de transformação desse sistema em outro, ou da simples destruição desse sistema por ação de valores que lhe são próprios.

3. Dessa maneira, a normatividade pode ser compreendida em relação a um sistema de normas como o que define sua metaestabilidade e sua configuração transdutiva.

A partir destas condições, gostaríamos de propor que, em decorrência da metaestabilidade e da transdutividade de um sistema de normas, a operação ético-política pode ser compreendida em relação a duas tendências que aparecem – em maior ou menor grau – por um lado, nos processos de individuação física, vivente e psicossocial; e, por outro, nas relações entre cultura e técnica na concretização dos objetos técnicos. Estas duas tendências gerais, que podem dar conta da ontogênese da tecnicidade e da indivi-

SIMONDON: uma introdução em devir

duação, são, por um lado, a de *constituição de uma normatividade relativa* a um sistema de normas, ou, por outro, de *normalização* desse sistema.

Com o que vimos até aqui já é possível caracterizar o que podemos compreender como a normatividade constituída e em constituição na correlação entre as operações ético-política e ontogenética. Uma normatividade se constitui quando um sistema de normas físico, vivente, psicossocial ou técnico se estrutura, mantendo uma relação com os valores que possibilitam a relatividade desse sistema, ou seja, ele se mantém aberto às transformações (devires) e às novas individuações. Escutemos a definição primorosa de Simondon: "Uma verdadeira ética seria aquela que daria conta da vida corrente sem adormecer no corrente dessa vida, que saberia definir, através das normas, um sentido que as ultrapasse" (ILFI, p. 495) – instituir novas maneiras de viver no corrente da vida, transformar a vida *através das normas*, eis a condição para a resistência devir um sentido em novas normatividades. A normatividade expressa as normas em operação nos processos vitais e político-sociais, conformando o sentido segundo o qual uma vida, *para seguir sendo normativa*, não deve perder seu dinamismo, mas também não deve hibernar em um dinamismo irrefreável, absoluto.

Essa concepção de normatividade – como *individuação que reinventa permanentemente a ação normativa da vida* – não se limita aos seres sujeitos, aos indivíduos biológicos, mas contempla também os seres que seriam ditos "inanimados", "a vida inerte". A ação normativa *anima* todos os tipos de individuação; devires infinitesimais pulsam e criam novos viveres para os seres físicos – grãos, poeiras e pedregulhos, magma, rochas e cristais vivem normativamente sem normalizar-se. Comentando a singularidade em operação no processo de moldagem de um tijolo, Simondon nos diz: "a singularidade mediadora é o molde; noutros casos, na Natureza, ela pode ser a pedra que enceta a duna, o cascalho que é o germe de uma ilha num rio que carreia aluviões: ela ocupa um nível intermediário entre a dimensão interelementar e a dimensão intraelementar" (ILFI, p. 47, n 5).

Não se trata jamais de uma afirmação metafórica – ou, ao menos, não no sentido em que tradicionalmente se compreende a metáfora como um sistema de imagens que transcende o real –, mas sim de lampejos de reticulação física invadindo o pensamento da individuação. Veremos no quinto capítulo como é justamente uma *ética reticular* a que se constitui como sentido ético da ontogênese simondoniana.[4]

Enfim, resumidamente, a normatividade pode ser compreendida como um conjunto de relações que, em cada processo singular, regula, organiza e estrutura o sistema do ser, as relacionalidades, as comunicações entre processos e a emissão e recepção de informações. Nesse sentido, *todos os processos ontogenéticos são, mutuamente, constituídos e constituidores de normatividades*. Agora, o que polarizará e expressará o devir das normatividades é a relação transdutiva que é estabelecida com os valores. Como veremos adiante, o valor enquanto informação que incide em um sistema de normas é o que pode operar na sedimentação, transformação ou destruição deste mesmo sistema.

Um desses casos, o da sedimentação, ocorre quando um sistema de normas toma suas normatividades constituídas como seu valor. A coincidência (identidade e unidade) entre o sistema de normas atual (estruturado) e a normatividade (parâmetros das operações) funciona como uma proibição de devir; consequentemente a normatividade se normaliza. A normalização ocorre quando, dentro de um sistema de normas, os valores se tornam absolutos (imutáveis), constituindo apenas *um* modo de funcionamento e operação das individuações. Não à toa há toda uma tradição de pensamento – ou, talvez, o que tradicionalmente se considerou como pensamento – que considera a realidade física e biológica a partir unicamente de seu aspecto *normal*. Contrariamente a isto, a filosofia ontogenética poderia mesmo ser considerada uma *filosofia antinormal* – cuidado!, não *a-normal*, pois não se trata de negar a existência de *momentos ou situações de normalidade*.

Haveria distintos caminhos para apresentarmos como a normalização é, consequentemente, uma das dimensões possíveis da normatividade

---

4 As dinâmicas de reticulação são analisadas e descritas por Simondon em *MEOT*. Em ILFI, o conceito de reticulação aparece pouquíssimas vezes, contudo, está sempre presente. O próprio livro pode ser concebido como a escrita que reticula as palavras para tecer a rede de pontos-chave das individuações.

no pensamento de Simondon.[5] Acreditamos que o melhor caminho – tendo em vista o intuito e escopo desta introdução – é o de apresentarmos como a normalização justamente é uma norma que se desdobra sobre ela mesma, que se afirma enquanto realidade acabada em si; é uma norma que estabelece seu valor por sua *reflexividade*: normalidade que devém norma. "A normalidade devém uma norma, e o caráter médio, uma superioridade, numa comunidade onde os valores têm um sentido estatístico"

---

5   Uma dessas maneiras seria articularmos uma analogia da relação entre normatividade técnica e graus de automatismo com a relação entre normatividade ontogenética e normalização. Esse caminho seria sumamente interessante, pois poderia restituir como no cerne da crítica simondoniana ao modelo de máquina da cibernética, baseado nos autômatos, está o fato de que as equivalências e homologias entre indivíduos naturais e artificiais, propostas pela primeira cibernética, produzem uma *normatividade técnica fraca*, com capacidades reduzidas de aprendizagem e auto-organização – "O autômato não muda de estrutura; ele não incorpora à sua estrutura a informação que adquire [...] O indivíduo, ao contrário, possui uma faculdade aberta de adquirir informação, mesmo que essa informação não seja homogênea relativamente à sua estrutura atual" (NC, p. 529). Em contrapartida, Simondon propõe um modelo de *normatividade técnica forte* ao conceber máquinas como realidades abertas, *máquinas ontogenéticas*, que desenvolvem e avançam em seus modos de funcionar enquanto funcionam, criam valor à medida em que operam e se organizam segundo seu sistema de normas. Esta concepção indica a relevância do pensamento simondoniano para as investigações contemporâneas da Inteligência Artificial e do Aprendizado de Máquina, tal como mostramos na conferência virtual "Uma cartografia da automatização da informação digital", disponível em: http://www.qualquelle.com/una-cartografia/. Outro caminho seria restituir a influência do pensamento de Georges Canguilhem – orientador de MEOT e a quem o livro é dedicado – sobre a filosofia simondoniana; especificamente nas relações entre normatividade e normalização. Como comenta Fábio Franco, ao analisar a relação entre as reflexões sobre o normal e patológico e as reflexões sobre as normas sociais: "A norma social se origina da fixação de escolhas valorativas determinadas quanto ao que se deve tomar como socialmente positivo ou negativo. Que tais valores se imponham ao social por meio da subsunção dos casos desviantes ao seu normal é o que Canguilhem tem claro ao afirmar que os processos de racionalização de esferas sociais tão diversas quanto a gramática, a medicina, a indústria, a pedagogia, a artilharia, as necessidades individuais, o transporte ferroviário etc, redundam numa *normalização*" (2012, p. 108-9).

(NC, p. 533). Não poderia ser mais precisa a afirmação simondoniana: quando o *valor* não é mais que uma cifra, uma variável estatística que modula a curva normal em relação aos indivíduos e às populações, a norma é considerada a partir apenas da referência ou do padrão que estabelece a normalidade. Em síntese, de um ponto de vista de uma filosofia ontogenética, tal *processo de normalização* ocorre:

1. Quando o ser ou o devir possuem apenas uma dimensão ou configuração, ou seja, quando o ser se substancializa (normaliza-se enquanto ser), quando o devir se substancializa (normaliza-se enquanto teoria lógica ou ontológica), ou ainda quando a relação entre ser e devir é captada por um conhecimento que não se amplifica, não sofre novas individuações.

2. Quando a relação entre estrutura e operação se estrutura de maneira definitiva, seja em uma estrutura fixa ou em apenas um modo de a operação se efetuar.

3. Quando a informação apenas pode ser recebida em um sistema a partir de uma codificação que torna a informação estritamente redundante e previsível.

4. Quando os excessos do pré-individual estão bloqueados e o sistema se estabiliza – as relações já estão todas individualizadas em termos.

5. Quando já não existem novas problemáticas para o devir do ser.

De um ponto de vista ético, a normalização ocorre:

1. Quando as significações já possuem um sentido pré-determinado e pré-estabelecido.

2. Quando a imutabilidade passa a ser o único valor do sistema de normas; fazendo com que a relação entre normas e valores se identifique com a unidade e identidade de um povo (grupo social) ou de uma cultura.

3. Quando o mundo deixa de se reticular e o sujeito se identifica com seu caráter de indivíduo, esquecendo sua dimensão pré-individual – e, portanto, fechando-se ao transindividual.

SIMONDON: uma introdução em devir

Essa divisão entre os pontos de vista ontogenético e ético visa apenas uma clareza da apresentação para que a leitora possa recuperar os desenvolvimentos que realizamos até aqui; contudo, é preciso salientar que toda normalização implica a ocorrência correlata de processos éticos e ontogenéticos. Mas, a partir do esquema que apresentamos, é fácil notar, então, que a normalidade não existe nem do ponto de vista ontogenético, nem ético. Isto porque ela é a própria negação do devir – negação que só poderia existir como restrição ou absolutização do sentido. A operação ético-política *tende* à normalização quando os valores já não mais representam a possível complementaridade entre realidades díspares (diferenças vitais e sociais). Aí já não há mais ética, nem política, e a operação já está estruturada. A normalização absoluta é uma *tendência de normalidade* que é valorizada e loucamente buscada por fundamentalistas, xenófobos, fascistas e todos aqueles que não conseguem abrigar o valor do devir como um outro de si mesmos, que não conseguem acolher a diferença e a multiplicidade dos outros na sua própria existência. Existência triste aquela do que busca viver somente em si mesmo a comunidade, somente em sua norma, a sociedade. Antídoto para isto, Simondon:

> Certamente, as condutas automáticas e estereotipadas surgem assim que a consciência moral demissiona; então, o pensamento por espécies e gênero substitui o sentido dos valores; a classificação moral caracteriza a simples teleologia social ou orgânica, e é de ordem automática. É o que se pode descobrir ao utilizar os estereótipos nacionais como meio para pensar moralmente: ao cabo de pouco tempo, chega-se a um bloqueio da consciência, mesmo psicológica, e se permanece no nível dos instintos sociais positivos ou negativos, como a xenofobia, a assimilação dos estrangeiros a seres sujos. A mesma experiência pode ser tentada com sentimentos de grupo como os das classes sociais. O que pode iludir aqui é a fácil convergência que possuem os instintos ou os sentimentos de grupo, e que parece dar-lhes o poder de resolver problemas por um consentimento coletivo facilmente obtido. Mas, de fato, os sentimentos puramente reguladores são muito menos estáveis que os valores elaborados pelos indivíduos; basta uma mudança nas circunstâncias sociais para que os estereótipos se revertam e deem lugar a uma convergência diferente; poder-se-ia comparar os sentimentos sociais àquela iman-

tação que é fácil de produzir num metal magnético abaixo do ponto de Curie; basta um campo pouco intenso para mudar a imantação remanescente; ao contrário, se as moléculas foram imantadas acima do ponto de Curie e puderam orientar-se no campo, sendo depois resfriadas conservando essa imantação, é preciso um campo desmagnetizante bem mais intenso para desimantar o metal; é que não se trata apenas de um fenômeno de grupo, mas de uma imantação e orientação de cada molécula tomada individualmente. Homens unidos pelo sentido de um mesmo valor não podem ser desunidos por uma simples circunstância orgânica ou técnica; a amizade contém um sentido dos valores que funda uma sociedade sobre outra coisa que não as necessidades vitais de uma comunidade. A amizade necessita de um exercício da consciência moral, e de um sentido da comunidade de uma ação. A comunidade é biológica, enquanto a sociedade é ética (NC, p. 516).

III. Os três modos de existência dos valores

Até aqui já vimos muitos aspectos do que Simondon compreende por valor. No entanto – como fizemos com o conceito de informação –, gostaríamos agora de analisar, em primeiro lugar, o sentido mais amplo do que Simondon entende por valor para, na sequência, apresentarmos como, genericamente, o filósofo concebe três modos de existência do valor. A melhor estratégia para realizar tal aproximação nos parece o comentário detido de algumas passagens do complexo texto "Nota complementar sobre as consequências da noção de individuação" (*NC*). Este texto – que faz parte do livro *ILFI* – foi introduzido na edição francesa com a seguinte nota:

> Esta "Nota complementar sobre as consequências da noção de individuação" estava, num primeiro estado da tese, integrada em sequência à conclusão, sob o título "Nota complementar: Os fundamentos objetivos do transindividual". A passagem toda foi retirada logo antes da defesa. O próprio Gilbert Simondon almejou reintegrá-la na edição da Aubier, de 1989. Numa primeira redação, este texto era aberto pela questão "O que se pode entender por valor?" e não comportava nenhum recorte em parágrafos (NC, p. 507).

Apenas partindo desta nota já podemos tecer uma suspeita: a compreensão do que Simondon entende por valor está articulada com os fundamentos objetivos do transindividual e aparece como pergunta inicial quando se tenta derivar algumas consequências da filosofia da individuação. As primeiras palavras de *NC* já não deixam subsistir quaisquer dúvidas sobre a importância que o conceito de valor pode desempenhar na filosofia simondoniana e, mais particularmente, nesta introdução. "O valor representa o símbolo da integração mais perfeita possível, isto é, da complementaridade ilimitada entre o ser individual e os outros seres individuais. Ele supõe que exista um meio de tornar complementares todas as realidades" (ILFI, p. 507). Assim como o conceito de informação operava a possibilidade de complementaridade entre o conjunto de relações de relações (indivíduos) ou sistemas, por meio dos conceitos de metaestabilidade, ressonância interna e comunicação; o conceito de valor opera como índice de sentido (símbolo de integração) da complementaridade entre as significações e as operações ético-políticas dos seres. O conceito de valor supõe uma complementaridade – que, evidentemente, não inibe as processualizações e os devires – entre as distintas realidades ontogenéticas e éticas.

Curiosamente, podemos ler o movimento textual de *NC* como um conjunto de *figuras* das operações de complementaridade implicadas por certos valores. Acompanhemos algumas dessas figuras que nos fornecerão elementos para podermos descrever o *modo de operação de complementaridade* que Simondon busca para sua filosofia da individuação e os três modos de existência do valor nessa operação.

1. Figuras da complementaridade

Primeiramente, Simondon sugere que o meio mais simples de produzir tal complementaridade é supor uma "vontade universal". "A finalidade divina, universalização do princípio de razão suficiente, supõe e detém essa reinvindicação de valor; ela busca compensar a inadequação entre todos os seres existentes por uma dissimetria aceita de uma vez por todas entre o ser criador e os seres criados. Deus é invocado como condição de complementaridade" (NC, p. 507). A complementaridade *em Deus* é encarnada, então, em algumas possibilidades: a figura do povo escolhido (no velho testamento); a comunidade virtual dos escolhidos, após a provação terrestre, no apocalipse; ou mesmo "uma possibilidade indefinida de progresso ou de recuo na via da descoberta de Deus" (NC, p. 508) – possibilidade que Simondon identifica com o pensamento de São Paulo e de Simone Weil. Não seria difícil apontar como filosofias do Espírito encarnaram justamente esse afã de complementaridade no absoluto. Estas figuras mencionadas talvez possam ser caracterizadas como possuindo um elemento comum: *o valor é encontrado na estabilidade do Uno.*

Por outro lado, Simondon aponta que também houve, na tradição filosófica, outro caminho: o do valor e, portanto, da complementaridade entre as realidades díspares, encontrado nos pares de contrários. Esse caminho, que Simondon identifica nos pré-socráticos e em Nietzsche, é o da complementaridade como "soma do devir" (NC, p. 508). A complementaridade neste caso se dá na figura da coexistência dos contrários (morte e nascimento, bem e mal etc.); o valor é, neste caminho, *ambivalente*, ou seja, *ele se dá na conjunção (sem estabilização) dos contrários*; tendo por resultado a complementaridade dos devires. Para começarmos a compreender os sentidos dessas e de outras figuras de complementaridade construídas pelo pensamento filosófico, precisamos tematizar a relação entre problemáticas ontogenéticas e busca de compatibilidade.

> O valor não se opõe às determinações; ele as compatibiliza. O sentido do valor é inerente à relação pela qual o homem quer resolver o conflito instituindo uma compatibilidade entre os aspectos normativos de sua existência. Sem uma normatividade elementar, de alguma maneira sofrida pelo indivíduo, e já abrigando uma incompatibilidade, não haveria *problema*; mas importa notar que a existência de uma problemática não faz sair da incompatibilidade que ela enuncia ou designa; esse problema, com efeito, não pode ser inteiramente definido nesses termos, pois não há simetria entre os termos do problema moral; o indivíduo pode viver o problema, mas só pode elucidá-lo resolvendo-o; é o *suplemento de ser* descoberto e criado sob forma de ação que posteriormente permite à consciência definir os termos nos quais o problema se colocava; a sistemática

> que permite pensar simultaneamente os termos do problema, quando se trata de um problema moral, *só é realmente* possível a partir do momento em que a solução é descoberta (NC, p. 512-3).

O valor opera na compatibilidade de incompatíveis, mantendo aberta a possibilidade de uma nova problemática que traga novas incompatibilidades. Simondon afirma que o sentido do valor surge dessa tentativa de integração em que o ser humano pretende compatibilizar as normatividades díspares que fazem sua existência. Essa compatibilização nunca é total, pois há a seguinte relação de mutuação: toda normatividade elementar contém incompatibilidade e conter essa incompatibilidade é condição para o problema; mas também essa problemática nunca é definida em seus próprios termos, ou seja, não se *compatibiliza com a incompatibilidade que a disparou*, pois apenas com esse "suplemento de ser" que é descoberto e criado pela ação é que a problemática se compatibiliza com sua incompatibilidade inicial. No entanto, na solução, tal incompatibilidade já não existe, pois foi resolvida em novas normatividades.

Em capítulos anteriores, essa relação entre problemática ontogenética e comunicação (compatibilidade de incompatíveis) já foi por nós abordada. Os elementos novos que aparecem neste capítulo são: as normatividades como condição das relações entre compatibilidade e incompatibilidade que disparam problemáticas ontogenéticas; e o valor como sentido dessa busca de compatibilização. Um bom exemplo desta busca em uma problemática maior é a que se dá na complementaridade entre comunidade e sociedade. "Todo grupo social é um misto de comunidade e de sociedade, definindo enquanto comunidade um código de obrigações extrínsecas relativamente aos indivíduos e, enquanto sociedade, uma interioridade relativamente aos indivíduos" (NC, p. 521). Esta complementaridade entre comunidade e sociedade é a que problematiza justamente a ressonância interna (interioridades e exterioridades) de um grupo social. Simondon analisa diversas figuras de complementaridade em que ocorre essa ressonância interna: trabalho e técnica, ser humano e máquina, natureza e realidade técnica etc. Em todas elas o valor é justamente o que permite a relação entre indivíduos e grupo social. Esta ressonância entre indivíduos e grupo social nos mostra a "verdadeira relação de complementaridade" como dinâmica que mobiliza a incompletude e incompatibilidade de cada um dos elementos envolvidos na resolução de problemáticas concretas pela ressonância que a ação possibilita. Vejamos, por exemplo, a ressonância interna entre seres humanos e máquinas, o intricado acomodamento de interioridades e exterioridades naquilo que Simondon denomina "dupla participação":

> Na verdadeira relação complementar, é preciso que o homem seja um ser inacabado que a máquina completa, e a máquina um ser que encontra no homem sua unidade, sua finalidade e sua ligação ao conjunto do mundo técnico; homem e máquina são mutuamente mediadores, porque a máquina possui em seus caráteres a integração à espacialidade e a capacidade de salvaguardar informação através do tempo, enquanto o homem, por suas faculdades de conhecimento e seu poder de ação, sabe integrar a máquina a um universo de símbolos que não é espaçotemporal, e no qual a máquina jamais poderia ser integrada por si mesma. Entre esses dois seres assimétricos se estabelece uma relação graças à qual uma dupla participação é realizada (NC, p. 534).

Mesmo sem comentar detidamente cada uma das figuras anteriores, com essa breve passagem por elas já podemos encontrar alguns dos elementos-chave que constituem a operação de complementaridade que o valor possibilita:

1. A disparidade entre realidades ou normatividades, pertencentes a instâncias separadas (ser criador e seres criados) ou relacionais (comunidade e sociedade/ coexistência dos contrários nos pré-socráticos).

2. A integração possível como índice (ou símbolo) de um sentido que surge da problemática em que coexistem compatibilidades e incompatibilidades.

3. A complementaridade metaestável – a complementaridade não é nunca uma integração que produz equivalências, eliminando as incompatibilidades em uma unidade superior.

4. A ressonância interna como ação de "dupla participação" – há uma dinâmica entre exterioridade e interioridade, por exemplo, em um grupo social, que faz com que a ação seja participação na normatividade do outro indivíduo (ser humano – máquina).

Com base nesses elementos-chave, podemos afirmar que o valor não deve ser compreendido nem como transcendente, nem como imanente à realidade ou à normatividade da qual surge, participa e opera. *Ele é a mediação entre imanência e transcendência em uma normatividade concreta.* Esta mediação pode ocorrer de duas maneiras. Nos seres não-sujeitos, o valor é, por um lado, índice da constituição de uma nova problemática e informação que dispara a processualização das normatividades. Nos seres sujeitos, o valor é o sentido da compatibilidade das normatividades já constituídas e das em constituição com a incompatibilidade que cada nova problemática abre.

Nos seres sujeitos, a diferença se configura no seguinte aspecto: a própria relação entre compatibilidades e incompatibilidades (problemática ontogenética) é ela mesma problemática, assim, uma problemática da ação do sujeito passa a ser correlativa à problemática ontogenética em questão. O valor é resultado da imbricação entre as operações ontogenética e ético-política, mas é também, simultaneamente, o disparador dessas operações. Nesse sentido, o valor é um índice conceitual da complementaridade *entre ontogênese e ética*, ou seja, ele expressa para o pensamento e no pensamento a imbricação entre essas operações. Por isto, Simondon pode fazer estas duas afirmações:

1. "um pensamento analógico [...] não conhece apenas dois valores, mas uma infinidade contínua de graus de valores, desde o nada até o perfeito, sem que haja oposição das categorias do bem e do mal e dos seres bons e ruins" (NC, p. 517).

2. "O valor é irreversível e inteiramente positivo; não há simetria entre o valor e a ausência de valor" (NC, p. 518).

O valor até pode surgir a partir de uma dinâmica de contrários – como no caso dos pré-socráticos – sem, contudo, expressar uma oposição e, tampouco, obter sua significação a partir da operação de negação. Na verdade, mesmo em relacionalidades estruturadas a partir de oposições, o valor aparece como realidade positiva que expressa graus de complementaridade a partir de problemáticas de compatibilização. Por isto, o valor pode ser compreendido como operação de complementaridade, pois, mesmo nos processos nos quais prevalece a incompatibilidade, esta não indica ausência de valor, mas um grau diferente de valor. Nesse sentido, *os valores expressam a própria processualidade do ser, pois eles não preexistem em relação aos devires, eles são a própria complementaridade entre devires.*[6]

---

6   Seria possível rastrear a influência de Raymond Ruyer nessas discussões que unem aspectos da teoria axiológica e da teoria da informação. Em 1952, Ruyer publica o livro *A Filosofia do Valor* no qual realiza uma detida análise crítica das teorias axiológicas – e correspondentes metafísicas – que estavam mobilizando o debate intelectual francês na primeira metade do século XX. Citações como esta "As teorias relacionais do valor como atividade participativa e criadora nos parecem muito próximas da solução. A metafísica contigua é igualmente sã" (RUYER, 1969, p. 196), parecem-nos muito próximas da busca de redimensionamento da axiologia que anima a filosofia simondoniana. Também a metafísica complementar que Ruyer perscruta no que ele denomina axiologias da "participação ativa" (Bachelard, Lalande, Whitehead etc.) abre esse caminho de aproximação entre valor e realidade energética e física, pela noção de "força". "Por estas três descobertas, a ciência da natureza se aproximou da axiologia. Salta aos olhos a continuidade entre o estatuto dos existentes ditos físicos, de organismos em desenvolvimento e de agentes em participação, tal como os descreve a axiologia contemporânea [...] A força que dá ao homem um ideal, um valor vislumbrado, não é 'força' por metáfora. A força do ideal utiliza, sem dúvidas, para sua realização, as forças de milhões de células e moléculas, forças tornadas convergentes pela fusão de individualidades, e também por todo um andaime de relevos, mas ela é por ela mesma, em sua unidade específica, real e literalmente, força e também protótipo de toda força. Se fosse de outro modo, nenhum valor jamais poderia se realizar. A existência não significaria nada, ou mais precisamente, nada existiria" (RUYER, 1969, p. 197-201). Não é difícil notar como a axiologia aqui se une a uma filosofia da vida – em que a noção de "força" pode ser comparada à de energia potencial e à de informação –; esta conexão expressa o surgimento de uma metafísica em que o conceito de valor já não é concebido unicamente com instância transcendente

2. O valor como ação

O valor é a ação graças à qual pode haver complementaridade. Esse princípio tem como consequência que três tipos de valores *são possíveis*: dois valores relativos e um valor absoluto. Podemos nomear valores relativos aqueles que exprimem a chegada de uma condição complementar; esse valor está ligado à coisa mesma que constitui essa condição, mas ele, no entanto, não reside nessa coisa; pode-se considerar que ele esteja atado a essa coisa sem, no entanto, lhe ser inerente; é o valor do remédio que cura, ou do alimento que permite viver. Aqui pode ser que haja o valor como condição orgânica ou o valor como condição técnica, conforme a condição já realizada seja *técnica ou orgânica. O terceiro tipo de valor é o valor que permite a relação:* início ou encetamento da reação que permite esta atividade e que se entretém consigo mesma uma vez começada. Entre esses valores, pode-se colocar a cultura, que é como um conjunto de inícios de ação, providos de um rico esquematismo, e que esperam ser atualizados numa ação; a cultura permite resolver problemas, mas ela não permite construir ou viver organicamente; ela supõe que a possibilidade de vida orgânica e de vida técnica já está dada, mas que as possibilidades complementares não estão em vista e, por essa razão, permanecem estéreis; ela cria, então, o sistema de símbolos que lhes permite entrar em relação mútua (NC, p. 508-9).

Logo ao início da citação, podemos ver estabelecida a seguinte relação: o valor é uma ação que possibilita complementaridade, e como *consequência* dessa caracterização, Simondon nos diz serem possíveis três tipos de valor. Para compreendermos melhor estes três tipos de valores, propomos que eles constituem três modos de existência, que se dividem em dois tipos de relacionalidade. Por um lado, os valores relativos que expressam uma condição complementar, ou seja, o estabelecimento de *ressonância interna* em um processo. Por outro, o valor absoluto que expressa a *comunicação* entre realidades díspares.

---

ou imanente, mas como informação, ou seja, mediação entre transcendência e imanência em ações e processos concretos.

Como já vimos anteriormente, os conceitos de metaestabilidade, comunicação e ressonância interna operam como condições para a existência da informação no ser e nos devires do ser. Analogamente, estas ferramentas conceituais operam – mesmo que implicitamente – para a caracterização dos modos de existência dos valores. A metaestabilidade dos sistemas de normas é condição para que os valores não sejam meramente deduzidos das normatividades vigentes e hegemônicas, mas constituam a transdutividade e transformação (com possível destruição) dos sistemas de normas. Em relação à comunicação e à ressonância interna, estas ferramentas conceituais expressam duas dimensões do valor. Um valor é uma *dimensão relativa* quando ele opera na relação entre os *conjuntos ou subconjuntos* técnicos, físicos e viventes, marcando, como vimos, a complementaridade entre o que caracteriza a *interioridade* e a *exterioridade* dos processos de individuação. Como veremos adiante, o valor é uma condição que não estava localizada nem no interior de um indivíduo nem em seu exterior, mas na complementaridade e ressonância entre os conjuntos. Por outro lado, um valor é uma *dimensão absoluta* – e compreendemos mal o termo "absoluto" se o concebemos com um valor já realizado – quando ele opera como compatibilidade de normatividades incompatíveis, ou seja, como comunicação entre uma problemática que convoca à ação e condições complementares (orgânicas e técnicas) já constituídas que circunscrevem o conjunto de ações possíveis – por isto Simondon os caracteriza como "conjuntos de inícios de ação".

Para tentarmos dar um contorno provisório à diferenciação entre valores relativos e absolutos, podemos dizer que, se no sistema do ser, metaestabilidade, comunicação e ressonância interna são condições imbricadas e simultâneas nas problemáticas do devir do ser; nos sistemas de normas, eles operam em momentos distintos dos processos. A *metaestabilidade do sistema de normas* é condição de devir de novas normatividades; neste sentido, a normalização apenas ocorre quando essa metaestabilidade é parcialmente ou momentaneamente bloqueada – como vimos, a normalização nunca é uma realidade efetiva, mas uma *tendência de estabilização*. Já a *ressonância interna* opera quando os conjuntos estão configurando a complementaridade – seja ela uma condição que surge como interioridade do conjunto ou exterioridade. Por fim, a *comunicação* ocorre quando tais complementaridades constituem uma problemática que orienta qual o campo possível de ações e também quais novas ações de complementaridade serão possíveis nos sistemas de normas.

Um dos aspectos da citação que deixamos em suspenso até aqui é o seguinte: Simondon fala em *dois* valores relativos, mas em que momento da citação esta diferença foi estabelecida? Uma primeira abordagem interpretativa poderia sustentar que a diferença entre os dois tipos de valores relativos se encontra na distinção entre condição orgânica e técnica. Sem negar o interesse desta interpretação, parece-nos que quando Simondon afirma, no início do parágrafo seguinte à citação, que "Isso supõe que a cultura, de alguma maneira, seja capaz de *manipular* os símbolos que representam tal gesto técnico ou tal pulsão biológica" (NC, p. 509), o que está sendo dito é que as condições orgânicas ou técnicas já surgem como valores *dentro de uma cultura*, dentro de um conjunto de normatividades. Assim, com esta abordagem interpretativa não daríamos conta de explicitar como o valor é o pré-individual das normas e como ele "expressa a chegada de uma condição complementar". Faz-se necessário, portanto, desenvolvermos uma segunda abordagem que dê conta de pensar "a coisa mesma" que constitui tais condições.

Raramente Simondon usa um vocabulário tão vago como "a coisa mesma" [*chose même*], isto se deve, provavelmente, ao fato de que, aqui, Simondon está descrevendo genericamente um elemento, conjunto, relação, processo, indivíduo etc., que possa estar ligado a um valor, sem que, no entanto, este valor lhe seja inerente. Se substituirmos "coisa mesma" por "remédio" "alimento", veremos que as seguintes frases são equivalentes:

1. "Este valor está ligado à coisa mesma que constitui tal condição"

2. "É o valor do remédio que cura".

3. "Do alimento que permite viver".

Nas três frases o valor se liga à "coisa mesma", ao "remédio" e ao "alimento" como aquilo que "constitui tal condição", "cura" e "permite viver". Tais aspectos são as condições (vida orgânica/vida técnica, construir/ viver organicamente) que são constituídos pelas "possibilidades complementares" (coisa mesma, remédio, alimento). Estas possibilidades complementares (coisas) ligados aos valores não "estão adiante", ou seja, depois do estabelecimento das condições – pois, assim sendo, permaneceriam "estéreis" –, mas se dão na ligação que permite a constituição da complementaridade. Assim, propormos que a diferença entre os dois tipos de valores relativos deve ser compreendida menos em relação às condições que constituem do que em relação ao tipo de ligação com o valor em relação à ação de complementaridade.

Os dois tipos de ligação e, portanto, os dois tipos de valores relativos, estão ligados a duas possibilidades da ressonância interna. Por um lado, o valor é *interior* ao sistema de normas em que aparece, por outro lado, o valor é *exterior* a esse sistema. No caso da cura para um organismo, o sistema de normas pode ser afetado por uma coisa que se liga a um valor exterior ao organismo, como é o caso de um remédio; ou por uma coisa que se liga a um valor interior ao organismo, como no caso da apoptose – esse suicídio celular que é constituidor de normatividade vital para o organismo.[7] Já, no caso do alimento que permite viver, o organismo pode se alimentar de alguma coisa que lhe seja provida de seu exterior, mas também de si próprio (autofagia), como no caso do jejum em que as células se alimentam de si próprias.

Em ambos os casos, o organismo recebe uma *informação* que dispara uma ação de complementaridade. Essa ação de complementaridade pode ser interrompida quando o valor já não é disparador de novas relações e

---

7   A menção aqui à apoptose nos pareceu interessante, pois traz um caso da "presença da 'não-vida' na vida, e como *condição* mesma da vida" (BARTHÉLÉMY, 2009, p. 77). No ensaio *Du mort qui saisit le vif – Sur l'actualité de l'ontologie simondonienne*, Barthélemy desenvolve algumas consequências para pensarmos problemas contemporâneos. A partir da leitura do instigante trabalho de Jean-Claude Ameisen em *La Sculpture du vivant*, ele chega a interessantes conclusões sobre o caráter "não-essencial" e antinatural da vida, e como esta pode ser compreendida como "diferença em relação a si mesma".

SIMONDON: uma introdução em devir

constituidor de novas normatividades. Assim, por exemplo, um medicamento pode afetar o organismo em direção à cura, mas pode também criar dependência orgânica; a normatividade do organismo pode tender à normalização ou à estabilização do devir. A plena coincidência do valor com o sistema de normas faz com que a informação esteja previamente e quase totalmente codificada, não constituindo mais exigência de devir. Por isto que um organismo normal é um organismo doente, a saúde como valor não é a imutabilidade do funcionamento do organismo, mas a invenção de novas normatividades vitais no viver. O valor é relativo, pois sua significação e seu sentido estão ligados às problemáticas ontogenéticas em que uma ação de complementaridade opera. Agora, o valor é inteiramente positivo, pois a saúde não é estabelecida pela oposição à doença; a doença não é a ausência da saúde, mas a ausência, ou um grau menor, da ação de complementaridade entre uma "coisa" (informação exterior e/ou interior) e um sistema de normas.

Agora, a questão se complexifica se trazemos também o seguinte aspecto: a incompatibilidade descrita acima pode se tornar compatível pela comunicação que o valor absoluto opera. No caso da cultura – mas, também, em outros âmbitos em que se estruturam sistemas de normas sociais, como vimos, por exemplo, a religião e a moral –, o valor representa uma ação ou operação de complementaridade a partir de uma "escala de valores". Esta inscreve as problemáticas em uma "esquematização", um conjunto de normatividades que possibilitam que as ações se atualizem como resolução de problemas. O valor, neste caso, não *constitui* as condições ou a ressonância interna, mas cria um sistema que permite a *compatibilização de condições incompatíveis*. Por isto é que, por exemplo, dentro de um sistema de normas culturais, podem ser compatíveis saúde e doença. Curiosamente, o valor absoluto é aquele que "permite a relação"; é aquele que inscreve outras relacionalidades como fonte de significação. Isto porque, aqui, a doença pode ser um momento da configuração de novos campos de possíveis, ou de outro "conjunto de inícios de ação". Os valores absolutos são um devir possível dos valores relativos ao integrá-los e compatibilizar sua ressonância com sistemas de normas mais amplos. Nesse sentido, pré-individualizam a inserção e a processualidade de um valor em um sistema de normas, na cultura, na moral, na religião, na ciência etc. Mas os valores absolutos entram em devir pelos valores relativos que retomam a situação metaestável das relações entre compatibilidades e incompatibilidades – reorganizam a própria cultura como sistema de relacionalidade e compatibilização. Há distintos modos da *valoração do valor ocorrer* em seus três modos de existir.

Em síntese, os valores relativos operam na ressonância interna entre processos ontogenéticos e suas respectivas problemáticas, já os valores absolutos operam na comunicação destes processos e problemáticas com os sentidos de complementaridade que surgem das ações que produzem a compatibilidade de incompatíveis. A dimensão absoluta do valor exige a abertura do problema do sentido como operatividade da ação. É por isso que, nessa dimensão, a relação entre compatibilidades e incompatibilidades (problemática ontogenética) é ela mesma problemática. A problemática ontogenética se coindividua com a problemática ética, há uma dupla participação no devir. O valor, então, passa a ser uma ação do sujeito.

> Considerado como abrigando em si uma realidade não individuada, o ser devém sujeito moral enquanto ele é realidade individuada e realidade não individuada associadas; querer conceder o primado ao ser enquanto individuado ou ao ser enquanto não individuado é opor as normas, relativas ao ser individuado num sistema, aos valores, relativos à realidade não individuada associada ao ser individuado. A moral não está nem nas normas, nem nos valores, mas na sua comunicação, aprendida *em seu centro real.* Normas e valores são termos extremos da dinâmica do ser, termos que não consistem em si mesmos e não se sustentam no ser por si mesmos. Não existe um problema da relação dos valores *às* normas, da oposição da moral aberta e da moral fechada, mas um problema da defasagem da ética. É uma ilusão retroativa que faz crer que o progresso histórico abre progressivamente a ética e substitui as morais fechadas por morais abertas: cada novo estado de uma civilização porta abertura e fechamento a partir de um centro único; abertura e fechamento são a dimensão de uma díade indefinida, unidimensional e bipolar. Qualquer ato, qualquer estruturação funcional tende a se alastrar em normas e em valores segundo um par correlativo (ILFI, p. 496-7).

Quarto capítulo
O conhecimento da ética: rede de atos e devir [defasagem da ética]

Assim como Simondon enunciou uma problemática aberta para a filosofia da individuação, ao afirmar que o conhecimento da individuação exige uma individuação análoga do conhecimento, faz-se necessário abrirmos uma problemática que Simondon não aborda explicitamente com relação à operação ético-política, a saber: o conhecimento ou a captação do sentido da operação ético-política exige uma individuação ético--política do sujeito. Esta exigência é premente, pois, como veremos agora, *o problema do conhecimento da ética é o de como é possível valorar os atos.* Um ato é moral e, portanto, significativo, quando ele se inscreve em uma rede de atos, e se desdobra na correlação entre o ato do indivíduo e o ato coletivo. "O valor de um ato não é seu caráter universalizável segundo a norma que ele implica, mas a efetiva realidade de sua integração numa rede de atos que é o devir" (ILFI, p. 497). E Simondon complementa em nota: "Isto é, a amplificação pela qual ele [o ato] encontra a dimensão do contínuo ao inserir-se no devir da colônia ou na realidade do coletivo; ainda que ele seja – segundo as normas – ato do indivíduo, ele é, segundo os valores, ato para o coletivo" (ILFI, p. 497, n. 15).[1]

Agora, por que é necessário falarmos de um "conhecimento da ética"? Porque, mesmo que a filosofia simondoniana não se vincule ao problema do juízo e da capacidade de julgar os atos, para o estabelecimento das normas e valores, ela também não se resigna a cair em um puro relativismo ético para o qual não existe moral e tampouco é possível avaliar, ou

---

1 A menção aqui à colônia nos oferece um precioso lembrete de que não se trata da ética como dimensão unicamente pertencente à realidade humana.

melhor, valorar as ações.[2] Como veremos adiante, tanto o conformismo quanto o esteticismo, ao serem duas correntes que negam a necessidade e a possibilidade de significação e sentido – ou inscrevem tal possibilidade na mera repetição de uma norma ou na negação de toda norma –, acabam por isolar o ato do indivíduo do coletivo. Um ato meramente individual elimina a dimensão ética, pois se desvincula dos devires; e também elimina o sujeito, pois o coletivo já não lhe provém um excesso de si mesmo e de seus atos que prolongue sua individuação. Na verdade, é mesmo possível que este tipo de ato – que Simondon denomina imoral – nem sequer exista; seja apenas uma *tendência do sujeito de buscar o valor de seus atos em si mesmo* – aspecto basilar do individualismo e da meritocracia que orientam a subjetividade neoliberal.

É fundamental, portanto, investigarmos como Simondon compreende a captação do valor de um ato como "efetiva realidade de sua

---

2   O conhecimento da realidade ética remonta a um problema antigo da História da Filosofia. Já na divergência entre as filosofias platônica e aristotélica, podemos encontrar o problema de como é possível o conhecimento da ética e das ações valorosas (ou virtuosas). Silvana Ramos recentemente recuperou esta discussão mostrando como Aristóteles concebe a prudência como um conhecimento da ética que não se vincula ao conhecimento das essências, mas a um conhecimento *na* existência que leva em consideração a singularidade das situações concretas. A prudência aristotélica pode ser vista, então, como um trabalho ético, sem garantias prévias, de conhecimento conquistado cujo valor consiste em existir na existência. Como diz Ramos: "Chegamos, assim, a uma das formulações mais interessantes da ética de Aristóteles: se a virtude é uma disposição, devemos compreender que só se aprende a ser bom, sendo-o. Tornamo-nos corajosos à medida que praticamos ações corajosas. Precisamos tomar decisões que nos obriguem a improvisar e a encarnar a regra, tendo em vista a conquista da excelência do prudente, isto é, o domínio que este mostra sobre os múltiplos aspectos do bem. Com efeito, aquele que busca a prudência não pode de modo algum ser confundido com o resignado, o apático ou preguiçoso. É pondo-me à prova dos acontecimentos que adquiro o poder de responder-lhes de maneira adequada. É lidando com minhas paixões que tiro proveito delas, ao invés de permitir que me escravizem" (RAMOS, 2018, p. 61). Nestas palavras encontramos forte ressonância da prudência aristotélica com o sentido moral da ética simondoniana, ao ser esta a inscrição dos atos na dimensão do devir individual e coletivo o que trama as relações sociais.

integração numa rede de atos". A ética opera pela defasagem da relação transdutiva entre normas e valores constituindo uma rede de atos que é um devir aberto (amplificador) em relação ao devir dos sujeitos na individuação do coletivo. Veremos como o conhecimento da ética é uma individuação ético-política que capta as significações dos atos como possibilidade de seu sentido moral.

Propomo-nos, neste capítulo, primeiramente a investigação do que Simondon compreende por "rede de atos" e como ela possibilita a valoração ética das ações. Com isto, ser-nos-á possível retomar, em outra chave, as discussões sobre a consciência moral e o papel da escolha e/ou da liberdade do sujeito como sentido ético de suas ações. Esta problemática nos conduzirá à análise da afirmação simondoniana de que "não há nem escolha transcendente, nem escolha imanente, pois o sentido do valor é o da autoconstituição do sujeito por sua própria ação" (NC, p. 513). Esta autoconstituição, como veremos, é o centro real do ato, é o que permite sua valoração.

Na sequência, abordaremos a crítica de Simondon ao conformismo e ao esteticismo como duas tendências exemplares da impossibilidade de valoração dos atos, isto por negarem qualquer integração a uma rede de atos, qualquer sentido moral. Curiosamente, a negação do valor é tomada nestas tendências como o próprio valor de um ato. Por fim, abordaremos mais especificamente o que Simondon compreende por ato moral e como este transforma radicalmente a concepção tradicional das relações entre ética e moral, sendo o sentido moral condição indispensável para o devir do sujeito ético.

I. Rede de atos e a defasagem da ética

> Trata-se mesmo de uma rede, e não de uma cadeia de atos; a cadeia de atos é uma simplificação abstrata da rede; a realidade ética *é sim* estruturada em rede, ou seja, há uma ressonância dos atos uns relativamente aos outros, não através de suas normas implícitas ou explícitas, mas diretamente no sistema que eles formam e que é o devir do ser; a redução a normas é idêntica à redução a formas: ela

> só leva um dos termos extremos do real. O ato não é nem matéria, nem forma, ele *é* o devir no curso de devir, ele é o ser na medida em que o ser é, devindo. A relação entre os atos não passa pelo nível abstrato das normas, mas ela vai de um ato aos outros como se vai do amarelo-verde ao verde e ao amarelo, por aumento da largura da banda de frequências (ILFI, p. 497-8).

A rede de atos é o nome que Simondon dá a ressonância dos atos entre si, é a imbricação das operações ético-políticas. Os atos não se conectam de maneira linear, em um encadeamento lógico, ontológico, político ou mesmo moral. Os atos tecem a trama de suas conexões espaço-temporais como ressonância e comunicação ativa do coletivo com os indivíduos e destes com o processo de individuação do coletivo em curso. A rede de atos se amplifica em rosáceas que se dobram e desdobram sobre as redes de reticulação do mundo. O sentido de um ato é o "da transdutividade do devir, sentido segundo o qual em cada ato reside ao mesmo tempo o movimento para ir mais longe e o esquema que se integrará a outros esquemas" (ILFI, p. 497). Por meio dos atos, os indivíduos devêm um mundo, se prolongam no mundo, uma rede reticular em que cada vida está em relação com o conjunto de vidas; por isto, "é o sentido segundo o qual a interioridade de um ato tem um sentido na exterioridade" (ILFI, p. 497). A rede de atos é um centro real, um ponto de amplificação da realidade ético-política que se prolonga nos tempos e espaços, no devir. Generosidade e memória.

"Cada ato retoma o passado e o encontra novamente; cada ato moral resiste ao devir e não se deixa sepultar como passado; sua força proativa é aquilo pelo qual ele fará, para sempre, parte do sistema do presente, podendo ser reevocado em sua realidade, prolongado, retomado por um ato, ulterior segundo a data, mas contemporâneo do primeiro segundo a realidade dinâmica do devir do ser" (ILFI, p. 499). Por isto, cada ato "contém em si mesmo um poder de amplificação" (ILFI, p. 498, n. 16). Ele é o próprio centro de irradiação de futuros atos, é infinito como concatenação e imbricação de operações ético-políticas. "Só há um *centro* do ato, não há *limites* do ato. Cada ato é centrado, porém infinito; o valor de um ato é sua amplitude, sua capacidade de alastramento transdutivo. O ato não é uma unidade em direção a um fim que implicaria concatenação" (ILFI, p. 498 – trad. modificada).

O ato é essa realidade paradoxal: centrado e múltiplo, simultaneamente. Como vimos com relação à alagmática: "O *ato* contém a operação e a estrutura de uma só vez; e também, segundo a vertente do ato sobre a qual incide a atenção, ele retém o elemento operação ou o elemento estrutura, deixando seu complemento de lado" (ALG, p. 560). O ato contém, simultaneamente, as normas e os valores; ele expressa a operação ético-política e é esta própria operação se realizando. Assim como vimos que ocorria com o geômetra, é também por uma incapacidade de captar o devir se processualizando que as éticas teóricas e práticas apenas captavam uma dimensão do ato: ou os valores ou as normas implicadas. Captar o ato em sua unidade múltipla exige que acompanhemos a defasagem da operação ético-política. Mas, o que isto significa? Para além do que vimos antes sobre a relação transdutiva entre normas e valores, precisamos abordar agora em detalhe o que Simondon compreende por ato e ação; diferenciando *ação* e *escolha*.

Começamos a ver, anteriormente, como é apenas por *ilusão retroativa que a escolha se confunde com a ação*, quando a solução de um problema aparece como determinação da consciência frente ao problema. Estamos no cerne de uma discussão central para a filosofia e para a ética simondoniana, a saber, o postulado de que a operação ético-política (a ação) encontra sua significação na operação ontogenética (processos de individuação) não nos faria eliminar qualquer possibilidade de ação consciente? Dito de outro modo, a ética simondoniana não postularia que a ação é uma mera expressão da individuação e não da *consciência reflexiva acerca da individuação*? E, mesmo que não naufraguemos aqui em uma ética relativista, e que consigamos apresentar o sentido relacional da ética simondoniana, ainda assim não persistiria a questão sobre qual espaço subsiste para a liberdade do indivíduo em tal filosofia?

Talvez possamos começar a resolver esse impasse se compreendemos que a liberdade do indivíduo não se encontra separada dos devires que o engendram; a liberdade individual não é algo exterior à individuação do indivíduo livre. Nesse sentido, viver e agir em relação a uma problemática ontogenética poderia ser aquilo que compreendemos por liberdade.

> Bem distante de ser o encontro de uma matéria e de uma forma, de um impulso e de uma norma, de um desejo e de uma regra, de uma realidade empírica e de uma realidade transcendental, ele *[o ato]* é aquela realidade que é mais que a unidade e se alastra de parte a parte dela mesma ajustando-se às outras realidades de mesma espécie; retomando a fórmula de Malebranche relativa à liberdade, e segundo a qual é dito que o homem tem movimento para ir sempre mais longe, poder-se-ia afirmar que *o ato livre, ou ato moral, é aquele que tem realidade suficiente para ir além de si mesmo e encontrar os outros atos* (ILFI, p. 498 – grifos nossos; trad. modificada).

Deste modo, a consciência seria uma função vital de autoproblematização do sujeito, ou seja, o sujeito ao tomar uma problemática com *sua* problemática, passa a se exceder – enquanto indivíduo – nessa problemática e passa a exceder essa problemática ao oferecer um sentido, uma inscrição moral, ao tornar objeto da consciência o problema. "Cada escolha é conhecida como escolha pela da consciência do sujeito e devém uma informação a ser integrada, ao passo que ela era uma energia a ser diferenciada: *é a escolha que é escolhida, mais do que o objeto da escolha*; a orientação afetiva perde seu poder relacional no interior de um ser cuja escolha constitui toda atividade relacional, tomando apoio, de certa forma, sobre si própria em sua reatividade" (ILFI, p. 238 – grifos nossos).

Com esta citação fundamental nos aproximamos um pouco mais do cerne da questão: é a escolha que é escolhida, e isto como interiorização do sentido da ação. A escolha para a consciência do sujeito passa a ser uma informação – neste caso, um sentido – a ser integrada como *objeto da escolha consciente*. O aspecto energético, a potência de devir, presente em uma problemática ontogenética é subsumida como informação consciente a ser integrada pelo sujeito; esta integração se dá com o estabelecimento da seguinte relacionalidade: o que a consciência crê escolher não é a atividade de uma relação, a implicação retroativa em uma ação, mas é a própria solução encontrada para um problema.

Diante de dilemas como "devo seguir meu impulso ou a regra, devo seguir meu desejo ou a norma?" o sujeito crê que sua *escolha* define o sentido (individual) de *sua* ação; ou seja, que ao tomar consciência de – ou poderíamos mesmo dizer tomar *para* a consciência – sua escolha como *sua*, o que o sujeito faz é circunscrever os termos do problema (dilema) enfrentado pela ação.

A informação é, então, modulada para ser integrada à consciência: "foi *tal* impulso que me levou a isto"; "foi *tal* regra que me impediu de agir"; "foi *meu* desejo que me levou a essa atitude"; etc. Essa *designação* da escolha permite que o *poder relacional e atividade relacional* presentes no ato sejam controlados para que o sentido da ação seja individualizado: a escolha é uma *responsabilidade* do indivíduo, e os termos diante dos quais é escolhida – e, por assim dizer, realizada – são os índices definidores da *culpa*. Poderíamos inclusive dizer que certas vertigens da discussão sobre o inconsciente se originam em larga medida da velha neurose que subsome a ação à escolha, que reduz a autoproblematização do sujeito a uma instância meramente individual. Mas, como veremos adiante, a autoproblematização do sujeito pode ser também uma dimensão *transindividual* da ação, seu sentido simultaneamente individual e coletivo.

Em resumo, a escolha – que já era uma ação tornada consciente pela resolução de um problema – passa a ser escolhida como objeto de si mesma; assim *a ação se torna um mero subproduto da escolha*, passa a ser uma solução, e o que se perde é justamente o fato que é a problemática – e a autoproblematização – que cria, posteriormente, a consciência da escolha; e não o contrário. O equívoco aqui consiste em que a consciência acredita que o objeto de sua escolha está inexoravelmente ligado aos termos pelos quais um problema se apresenta, quando, na verdade, o ato que resolve o problema é que é "o *suplemento de ser* descoberto e criado sob forma de ação que posteriormente permite à consciência definir os termos nos quais o problema se colocava" (NC, p. 513).

É um equívoco análogo que Simondon encontra na noção de adaptação:

> A noção de adaptação está malformada na medida em que supõe a existência dos termos como precedendo a existência da relação; não é a modalidade da relação, tal como a considera a teoria da adaptação, que merece ser criticada; são as próprias condições dessa relação que vem após os termos. [...] Não há somente um objeto alimento ou um objeto presa, mas um mundo segundo a busca de comida e um mundo segundo a evitação dos predadores, ou um mundo segundo a sexualidade. Esses mundos perceptivos não coincidem [...] O universo sensorial não está dado de uma só vez: só o que há são mundos sensoriais que esperam a ação para devirem significativos. A adaptação cria o meio e o ser relativamente ao meio, os caminhos do ser; antes da ação, não há caminhos, nenhum universo unificado no qual se possa indicar as direções e as intensidades das forças para encontrar uma resultante (ILFI, p. 314-6).

O equívoco da consciência é acreditar que o mundo preexiste às problemáticas em que aparece, que os caminhos preexistem às ações. Para o sujeito que considera os termos como existentes antes das relações; o mundo como existente antes das problemáticas; o indivíduo como existente antes do meio ou do coletivo; os caminhos, antes das ações; as soluções, antes dos problemas; as escolhas, antes das ações; o problema ético é o do *juízo* – é o de deduzir as possibilidades do viver a partir das normas e valores preexistentes. Agora, para Simondon, o problema da ética é o da gênese das normas e valores e das correlações que se recriam para cada problemática ontogenética. Tal gênese é fruto da complementaridade entre devir e integração das ações em redes de atos; essa complementaridade é, como vimos, o que o valor possibilita e, ao mesmo tempo, sua ação de valoração. O problema da ética é o do sentido do valor e, portanto, da possibilidade de valorar ações.

> O sentido do valor reside no sentimento que nos impede de buscar uma solução já dada no mundo ou no eu, como esquema intelectual ou atitude vital; o valor é o sentido do optativo; em nenhum caso pode-se reduzir a ação à escolha, pois a escolha é um recurso a esquemas de ação já pré-formadas e que, no instante em que as eliminamos todas menos uma, são como o real já existente no porvir e que *é preciso* condenarmos a não ser. O sentido do valor *é o* que deve

SIMONDON: uma introdução em devir

> evitar que nos encontremos ante problemas de escolha; o problema da escolha aparece quando só resta a forma vazia da ação, quando as forças técnicas e as forças orgânicas estão desqualificadas em nós e nos aparecem como indiferentes (NC, p. 513).

O sentido do valor é aquele pelo qual *mundo e sujeito participam de um devir comum*. A escolha é, no fim das contas, um modo de esvaziamento da ação, pois faz o seu valor estar circunscrito e determinado na escolha. Não é o sujeito, por meio dos problemas de escolha, que dá sentido à ação – *forma da liberdade que desvincula autonomia e autenticidade* – mas é o valor da ação que constitui o sujeito. "Não há nem escolha transcendente, nem escolha imanente, pois o sentido do valor é o da autoconstituição do sujeito por sua própria ação" (NC, p. 513). Mas, então, como o sujeito se autoconstitui pela ação?

Juan Manuel Heredia propõe um caminho de interpretação bastante preciso ao ligar a ação como autotranscendência do indivíduo ao processo de individuação coletiva – e, portanto, abertura ao transindividual.[3]

---

3   Todo este capítulo é devedor da análise que Juan Manuel Heredia realiza dos processos ontogenéticos psicocoletivos, mostrando como o conceito de ação é paulatinamente construído por Simondon a partir da captação das problemáticas perceptiva, emotiva e afetiva. Para a leitora que tiver interesse sobre esses aspectos da gênese do sujeito – complementares à abordagem que apresentamos aqui –, deixamos como sugestão a leitura da terceira parte da tese de Heredia (2017). Aproveitamos a nota para trazer uma citação sumamente interessante sobre o aspecto paradoxal da transindividualidade do ser individual: "Em *Historie de la notion d'individu*, a propósito deste 'aspecto paradoxal do ser individual', Simondon afirma que este [o ser individual] é sede de uma heterogeneidade imanente que não é mero símbolo de ambivalência mas é a marca de uma natureza 'problemática e autoproblemática': 'O indivíduo está feito da relação entre dois aspectos: ontogenético e filogenético, interioridade e exterioridade, substancialidade e caráter acontecimental, liberdade e determinismo, asseidade e participação, instintividade profunda e racionalidade hiperconsciente (...) A individualidade é circularidade causal, confrontação de si consigo, afirmação e negação de si mesmo pro si mesmo (...) não é possível adotar nem um monismo nem um dualismo, que seriam supressão da recorrência (...) Não existe nem um nem dois termos, mas um termo em curso de se desdobrar e dois términos em curso de se unificar. O indivíduo é permanente relação entre unidade

O que é a ação? Não é a escolha entre dois caminhos possíveis dados de antemão e previsíveis, mas, como vimos, é processo de individuação que implica, simultaneamente, ao indivíduo e ao meio, à interioridade e à exterioridade, à imanência e à transcendência: "para ser una e ordenada, a ação deve se superar e ser sempre nova (...) o gesto se desdobra em função da situação que cria e apenas se pode inserir nessa situação que cria; o indivíduo pode somente realizar sua unidade como se parecesse se desprender de sua identidade; a identidade existe somente no fim da ação". *Este caráter individuante da ação enquanto autotranscendência do indivíduo supõe a participação da realidade pré-individual* (HEREDIA, 2017, p. 387 – grifos nossos).

A interpretação não poderia ser mais feliz, ela descreve que a ação não está nem de um lado nem do outro do caminho, mas no centro ativo que é o próprio processo de individuação que relaciona e compatibiliza as polaridades. Recuperando Simondon, Heredia descreve esse processo de amplificação: ação que é uma excedendo-se; começo de ação que é a inscrição em uma problemática; indivíduo que realiza sua unidade se transduzindo e que encontra sua identidade transdutiva (o ser sujeito) como resultante da ação. A ação se excede nas problemáticas perceptiva, afetiva e emotiva e este exceder que amplifica e implica tais problemáticas é a operação individuante da ação. Mas, o que ela estrutura? Essa autotranscendência que é o encontro do pré-individual com o transindividual no indivíduo que está sendo, simultaneamente, indivíduo e coletivo, sujeito e mundo.

Agora, por que retomar o vocabulário do transcendente para descrever esta ação paradoxal? Porque é pela ação autotranscendente (exceder-se a si mesmo e em si mesmo) que a problemática do indivíduo passa a ser uma autoproblemática devindo gênese do sujeito (sistema de coerência das realidades pré-individual, individual e transindividual).

---

e dualidade. *A individualidade do indivíduo é precisamente transindividual, porque o indivíduo afirma sua individualidade opondo sua ação à sua substancialidade'* (HI, p. 437 – grifos de Heredia)" (2017, p. 388).

> O problema do indivíduo é o dos mundos perceptivos, mas o do sujeito é o da heterogeneidade entre os mundos perceptivos e o mundo afetivo, entre o indivíduo e o pré-individual; esse problema é o do sujeito enquanto sujeito: o sujeito é indivíduo e outro afora indivíduo; ele *é* incompatível consigo mesmo. A ação só pode resolver os problemas da percepção, e a emoção os da afetividade, se ação e emoção forem complementares, simbólicas uma relativamente à outra na unidade do coletivo; para que haja ressonância da *ação e* da emoção, é preciso que haja uma individuação superior que as englobe: essa individuação é a do coletivo. O sujeito só pode coincidir consigo mesmo na individuação do coletivo, pois o ser individuado e o ser pré-individual que estão nele não podem coincidir diretamente (ILFI, p. 377).

A individuação do coletivo surge como comunicação entre realidade individuada e realidade pré-individual do ser, entre indivíduo e sujeito, tornando possível a compatibilidade do sujeito que é incompatível consigo mesmo. A ação é aqui autotranscendente porque ela separa o sujeito da problemática individual para integrá-lo em uma "individuação superior" – a do coletivo – que torna complementar a compatibilidade e a incompatibilidade do sujeito consigo mesmo. Essa operação de autotranscendência é o valor da ação como gênese do sujeito. Agora, o sentido da ação é a sua inscrição em uma rede de atos, uma trama, que é o devir – mas um devir que não coincide com o do sujeito. Se o devir da ação coincide com o devir do sujeito, a angústia impera e o sujeito renuncia à *tensão paradoxal de sua individualidade transindividual* submergindo no pré-individual:

> Na angústia, o sujeito se sente existindo como problema posto a si mesmo [...] na angústia, o ser é como seu próprio objeto, mas um objeto tão importante quanto ele mesmo; poder-se-ia dizer que o sujeito devém objeto e assiste a seu próprio alastramento segundo dimensões que ele não pode assumir. O sujeito devém mundo e preenche todo aquele espaço e todo aquele tempo nos quais surgem os problemas: não há mais mundo ou problema que não sejam problema do sujeito; esse contra-sujeito universal que se desenvolve é como uma noite que constitui o ser mesmo do

> sujeito em todos os seus pontos; o sujeito adere a tudo como adere a si mesmo; ele já não está localizado, ele é universalizado segundo uma adesão passiva e que o faz sofrer. O sujeito se dilata dolorosamente perdendo sua interioridade; ele está aqui e alhures, destacado daqui por um alhures universal; ele assume todo o espaço e todo o tempo, devém coextensivo ao ser, se espacializa, se temporaliza, devém mundo incoordenado. [...] O sujeito, na angústia, sente que não age como deveria, que se distancia mais e mais do centro e da direção da ação; a emoção se amplifica e se interioriza; o sujeito continua a ser e a operar uma modificação permanente em si, contudo sem agir, sem se inserir, sem participar de uma individuação. O sujeito se distancia da individuação, ainda sentida como possível; ele percorre as vias inversas do ser; a angústia é como o percurso inverso da ontogênese; ela desfia o que havia sido tecido, em todos os sentidos vai a contrapelo. A angústia é renúncia ao ser individuado submergido pelo ser pré-individual, e que aceita atravessar a destruição da individualidade indo para uma outra individuação desconhecida (ILFI, p. 380-3).

Em síntese, a diferenciação entre ação e escolha nos permite ampliar a ação do sujeito para além de sua dimensão individual, compreendendo que a ação no indivíduo é uma solução para o seu caráter autoproblemático e é sua inserção na dimensão coletiva do ser, na trama de individuações, na rede de atos. *O fato de que cada ação só obtém significação ao participar de uma rede de atos é justamente o que expressa que para o sujeito sua individualidade enquanto indivíduo é transindividual.* O sujeito passa, a partir do caráter autoproblemático da ação, a ter uma individualidade que se autotranscende na individuação do coletivo... uma individualidade transindividual. Ao devir sujeito, o valor e o sentido da ação não podem mais ser o da subjetividade constituída, pois com isto o sujeito se torna objeto de si mesmo. Tampouco, podem ser o valor e o sentido do mundo, pois toda problemática e toda realidade pré-individual passaria então a ser posse do sujeito que já não reexiste em sua dimensão individual. Ao devir sujeito, o valor e o sentido da ação apenas podem existir em relação a uma problemática coletiva se inscrevendo em uma rede de atos que é o devir do sujeito imbricado ao devir do mundo – sem que ambos os de-

SIMONDON: uma introdução em devir

vires se confundam e se sobreponham. Como veremos adiante, ao devir sujeito, o sentido da ação passa a ser moral. Não à toa, dândis, niilistas e conformados – a classe média em geral – tendem a padecer de angústia.

II. O puro devir e a moral normalizada: crítica ao esteticismo e ao conformismo

> Os atos constroem uma simultaneidade recíproca, uma rede que não se deixa reduzir pela unidimensionalidade do sucessivo. Um ato é moral na medida em que tem, em virtude de sua sua realidade central, o poder de devir ulteriormente simultâneo relativamente a um outro ato. O ato não moral é o ato perdido em si mesmo, que se sepulta e sepulta uma parte do devir do sujeito: ele é aquilo que cumpre uma perda de ser segundo o devir. Ele introduz no ser uma falha que o impedirá de ser simultâneo relativamente a si próprio. O ato imoral, se existe, é aquele que destrói as significações dos atos que existiram ou que poderão ser chamados a existirem, e que, em vez de localizar-se em si mesmo, como o ato não moral, introduz um esquema de confusão impedindo os outros atos de se estruturarem em rede. Nesse sentido, ele não é um ato, propriamente falando, mas é como o inverso de um ato, um devir que absorve e destrói as significações relacionais dos outros atos, que os arrastas sobre falsas pistas de transdutividade, que desencaminha o sujeito relativamente a si mesmo: é um ato parasita, um falso ato que tira sua aparência de significação de um encontro aleatório (ILFI, p. 499).

Em oposição ao ato moral, o ato não moral é caracterizado por Simondon como aquele que é fechado em si mesmo, que nega sua inscrição no devir e que se opõe a realidade metaestável e paradoxal do devir do sujeito. O ato não moral é aquele que nega a metaestabilidade do ser, é aquele que não ressoa, pois apenas se compatibiliza com sua realidade de ato em si. Um ato que apenas queira ser si mesmo é um ato que já não se relaciona com o ser, pois este, em sua simultaneidade consigo mesmo, devém. Por outro lado, o ato imoral – que talvez nem sequer exista – é aquele que destrói as significações. É um ato sem sentido, pois não é propriamente um ato, mas uma espécie de falsa significação, que parasita um ato, participando de um devir que apenas se aloja nas significações relacionais dos outros atos para absorver e destruir em si toda relacionalidade. Tanto o ato não moral quanto o ato imoral são vida sem valor, como normatividade sem inscrição em rede de ações.

Simondon apresenta duas tendências – dois "ismos" – em que os atos se configuram como perda de informação e destruição das significações. Por um lado, o esteticismo. "Tal é o esteticismo como contramoral, unificação dos atos segundo certo estilo comum e não segundo seu poder de transdutividade. O esteticismo é um parasita do devir moral; ele é criação de formas abstratas na existência do sujeito e ilusão de unificação segundo tais formas abstratas. O esteticismo, que quer atos sempre novos, em certo sentido mente para si mesmo e devém uma iteração da novidade segundo a norma extrínseca da novidade" (ILFI, p. 499-500). O esteticismo é esta busca da novidade sempre nova que é uma ilusão de devir, pois é uma tendência de vida segundo normas abstratas – *ideologia de si*. No esteticismo o ato quer reinar sobre o devir; sua inadequação consigo mesmo o faz perfeito, puro devir, egoísta que domina os demais atos, fazendo de sua inadequação consigo, índice de uma *singularidade particular*. O valor da ação no esteticismo é a *repetição da novidade sempre novíssima* segundo uma autonormatividade que não é mais que normalização. Ser estático e ser estético coincidem nessa ilusão do sujeito que faz da separação de sua individualidade em relação ao coletivo, sua obra.

"Do mesmo modo, o conformismo ou a oposição permanente às normas sociais são uma renúncia frente ao caráter de atualidade dos atos e um refúgio num estilo de iteração segundo uma forma positiva de coincidência ou negativa de oposição relativamente a um dado" (ILFI, p. 500 – trad. modificada). O conformismo para Simondon se encarna na oposição ao sistema de normas que se constitui transdutivamente nas normatividades sociais. Ele nega o ato e seu valor propulsor de novas normatividades. Se o esteticismo se refugia em uma espécie de *estilo* de novidade, o conformismo se agarra a um *estilo de repetição* em uma forma positiva – daí o nome conformismo –, em uma espécie de forma ultra-

SIMONDON: uma introdução em devir

concreta, a única forma dita possível e tida como real. O conformista é o realista da realidade, é *em si a ideologia*. Mas, o conformismo também se manifesta nesta tendência de negar o dado, as novas informações. Para o conformismo, forma e informação coincidem – toda a realidade do dado é, por assim dizer, uma *pré-formação*.

Ambas as tendências, Simondon as apresenta em relação a duas figuras extremas – dois polos – da realidade e do valor de um ato. São as figuras do ato perfeito e do ato louco; estas tendências culminam nestas figuras de atos:

> O ato no qual não há mais esse índice de totalidade e da possibilidade dos outros atos, o ato que se concede uma asseidade apesar do caráter genético de sua emergência como fase do devir, o ato que não recebe esta medida ao mesmo tempo ativadora e inibidora vinda da rede dos outros atos, é o ato louco, em certo sentido idêntico ao ato perfeito. Tal ato é aquele no qual não há mais presença daquela realidade pré-individual que está associada ao ser individuado; o ato louco é aquele que tende a uma individuação total e só admite como real o que está totalmente individuado. Os atos estão em rede na medida em que são tomados sobre um fundo de natureza, fonte de devir pela individuação continuada. Esse ato louco tem apenas uma normatividade interna; ele consiste em si mesmo e se entretém na vertigem de sua existência iterativa. Ele absorve e concentra em si mesmo toda emoção e toda ação, ele faz convergir as diferentes representações do sujeito e devém ponto de vista único (ILFI, p. 500).

É importante escutarmos essas tendências, enredarmo-nos pela descrição destas figuras extremadas. A rede de atos é uma totalidade aberta ao devir, é a trama das problemáticas ontogenéticas que emergem dos processos de individuação. Viver no tornado, simultaneamente, centrípeto e centrifugo da realidade ética é agir em relação à rede, ao mesmo tempo, inibidora e ativante da vida social. Ao contrário, perfeição e loucura se tocam no fechamento da realidade individual. Já não existe excesso, natureza, realidade pré-individual para o indivíduo que encontrou em si toda a realidade. *A norma é interna e é internalização de si*. O sujeito passa a ser um ponto único dobrado em sua própria individualidade, convergência total de todos os devires em um mundo que é apenas seu. Então, já não há sujeito, não há significação e o sentido é o da unidade do uno, o da unicidade do único. O puro devir (ato louco) e a moral normalizada (ato perfeito) se encontram nessa unidade em que ontogênese (os devires) e ética (o sentido do devir) se repelem mutuamente. Tais atos já não informam nada. *É preciso ser mais que si mesmo para ser sujeito, para agir moralmente – a rede de atos é mundo para o sujeito.*

> O ato não é uma unidade que se dirige a um fim que implicaria uma concatenação. Um ato que não é mais que ele mesmo não é um ato moral. O ato que é uma unidade, que consiste em si mesmo, que não irradia, que não tem bandas laterais, é efetivamente uno, mas se insere no devir sem fazer parte do devir, sem cumprir a defasagem de ser que é o devir. O ato que é mais que unidade, que não pode residir e consistir somente em si mesmo, mas que também reside e se cumpre numa infinidade de outros atos, é aquele cuja relação aos outros é significação, possui valor de informação (ILFI, p. 500 – trad. modificada).

(o texto atua)

III. O ato moral e o devir do sujeito ético

> O sujeito antes da ação *é* tomado entre vários mundos, entre várias ordens; a ação é uma descoberta da significação dessa disparação, daquilo pelo qual as particularidades de cada conjunto se integram num conjunto mais rico e mais vasto, possuidor de uma dimensão nova. Não é por dominância de um dos conjuntos, coagindo os outros, que a ação se manifesta como organizadora; a ação é contemporânea da individuação pela qual esse conflito de planos se organiza em espaço: a pluralidade de conjuntos devém sistema. O esquema da ação *é tão somente* o símbolo subjetivo dessa nova dimensão significativa que acaba de ser descoberta na individuação ativa. (ILFI, p. 313).

Esta nova dimensão significativa é a dimensão do sentido. O sujeito, antes da ação, está em devir em relação a várias problemáticas significativas – ontogenéticas, técnicas, subjetivas etc. O valor de uma ação é a descoberta da significação que surge como comunicação possível das disparidades, a disparação da compatibilidade entre incompatíveis. A operação ético-política aparece, então, como correlata e simultânea às problemáticas ontogenéticas em curso; a ação organiza a imbricação das operações ontogenética e ético-política. Contudo, apenas para o sujeito esta dimensão organizadora da ação, que trama uma rede de atos, surge como uma sistemática de conjuntos, como uma nova dimensão problemática: a dimensão moral.

Essa dimensão moral nasce da individuação psicossocial, sendo que o surgimento da consciência é um índice do aparecimento de uma função vital de autoproblematização do sujeito. A individuação psíquica aparece quando as funções vitais operadas e estruturadas na individuação dos viventes já não podem resolver as problemáticas ontogenéticas. O indivíduo passa a ser um problema em relação a si, as problemáticas ontogenéticas devém autoproblemática "A interpretação da passagem do vital ao psíquico, em termos de desenvolvimento da estrutura cognitivo-ativa, é completada com uma transmutação da função da afetividade, que deixa de ser um elemento regulador para devir fonte de problemática psíquica (ou seja, ressonância interna do ser consigo mesmo)" (HEREDIA, 2017, p. 370). Neste sentido, teríamos que diferenciar *três tipos de problemáticas*:

1. A *problemática ontogenética* que é resolvida nos indivíduos físicos pelos distintos modos da operação de amplificação, e nos indivíduos viventes pela conjunção das dimensões perceptiva, comportamental, afetiva e emotiva.

2. A *problemática ética* que é resolvida pelas operações ético-políticas correlatas às operações ontogenéticas; para esta problemática a ação surge da dimensão significativa e ativa da resolução dos problemas e de sua inscrição em uma rede de atos – compatibilidade de mundos.

3. A *autoproblematização do sujeito* que é o surgimento da dimensão do sentido como *complementar (portanto, de valoração) às problemáticas anteriores*. Nesta dimensão, o problema da inscrição das ações

em uma rede de atos ganha *uma nova dimensão significativa* que é justamente índice do problema moral – compatibilidade do indivíduo consigo como coletividade.

Entretanto, estas três problemáticas existem conjugadas nos indivíduos e a questão da *diferenciação entre existir eticamente e constituir um sentido moral para esta existência* é uma questão de *grau* da participação destas distintas problemáticas na individuação ativa.

> Não há, de acordo com Simondon, uma diferença de natureza entre ambos [animas e seres humanos] que permita distinguir uma essência humana e fundar uma antropologia, ao contrário, o que se coloca é uma diferença de grau derivada da frequência com a que se manifesta em cada um as problemáticas psíquicas: enquanto nos animais estas são raras e excepcionais (sendo, ao contrário, recorrentes as problemáticas vitais que se colocam no sistema indivíduo-meio), nos seres humanos são muito mais frequentes e se expressam em uma densificação, uma desaceleração e uma radicalização da relação do indivíduo consigo mesmo (HEREDIA, 2017, p 363).

Vemos, então, que uma das dimensões da diferenciação entre seres sujeitos e não sujeitos é o surgimento de uma problemática que o indivíduo toma como própria. O sentido desta autoconstituição – pois a autoproblematização é constituinte do que Simondon compreende por sujeito – é o de que o valor de uma ação passa a ser moral, ou seja, a ação não vem apenas resolver as problemáticas ético-política e ontogenética, mas insere essa resolução como uma nova significação (coletiva) em uma rede de atos. O ato moral expressa a *autotranscendência do indivíduo*. A *consciência moral*, a reflexividade da ação no sujeito como inscrição do ato em uma dimensão coletiva, expressa a relação do sujeito consigo mesmo no *caráter paradoxal da perpetuação de sua individuação*: o indivíduo segue sendo sujeito ao exceder sua individuação, participando da individuação coletiva por meio da realidade pré-individual. Escutemos como Simondon articula a relação entre consciência moral e individuação ética:

> Poder-se-ia fazer notar que, em semelhante concepção, a consciência moral parece não ter mais papel para desempenhar. De fato, é impos-

sível dissociar a verdadeira consciência moral da ação; a consciência é a reatividade do sujeito relativamente a si mesmo, que lhe permite existir como indivíduo, sendo para si mesmo a norma de sua ação; o sujeito age se controlando, isto é, pondo-se na mais perfeita comunicação possível consigo mesmo; a consciência é esse retorno de causalidade do sujeito sobre si mesmo, quando uma ação optativa está a ponto de resolver um problema. A consciência moral difere da consciência psicológica na medida em que a consciência psicológica exprime a repercussão no sujeito de seus atos ou acontecimentos em função do estado presente do sujeito. Ela é o julgamento segundo uma determinação atual; ao contrário, a consciência moral reporta os atos ou os inícios de atos àquilo que o sujeito tende a ser no término desse ato; ela só pode fazer isso de modo extremamente precário, de alguma maneira, "extrapolando" para dar conta da atual transformação do sujeito; ela é tanto mais fina quanto melhor consegue julgar em função do que o sujeito será [...] a consciência psicológica já é reguladora; *a consciência moral é uma consciência reguladora submetida a uma autorregulação interna; essa consciência duplamente reguladora pode ser nomeada consciência normativa. Ela é livre porque ela mesma elabora seu regime próprio de regulação.* [...] essa liberdade só pode ser encontrada na autocriação de um regime de compatibilidade entre condições assimétricas, como aquelas que encontramos na base da ação [...] é preciso que o organismo e a técnica já estejam presentes, prontos para serem selecionados, para que a consciência moral possa existir (NC, p. 514-5 – itálicos nossos).

A confusão entre consciência psicológica e consciência moral pode ser apontada como produtora de muitos equívocos em relação ao que podemos compreender como dimensão moral da vida do sujeito. É por identificar a consciência com a unidade e identidade psíquica do sujeito, que, por um lado, a moral passa a ser equivalente à adequação do indivíduo com as normatividades individuais, surgidas pela função reguladora da consciência, ou, por outro lado, com as normatividades sociais, surgidas da inscrição do indivíduo em um processo de individuação coletiva. A consciência que busca o sentido da ação em uma espécie de "não-moral", como vimos anteriormente, é uma consciência que apenas reconhece a negatividade da função reguladora da consciência psicológica.

Agora, essa "consciência duplamente reguladora" que é a consciência normativa, comunicação da consciência psicológica com a moral, possui a capacidade de elaborar para si seu próprio regime de regulação – ela é livre, pois cria a normatividade como realidade relacional, ou seja, não como uma realidade já dada, mas como "autocriação" que apenas existe em relação às problemáticas efetivas que aparecem nos processos. Isso significa que a consciência não é uma função vital de *conformação* à realidade, mas é uma função *transformal*, ou seja, ela acompanha o devir da ontogênese e da ética, sendo as normatividades psicossociais e técnicas a regulação resultante desses devires, e não a formatação prévia de como os devires podem operar.

Este é um *primeiro aspecto fundamental* do que Simondon compreende por moral: *a moral e os atos morais não são anteriores aos devires em relação aos quais surgem*; a consciência moral, portanto, não é prescritiva – ela é integradora. *A moral não preexiste à ética, ela expressa a captação do sujeito de sua individuação ativa: a relacionalidade com o sistema de normas, a complementaridade possibilitada pelo valor e a inscrição da ação em uma rede, são a captação do sujeito de sua realidade individual como atividade de autorregulação. É por isso que*, diferentemente do que a tradição filosófica apregoou, a moral não é a norma social que preexiste à ontogênese, a moral é a normatividade criada pela própria ontogênese – é o devir e o sentido coletivos da normatividade. Ao contrário, foi a identificação dessa atividade de autorregulação com uma normatividade já conformada que produziu o equívoco de considerar a moral como anterior à ética. A moral expressa a autoproblematização e autorregulação do indivíduo, sendo apenas uma parte da existência ético-política.

Por outro lado, e consequentemente, a consciência moral é, por assim dizer, uma *anterioridade posterior*. Ela relaciona os atos ou inícios de atos com aquilo que excede o sujeito. Ela expressa um regime de regulação que deve considerar o devir do sujeito, ela se "extrapola" para poder captar a *transformação atual do sujeito*. Não sejamos tímidos e afirmemos contundentemente: o regime de regulação da consciência moral não é o da conservação do sujeito, mas o do devir do sujeito ético. Este é o *segundo aspecto fundamental* do que Simondon compreende por moral: *o ato autenticamente moral é aquele que arrisca todos os possíveis em um processo de transformação.* É como se Simondon nos dissesse: viver é apostar todos os possíveis em uma experiência de transformação, conservando-se na transformação. Viver moralmente não é viver de acordo com normas e valores preexistentes, tampouco em relação a uma coletividade já individuada. É se individuar nas normas e valores da coletividade que devém. Nem puro devir, nem devir restringido, *o devir do sujeito ético é a própria amplificação da operação ético-política.* A moral nos permite captar (conhecer) essa amplificação e nos coindividuar (autoproblematizar) em relação a ela. O ato moral é índice do renascimento permanente do sujeito em relação a sua realidade pré-individual e individual, mas também renascimento permanente na vida do coletivo. Presença, escuta e participação.

> Para o ser, a presença consiste em existir como indivíduo e como meio de uma maneira unitária; ora, isso só *é possível pela* permanente operação de individuação, análoga em si mesma à individuação primeira, pela qual o ser somatopsíquico se constitui no seio de um conjunto sistemático tensionado e polarizado. O indivíduo concentra em si a dinâmica que o fez nascer, e ele perpetua a operação primeira sob a forma de individuação continuada; *viver é perpetuar um permanente nascimento relativo.* Não basta definir o vivente como organismo. O vivente é organismo segundo a individuação primeira; mas ele só pode viver sendo um organismo que organiza e se organiza através do tempo; a organização do organismo é resultado de uma primeira individuação, que se pode dizer absoluta; mas ela é mais condição de vida do que vida; ela *é condição do nascimento perp*etuado que é a vida. Viver é ter uma presença, estar presente relativamente a si e ao que está fora de si (ILFI, p. 432-3).

QUINTO CAPÍTULO
A ética reticular e a espiritualidade do sujeito ético

Precisamos retroceder alguns passos, faz-se necessário modular a problemática ética. Precisamos ainda deter a transdução da vida e do sentido moral da presença nas transformações renascidas. Enredamo-nos demasiadamente rápido na existência ético-política do sujeito e uma problemática restou aberta: o que significa existir eticamente? Para responder essa pergunta temos que nos inscrever na disjunção entre ética e sujeito ético. Desdobrar-nos-emos, então, em duas problemáticas complementares e singulares vinculadas ao *existir da eticidade*: por um lado, *a ética como reticulação dos mundos*, por outro, *a espiritualidade como modo do autêntico devir do sujeito ético*.

Mas, ainda, antes, por que a ética é uma dimensão que abrange todo o espectro da ontogênese? Por que a correlação entre ética e ontogênese nos permite falar de uma ética para todos os seres, sejam eles físicos, viventes e/ou psicossociais? A comunicação, correlação e analogia que estabelecemos até aqui entre a operação ético-política e a operação ontogenética não é apenas a resolução de uma problemática, mas abertura de outra: a filosofia simondoniana nos permite pensar uma ética para todos os tipos de individuação?

I. Uma ética para todos os tipos de individuação?

Até aqui, acreditamos que com a análise da imbricação entre as operações ética e ontogenética, assim como, com a explicação e a implicação nos conceitos de informação e significação – constituindo a realidade do devir do ser como atividade de relações (relacionalidade) – conseguimos esboçar caminhos para a possibilidade de que a ética simondoniana possa ser pensada para todos os tipos de individuação. Isto significa que a ressonância interna do ser acontece na rede imbricativa dos devires dos processos de individuação. Ou seja, nenhuma individuação, nenhum processo ontogenético pode ser captado como mera individuação, pois é sempre uma *coindividuação*, uma individuação correlata a outras individuações. Estas coindividuações e correlacionalidades não ocorrem apenas como dimensão do sentido, ou seja, entre conhecimento e ontogênese, entre pensamento e ser, entre o sentido moral da ética e a existência ética dos seres; mas também como *condição* das operações de informação e das significações em cada devir singular. Assim, o que nos parece que ficou aberto como possibilidade é a relação de *mutuação* entre ética e ontogênese: *cada processo ontogenético de complementaridade entre estruturas e operações possui como correlata uma processualidade ética de complementaridade entre normas e valores.* Este nos parece o coração ou centro ativo da amplificação da filosofia simondoniana que implica uma série de *consequências epistemológicas* a serem estudadas.

Conceitos centrais como metaestabilidade, transdução e analogia podem ser lidos como pontos-chave da reticulação entre ética e ontogênese. É nessa correlação entre ética e ontogênese que podemos nos implicar radicalmente na:

1. Metaestabilidade como exigência de captação do devir do ser e do devir do devir como excesso permanente e renovado – em transformação. O sistema do ser como mais-que-unidade e mais-que-identidade nas relações consigo é um postulado metaontológico que nos convida a uma vida ética em devir.

2. Transdução como compatibilidade, simultaneidade e integração de opostos no devir de um mesmo processo. Esta invenção conservativa, como a denominou Bardin, convida-nos a captar o ser como imbricação de coexistências; convida-nos a viver ética e politicamente no seio da criação do devir: no sujeito coexistem e se transduzem as realidades pré-individual, individual e transindividual. O viver autêntico é paradoxal, pois exige que nos coindividuemos com as coexistências que nos excedem, transformando-nos.

SIMONDON: uma introdução em devir

3. Analogia como correlacionalidade, como desdobramento, como conexão transoperatória entre as operações. Nenhuma realidade, nenhum indivíduo, nenhum pensamento, nenhuma dimensão do ser possui seu sentido em si mesma, mas existe e se excede na possível relacionalidade com outra dimensão, outro processo. É radicalmente o viver, o pensar e o agir antisubstancialista e antiessencialista. A analogia é exigência de coexistência do outro no si mesmo; seja o outro do pensamento, o outro do ser, ou o outro da ação ético-política.

Os conceitos centrais da epistemologia simondoniana nascem da *mutuação* entre ética e ontogênese – estão em devir. E, curiosamente, como veremos no último item, essa compreensão da metaestabilidade, da transdução e da analogia também coexistem no que Simondon compreende como espiritualidade do sujeito. O pensamento filosófico é coindividuante.

Agora, o que tudo isto significa para nossa compreensão e para nossa coexistência com os outros tipos de individuação, com os seres não sujeitos?[1] Primeiramente, significa que nenhum ser é inanimado, mero objeto do conhecimento humano; nenhum ser é indivíduo ou individuação acabada, mas é coindividuante. As comunicações e estruturações ocorrem em um sistema vivo, nenhum ser é mero receptor passivo de informação; o

---

1 Caber insistir que, por mais que os outros seres vivam eticamente, a captação do sentido ético dessas existências se dá no pensamento do sujeito. Por mais que, como mostra Chateau, para Simondon "não há diferença entre o animal e o homem, porque ela não existe do ponto de vista da ontogênese generalizada" (CHATEAU, 2008, p. 22); também devemos ter em conta que "Simondon não se preocupa em demonstrar que os animais pensam. Não haveria sentido dentro do marco de sua doutrina. Mas, mostra que os meios teóricos gerais dos quais se dispõe, fora das concepções metafísicas e morais clássicas, na perspectiva de uma ontogênese generalizada proveniente de uma reflexão sobre as ciências físicas, biológicas e psicológicas para representar em geral o que é o psiquismo e o pensamento, não permitem excluir essa possibilidade em um ser, a partir do momento que está vivo" (CHATEAU, 2008, p. 24). Talvez um dos sentidos da ética simondoniana seja justamente a ampliação da concepção de pensamento, de uma realidade mental e reflexiva, para uma concepção que vê o pensamento como realidade também sensível, corpórea, em suma, físico-vital.

animal humano toca e é tocado pelos seres físicos em uma relação de mutuação, e não de reciprocidade. O animal humano existe autenticamente em suas transduções quando elas são coexistências analógicas da existência no ser humano das realidades física, vivente, psicossocial e dos objetos técnicos. Assim como em um cristal, a carne do animal humano é uma sociedade de moléculas; sua corrente sanguínea é feita da travessia das águas que habitam sua interioridade na relação com sua exterioridade. As folhas, grãos e raízes tecem uma amplificação florestal em sua comunicação diária cultivada nas relações com os solos, as fontes energéticas luminosas, os voos e pousos das abelhas, os usos e abusos de certos animais e da vida vegetal em seu cotidiano. Do café ao tabaco, dos cosméticos aos alimentos, dos banhos de ervas aos perfumes, a vida vegetal não é "vegetativa" na realidade do animal humano, ela é o próprio devir do encantamento no cotidiano. *O animal humano não apenas habita o mundo, ele é os mundos que o habitam como ativo coindividuante – a ressonância interna é para ele (nós) a coexistência de tantas coindividuações.*

O animal humano é livre ao livrar a existência dos outros seres do subjulgo da cosmovisão antropologocêntrica. A desalienação da máquina, liberá-la de sua escravidão, é caminho para o homem enfrentar "a maior causa de alienação no mundo contemporâneo" (MEOT, p. 44 – trad. modificada.). A transformação da informação em operação não totalmente individuada e não totalmente codificável, previsível e determinada é condição da informação como incidência transformadora, pré-individual – jamais como informação degradada em relação a uma essência. Liberar o processo de moldagem do tijolo do enrijecido conhecimento hilemórfico pode ser correlato ao enfrentamento do problema de organização social e política em uma cidade – afinal, não é a divisão forma ativa/ matéria passiva análoga à divisão senhores/ escravos? Ou, também – para atualizarmos a questão com Spivak e Fanon –, da divisão entre aqueles que podem falar/ aqueles que não podem; aqueles que pertencem à zona do ser e aqueles que pertencem à zona do não-ser; aqueles e aquelas que são matáveis e desaparecíveis

SIMONDON: uma introdução em devir

e aqueles que não são?[2] A ética simondoniana é, simultaneamente, um convite para outra experiência do mundo e uma exigência de liberação dos mundos para que eles possam ser vividos e covividos de outras maneiras. Como embruxou Natalia Ortiz:

> A experiência é desencanto do mundo desde que o vínculo com a matéria se reduz a sua eficácia e desde que o vínculo com a espiritualidade se reduz à religião. Desde que esquecemos, poderia dizer Simondon, a lição dos senhores do fogo: que o vínculo com a matéria nos transforma e que o vínculo com o indeterminado, com suas forças e qualidades, estende-nos no tempo e no espaço. Desde que esquecemos os senhores do fogo (bruxas, iogues, ferreiros, alquimistas e xamãs), desde que esquecemos a filosofia como forma de vida, mas também desde que não apreendemos as lições da quântica (2015, p. 363).[3]

---

2   Desenvolvemos essas questões com Rogério Sottili no texto *Memória, verdade e justiça para transformar a cultura de violência em nosso país* publicado no livro paradidático "Vala de Perus: um crime não encerrado da ditadura militar" (2021) organizado por mim e Camilo Vannuchi. O diagnóstico que apresentamos no texto reflete a atuação que temos desenvolvido no Instituto Vladimir Herzog para o enfrentamento da cultura estrutural de violência que marca a história do Brasil.

3   Escutemos um pouco mais: "Nas vibrações da escritura de Simondon, no respirar dessa escritura, no vínculo com essa matéria, é possível captar também ao *amateur* que trabalha motivado pelo amor ao que faz, que desajusta pacientemente as cavilhas da maquinaria que somos, que sabe calibrar o ser, daquele que pode amar aos objetos, daquele que navega por estima porque conhece o vínculo técnico, afetivo e espiritual que enlaça a embarcação, a seu tripulante, com as águas, o vento e o céu estrelado. Desde a Grécia clássica, os homens têm se pensado como o resultado defeituoso de um jogo binário, habitados pelo particular demasiadamente, pelo corpo, pela passividade, pela natureza, pelo pecado, pela dívida ou pelo instrumental; essas faltas e excessos fecham as portas dos edens para invocar a deuses racionais que prometem curar, completar, reestabelecer, explicar, prover aquilo que os homens não poderiam, não teriam, não saberiam. Entre o anonimato da técnica e a abstração da religião, os homens se assemelham àqueles que foram castigados por Zeus com a retirada do fogo. Mas Simondon nos diz que todo objeto pode ser um objeto estético porque este mundo está habitado por forças indômitas, e porque os efêmeros podem ter uma experiência dessas forças

O sentido maior da filosofia simondoniana, na imbricação entre ética e ontogênese, é o de relembrarmos e de agirmos nos implicando em relação ao que pensamos. A filosofia pode ser uma forma de vida quando as vidas, os seres, restituem sua dignidade ético-ontogenética. Nesse momento, a ética é a reticulação do mundo e o ser humano é convidado a se coindividuar e se exceder nessa reticulação.

II. Ética da individuação e ética reticular

Até aqui já apresentamos a ética da ontogênese (Parte I) e a ontogênese da ética (Parte II), colocando-as em coindividuação por suas complementaridades e correlacionalidades. Fomos também desentranhando as muitas consequências que tal coindividuação produzia – por exemplo, as epistemológicas apresentadas em relação aos conceitos de metaestabilidade, transdução e analogia. Agora, devemos explicitar que tipo de ética este livro veio construindo. Há um conceito da filosofia simondoniana que nos permite descrever adequadamente a relação de imbricação e analogia entre ética e ontogênese: o conceito de reticulação. Como muito bem apontou Muriel Combes, "enquanto a ética é tida como 'sentido da individuação' e apenas existe ética 'na medida em que existe informação, isto é, significação', a ética é, simultaneamente, apreendida como *realidade reticular, como capacidade de conectar o pré-individual em muitos atos*" (2013, p. 64-65 – itálicos nossos).

Buscaremos, então, descrever a ética como *realidade reticular*. Isto nos permitirá abordar uma ética que valha para todos os seres, a ética em sua imbricação com a ontogênese; mas também apontar – como faremos

---

que não os exponha a uma falta, ao abismo, nem à morte, como rezam as crenças estéticas do século XIX. Se os homens podem experimentar o mundo como uma continuidade é porque eles mesmos são efêmeros e indômitos, mortais e indeterminados, imensos e maravilhosos. [...] é possível que o preço de querer dominar o mundo seja perdê-lo, mas também perder-se. Mas, ainda assim, habitados pela espiritualidade, os homens não deixam de intuir o absoluto de certos instantes, a beleza de alguns momentos e lugares, a presença silenciosa e informe dos deuses" (ORTIZ, 2015, p. 372).

adiante – para a espiritualidade como um modo de coindividuação do sujeito em relação à realidade da ética reticular.

Na terceira parte de MEOT, depois de haver analisado detidamente nas duas partes anteriores o modo de existência dos objetos técnicos, sua historicidade tecnológica, suas relações com aspectos culturais, sociais e políticos do pensamento sobre a tecnicidade, Simondon inicia o que provavelmente é sua maior empreitada genética: a descrição da gênese concomitante do mundo, da tecnicidade, dos objetos técnicos e da relação de tudo isto com o ser humano.

> Se esse modo de existência se define por sua *gênese, esta gênese que* gera objetos talvez não seja apenas *gênese de* objetos, ou mesmo gênese da realidade técnica: talvez ela venha de mais longe, constituindo um aspecto restringido de um processo mais vasto, e talvez continue a gerar outras realidades depois de ter consumado o aparecimento dos objetos técnicos. Portanto, é a gênese de toda tecnicidade que convém conhecer, a dos objetos técnicos e a das realidades não objetivadas, e toda a gênese que implica o homem e o mundo, da qual, talvez, a gênese de toda tecnicidade seja somente uma pequena parte, equilibrada e respaldada por outras gêneses, anteriores, posteriores ou contemporâneas, e correlativas à dos objetos técnicos (MEOT, p. 233-4 – trad. modificada).

Como podemos notar a aventura genética a que Simondon se propõe aparece – como é de costume nos momentos fulcrais de sua filosofia – como uma hipótese. Não é à toa que proliferam esses "talvez", povoando de disparidades as gêneses que já de início são correlacionais. É preciso se entregar a dimensão pré-individual da gênese da técnica e de seus objetos, ao momento hipotético e, portanto, metaestável, em que a relação entre o ser humano e o mundo ainda não havia expressado seus sentidos possíveis. "Portanto, é necessário se dirigir a uma interpretação genética generalizada dos vínculos entre o homem e o mundo para captar o alcance filosófico da existência dos objetos técnicos"[4] (MEOT, p. 234 – trad. modificada). Após

---

4   Nos desviaríamos muito de nosso foco se apresentássemos as complexas relações entre tecnicidade, objetos técnicos, normatividade e ação ética. Muriel Combes

esta afirmação, no parágrafo seguinte, Simondon irá apresentar os fundamentos para realizar esta "interpretação genética generalizada" e estes são justamente os desenvolvidos em *ILFI*. Esses fundamentos são:

1. A gênese captada em relação a um sistema metaestável (MEOT, p. 234).

2. O devir como série de estruturações transdutivas das individuações sucessivas (MEOT, p. 235-6).

3. A tecnicidade como rede de problemáticas que criam funções de convergência e disparidade entre objetos técnicos (MEOT, p. 236-8).

Estes aspectos permitem que Simondon estabeleça a correlação entre a hipótese de uma ontogênese geral (expressa na filosofia da indivi-

---

já o fez mostrando que a própria ideia de rede é central para Simondon deslocar o pensamento da técnica, da ética e da ontogênese das armadilhas do hilemorfismo – que mesmo sub-repticiamente continua dominando o pensamento tecnológico. E também das armadilhas do substancialismo técnico que reduz a tecnicidade aos *indivíduos técnicos* e não capta o nível profundo da tecnicidade na reticularidade do sistema de normatividades técnicas. A técnica *não é neutra* pois a tecnicidade condiciona os modos de existência tecno-sociais; não há tecnologia neutra, pois sua existência técnica está constituída de redes normativas e não de ações individuais. "Significativamente, na conclusão de seu trabalho sobre as técnicas, Simondon insiste que a constituição de um modo transindividual de relação com as técnicas é necessária para que nos seja possível apreender os objetos técnicos à luz do pré-individual sedimentado neles. Mas, isto apenas se efetivará se, de fato, a relação desalienada com os objetos técnicos, um uso das máquinas adequado para o poder de amplificação da rede técnica contemporânea, puder ser aberta com o coletivo transindividual" (COMBES, 2013, p. 77-8) E conclui: "Foi Simondon quem viu a técnica *como rede* que, daqui em diante, constitui um meio que condiciona a ação humana. Este meio não é outra coisa senão invenção de novas formas de fidelidade à natureza transdutiva dos seres, vivos ou não, e de novas modalidades transindividuais de amplificação da ação. Dado que no nó que mantém atados os múltiplos fios da relação com os outros, da relação com as máquinas e da relação consigo mesmo, através de sua relação com a natureza pré-individual, é que se lança um futuro para o pensamento e para a vida" (COMBES, 2013, p. 78)

SIMONDON: uma introdução em devir

duação) – como vimos, anterior a toda lógica e ontologia – e a hipótese genética geral da relação do ser humano com o mundo (expressa pelos modos da reticulação e pela ontogênese da tecnicidade). O sentido dessa *relação cogenética* aparece primeiramente com o que Simondon denomina "a defasagem da unidade mágica primitiva".

> Corresponde à estruturação mais simples, mais concreta, mais vasta e mais maleável: a da reticulação. Na totalidade constituída por homem e mundo, surge como primeira estrutura uma rede de pontos privilegiados que efetuam a inserção do esforço humano, e através dos quais se realizam as trocas entre homem e mundo. Cada ponto singular concentra em si a capacidade de comandar a parte do mundo que *é* particularmente representada por ele, e cuja realidade ele traduz na comunicação com o homem. Poderíamos chamar esses pontos singulares de *pontos-chave* comandando a relação homem--mundo de maneira reversível, pois tanto o mundo influencia o homem quanto o homem influencia o mundo. Assim *são os cumes das montanhas ou certos desfiladeiros, naturalmente mágicos po*r governarem uma região. O coração da floresta ou o centro de uma planície não são apenas realidades geográficas, designadas em termos metafóricos ou geométricos: são realidades que concentram os poderes naturais, bem como focalizam o esforço humano: elas são estruturas de figura relativamente *à massa que as s*ustenta e que constitui seu fundo (MEOT, p. 249-50 – trad. modificada).

Assim como ocorreu com a hipótese do pré-individual, a reticulação primitiva do mundo mágico consiste em uma hipótese que aparece condicionada segundo uma necessidade específica: "se o universo estivesse desprovido de estrutura, a relação entre o ser vivo e o meio poderia efetuar-se num tempo contínuo num espaço contínuo, sem momentos nem lugares privilegiados" (MEOT, p. 248 – trad. modificada). A necessidade de pressupor um momento primeiro responde *a três aspectos* da filosofia simondoniana. *Primeiramente*, corresponde a um modo de descrever a situação do mundo – ainda anterior ao pensamento – que consiste em encontrar na própria realidade estruturações espaço-temporais que são condições do surgimento de descontinuidade no tecido do universo, que são relevos, destacamentos, enfim, são disparidades e diferenças de potenciais presentes no mundo enquanto sistema metaestável. Não apenas em sentido topológico, mas também nos "momentos privilegiados do tempo": "trata-se dos feriados, dos dias santos, das férias que compensam, por sua carga mágica, a perda de poder mágico imposta pela vida urbana civilizada" (MEOT, p. 252). Assim, "o universo mágico é feito da rede dos lugares de acesso a cada domínio de realidade: consiste em limiares, cumes, limites, em pontos de transposição, ligados uns aos outros por sua singularidade e seu caráter excepcional" (MEOT, p. 251). Nesse sentido Ferreira aponta precisamente para a analogia entre operação de reticulação e operação transdutiva na cristalização.

> O cristal, "imagem mais simples da operação transdutiva" é, efetivamente, o arquétipo simondoniano do processo de reticulação: o surgimento de pontos privilegiados ("um germe muito pequeno") num meio ("sua água-mãe", a solução supersaturada), que concentram potências (as moléculas difusas no meio) e direcionam ações (o cristal que "cresce e se estende em todas as direções") [...] na cristalização, a reticulação é a operação transdutiva pela qual um "campo do porvir" (i.e., a água-mãe, solução supersaturada) dissipa seus potenciais numa operação de estruturação estabilizante (FERREIRA, 2017, p. 117-8).

A reticulação primitiva do mundo mágico e a cristalização possuem em comum a operação transdutiva de defasagem que permite que os potenciais energéticos se constituam, simultaneamente, como descontinuidades e continuidades de um processo. Agora, salientamos que a transdução comum a ambas não produz uma *homologia* entre cristalização e reticulação, mas sim uma *analogia* que preserva as diferenças, sendo a principal delas que a reticulação também ocorre por amplificação moduladora (convertibilidades) e organizadora. Mas o ponto comum fundamental que estabelece a analogia é que tanto em *ILFI* quanto em MEOT ambas as operações partilham de uma mesma situação ontogenética disparadora: *a metaestabilidade*.

> Simondon propõe uma concepção de rede e reticulação que contempla, ao mesmo tempo, uma certa resistência ao caos pré-indivi-

> dual das potencialidades ilimitadas, e à ordem individualizada dos fatos absolutos: nem flexibilidade, nem rigidez absolutas, a ação-rede, em Simondon, corresponde a uma organização dos processos, que busca aproveitar, da melhor maneira possível, as potências do caos, a partir de certas conquistas estruturais. Coerção e potência se encontram na rede como tendências e limiares da ação, ressonâncias entre pontos privilegiados e tensões difusas que permitem a convertibilidade entre eles e, assim, perpetuam o seu desabrochar num processo de individuação (FERREIRA, 2017, p. 218-9).

Então, o *primeiro aspecto* pode ser resumido da seguinte forma: a hipótese da reticulação primitiva do mundo mágico possibilita outro modo de descrição da metaestabilidade e da dimensão pré-individual do ser e dos devires.

O *segundo aspecto* consiste na hipótese de um momento – começo pressuposto de disparação da gênese da tecnicidade – no qual a separação entre figura e fundo, indivíduo e meio ainda não existia – e, portanto, anterior a toda defasagem, a toda fragmentação, em suma, anterior aos modos do pensamento. Esta "unidade mágica original" (MEOT, p. 252) provavelmente nunca existiu realmente – como diz Simondon "a própria ideia de começo é mágica" (MEOT, p. 251) –, mas, ainda assim, ela descreve uma tendência da mediação entre ser humano e mundo "anterior a qualquer distinção entre objeto e sujeito e, por conseguinte, também a qualquer aparição do objeto separado" (MEOT, p. 247). Este momento primordial funciona para a hipótese genética geral de Simondon como marco descritivo do qual surgirão os modos ou tendências de pensamento.

Não cabe ao escopo desta introdução redescrever toda a aventura genética de Simondon em *MEOT*, apenas para que fique figurado aqui apresentamos o esquema geral que Hottois faz desse processo genético:

Esquema 1 – Modos de pensamento e de ser-no-mundo

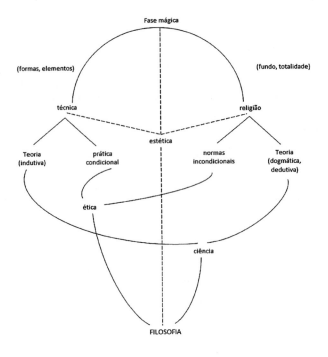

Fonte: HOTTOIS, 1993, p. 73.

Como podemos ver no esquema, a fase mágica é um primeiro momento para a captação da unidade metaestável e transdutiva do mundo e das relações entre ser humano e mundo. Técnica e religião, e posteriormente, ciência e ética[5] – são modos parciais do pensamento e das ações

---

5   Não se trata da ética reticular que estamos construindo aqui, mas do *modo antropológico* da ética que Simondon analisa em MEOT ou que está na base do texto *Três perspectivas para uma reflexão sobre a ética e a técnica* (ST,1983) – seu último artigo publicado. Tal ética, como forma de pensamento em sua historicidade como *técnica moral* ou *eficácia de ação*, como normas hipotéticas ou normas categóricas, monismo dedutivo ou pluralismo indutivo, está presa ainda às dicotomias que podem ser compatibilizadas, como estamos vendo, por novas reticulações ou sínteses do que Simondon denomina um "análogo funcional da magia" (MEOT, p. 311).

captarem a defasagem da realidade reticular. Tanto a estética quanto a filosofia são modos do pensamento que captam o mundo em sua unidade transdutiva – na complementaridade entre técnica e religião, entre indução e dedução, entre teorias e práticas, entre práticas condicionais e normas incondicionais, entre ciência e ética. Essa captação se dá na estética por meio das relações analógicas, "a reticulação estética do mundo é uma rede de analogias" (MEOT, p. 281); e na filosofia como captação do conjunto das reticulações tecnoestéticas e ético-espirituais.

> O pensamento filosófico convém a tal elaboração, porque pode conhecer o devir das diferentes formas de pensamento e estabelecer uma relação entre etapas sucessivas da gênese, em particular entre a que efetua a ruptura do universo mágico natural e aquela que realiza a dissociação do universo mágico humano que está em processo de realização. Ao contrário, o pensamento estético é contemporâneo de cada divisão: mesmo que fosse possível criar uma nova estética entre as técnicas do homem e o pensamento social e político, seria preciso um pensamento filosófico, estética das estéticas, para ligar uma à outra essas duas estéticas sucessivas. A filosofia constituiria, assim, o ponto neutro superior do devir do pensamento (MEOT, p. 317-8).[6]

Finalmente, e de modo complementar, o *terceiro aspecto* é justamente essa operação do pensamento filosófico descrita acima que efetua a correlação entre realidade reticular e realidade ontogenética. As reticulações expressam o sentido da ontogênese simondoniana.

---

6   Como diz Natalia Ortiz: "Lá irrompe a rede por hipertelia: vai-se de um ponto-chave a outro e a experiência estética evoca outras fazendo devir. Os objetos são nós em curso e aí reside seu mistério; não se trata de A rede, mas de que cada experiência é um catalisador químico de outra rede. Inclusive se poderia pensar, de uma maneira próxima a Ítalo Calvino, que se efetuassem-se ao mesmo tempo todas as redes possíveis e alguém as pudesse ver, não veria outra coisa que o existente recriado, redescoberto. Inquietante imagem em que se levaria ao extremo a afirmação simondoniana: 'Todo ato, toda coisa, todo momento, têm em si a capacidade de devir pontos destacáveis em relação com o universo'" (ORTIZ, 2015, p. 367).

> Reticulações são, para Simondon, as operações de transformação de uma realidade amorfa, pré-individual, potencial, em realidades estruturadas, individualizadas, concretizadas, i.e., as operações transdutivas pelas quais um novo indivíduo e seu meio emergem – elas correspondem, porém, exatamente à passagem, à transformação, à transdução, e não aos seus resultados. Reticulações se sucedem na filosofia simondoniana, pois elas são a própria manifestação do processo de individuação enquanto tal: enquanto devir, movimento que já não é amorfo mas ainda não se estruturou. Reticulações correspondem à permanência do ser pré-individual numa realidade já individuada, como exigência de novas individuações. O meio se polariza, pontos privilegiados surgem, quando relações se adensam e amplificam, trazendo à existência seus próprios termos (interior e exterior, indivíduo e meio, contínuo e descontínuo, microfísico e macrofísico, passado e futuro, anterior e posterior, ego e alter, sujeito e objeto, etc) (FERREIRA, 2017, p. 119).

As reticulações expressam as amplificações ontogenéticas (são a manifestação dos processos de individuação), sem, contudo, coincidir com as individuações. O conceito de reticulação descreve muito adequadamente as distintas dimensões das processualidades ontogenéticas:

- expressa as individuações;
- capta o devir em situação metaestável (complementaridade entre operações e estruturas);
- capta o movimento do pré-individual e das novas informações como exigência de processualização (amplificação das individuações);
- acompanha as polarizações do meio, as relacionalidades e amplificações surgidas, bem como, os extremos incompatíveis (dualismos) que convocam a comunicação e a ressonância interna do ser.

Assim, em um *primeiro sentido*, o conceito de reticulação é extremamente eficaz e interessante, pois descreve as distintas dimensões da ontogênese sem se confundir com ela. O conceito de reticulação permite captar a ontogênese, simultaneamente, como processos de individuação, transdução, outros modos de amplificação, e devir do devir. Consequentemente, em um *segundo sentido correlato*, o conceito de reticulação é suficientemente abrangente para descrever processualidades tão distintas como a realidade técnica, uma rede neuronal, uma máquina de informação, as relações espaços-temporais dos sistemas, os processos que ocorrem na individuação física e na vivente; enfim, é um conceito que se *modulado adequadamente* se torna capaz de captar todo o espectro da ontogênese.

Agora, o interesse em estabelecer uma *analogia entre ontogênese e realidade reticular* – e aqui podemos começar a tecer a triangulação que conecta ambas com a ética – consiste na *ambivalência desta analogia*. Coexistem, por um lado, a reticulação como operação que expressa as relacionalidades e processualidades ontogenéticas, e, por outro, a reticulação como *sentido* da ontogênese, ou seja, uma descrição do sujeito que capta os vínculos de uma realidade que excede o sujeito. O pensamento estético e o pensamento filosófico, como vimos, são dois modos dessa captação.

Assim como vimos que há uma diferença entre existir eticamente e os sentidos éticos da ontogênese – que só ocorrem *no* e *pelo* sujeito –, também há uma realidade reticular que existe, por assim dizer, independente do ser humano; mas também uma operação de reticulação que só existe pela operação do pensamento. A reticulação não é apenas uma dimensão do pensamento do sujeito – mesmo que seu sentido apenas possa ser captado pelo sujeito. *Como no caso da individuação, a captação do sentido da realidade reticular exige reticulações do pensamento – sendo, provavelmente, o pensamento filosófico, estética das estéticas, aquele que está mais apto a captar o conjunto das reticulações.*

Por todos esses aspectos que apresentamos neste item, parece-nos adequado compreender a ética simondoniana como uma ética reticular. A ética reticular possui essa ambivalência que é própria às correlações entre ética e ontogênese de operar, por um lado, como o sentido que é captado pelos seres humanos nas amplificações do devir, nas relações entre os seres e o mundo – em todos os tipos de individuação –, e, por outro lado, como a própria transdutividade do devir – *a existência ética é uma operação de reticulação.*

A compreensão da ética como realidade reticular não é desenvolvida por Simondon, mas, como tentamos apontar, todos os elementos da ética simondoniana e da rede de ações que nos permite conhecer a existência ética dos seres estão presentes no que Simondon descreve como reticulação. Acompanhemos a leitura de Ferreira, acrescentando entre chaves a ressonância com os conceitos éticos simondonianos.

> Os pontos privilegiados de uma reticulação [informações, valores, realidade pré-individual] são, assim, encontros entre certas potências difusas [comunicação – compatibilidade de incompatíveis] em um meio e certas singularidades locais que canalizam e focalizam essas potências [sistemas de normas e valores ou significações]. Eles não estão no espaço ou no tempo [defasagem da ética]; eles são centros irradiadores de novas espacialidades e de novas temporalidades, a partir de encontros de potências difusas e ações direcionadas. A presença de uma ação corresponde ao grau em que ela consegue agir nos pontos em que o mundo melhor lhe corresponde, ressoa, amplifica [rede de atos e problemática moral]. A presença de uma ação corresponde ao grau em que consegue ser, ao mesmo tempo, original e precursora, passada e futura [valor de uma ação, amplificação e inscrição em rede de ações]. [...] a reticulação é a forma que as defasagens do ser pré-individual (os indivíduos mais ou menos individualizados) assumem quando ressoam com ele enquanto "centro consistente do ser" [ser como mais-que-unidade e mais-que-identidade em relação a si], quando se distribuem de maneiras singulares ao redor desse centro. Isso acontece em cada novo nível de individuação, do físico ao psicossocial [ética como sentido da ontogênese]. É a ressonância entre os meios interno e externo do indivíduo (sua carga de realidade pré-individual) que reticula suas ações e lhe permite disparar um novo processo de individuação, agindo como meio para novos indivíduos e indivíduo para novos meios [novas normatividades, novos valores, vida como renascimento permanente] (FERREIRA, 2017, p. 119).

Agora, finalmente, por que falar de reticulação, qual o acréscimo relevante que tal conceito trás para a correlação entre ética e ontogênese? Resumindo o que vimos antes, podemos dizer que, primeiramente, o conceito de reticulação é *transoperatório* e justamente com ele estabelecemos

SIMONDON: uma introdução em devir

melhor a relação transoperatória entre ética e ontogênese. Em segundo lugar, conceber a ética simondoniana como ética reticular nos permite caracterizá-la em sua ambivalência própria. Ela é a própria correlacionalidade dos processos ontogenéticos, isto é, simultaneamente, o existir eticamente de todos os seres e sua captação como sentido para o sujeito; mas ela também é o devir do sentido, das novas correlações, pois é uma reticulação (modo de pensamento) que capta a realidade reticular. Por isso, a ética reticular simondoniana já está em operação nas distintas facetas de sua filosofia, ela é o pensamento se implicando nas criações do devir.

A unidade reticular do mundo mágico talvez já não seja mais acessível aos seres humanos, contudo o sujeito, por meio da ética reticular e da reticulação do pensamento, pode viver a espiritualidade como transformação simultânea de si e do mundo.

> Este mundo mágico primitivo, assinala Simondon, já não pode se restituir, mas, ainda assim, os pontos-chave e a capacidade de experimentar as forças do mundo continuam intactos, do mesmo modo que a natureza, a tecnicidade e a espiritualidade formam parte de seres que não são iguais a si mesmos: nós. E, mesmo não havendo retorno ao mundo mágico, existe maravilha, terateia, o encanto diante da conjunção entre o efetuado e o que ainda não ocorreu, entre o aqui e agora e os distintos modos do indeterminado. Este é o ponto que os estudos sobre Simondon costumam evitar: a insistência simondoniana para conectar de modo não binário aquilo que costumamos chamar imanência e transcendência. Outra experiência do mundo exige não apenas outro vínculo com (e outra percepção de) os objetos técnicos, mas também outro vínculo com a espiritualidade que, longe de se reduzir à religião, é aquilo que nos habita como intuição de eternidade. [...] A espiritualidade, do instante ou da duração, é uma noção nodal para compreender que tipo de mundo habilita Simondon, que ressonâncias possui o fato de sustentar que ser sujeito é ser simultaneamente pré-individual, individuado e transindividual, correspondendo cada termo – parcial mas não completamente – com as noções de natureza, indivíduo, espiritualidade. Natureza como supernatureza e maravilha, indivíduo como estabilização dinâmica, espiritualidade como coletivo e perpetuidade: toda uma economia da potência. Impossível

a taxonomia, impossível delimitar o princípio e o fim da aplicabilidade de uma noção. [...] É assim que, inevitavelmente, pensar a espiritualidade conduz à natureza e, logo, ao indivíduo sem que se trate de um jogo lógico, mas, ao contrário, de um pensamento da continuidade para o qual é preciso compreender que modos de ser estão se efetuando, que relações estão se formulando (ORTIZ, 2017, p. 364-5).

III. O sujeito ético e espiritualidade

"Na vontade do indivíduo de servir a alguma coisa, de fazer alguma coisa de real, certamente há de alguma forma a ideia de que o indivíduo não pode consistir somente em si mesmo" (ILFI, p. 372). A espiritualidade é o nome que Simondon dá a esse modo de existência do sujeito, esse viver do indivíduo que excede sua individualidade. É, como vimos, o desdobramento de uma problemática ontogenética: o sujeito é uma ação de problematização das correlações entre problemáticas ontogenéticas e problemáticas ético-políticas.[7] *A espiritualidade é um modo do sujeito se amplificar na dimensão transindividual do ser.* "A prova do ser como sujeito passa pela prova do que ele é com o ser como mais que ser e que ele é com o outro como mais que outro: *trans*individual" (COMBES, 2017, p. 23 – trad. modificada).

Se vimos anteriormente como o devir do sujeito ocorre por uma ação autotranscendente e autoproblematizadora, fazendo com que o indivíduo se exceda a si mesmo na relação com sua realidade pré-individual; gostaríamos de apontar, agora, como *a espiritualidade é uma amplificação*

---

7   É nesse sentido, ainda restringido com relação à ética reticular, que o sujeito ético pode ser considerado *reflexivo*. Bardin propõe uma leitura interessante de como a cultura é compreendida por Simondon como reflexiva a partir de um esquema de incorporação do conceito cibernético de *feedback* (BARDIN, 2017, p. 55) – dispositivo de retroalimentação em sistemas informacionais. Seguindo essa leitura, poder-se-ia dizer que uma das dimensões do sujeito, enquanto vivente que excede sua individualidade vivente, é a da reflexividade das problemáticas ontogenéticas. Assim, uma das operações-chave da constituição do sujeito seria a estruturação da consciência reflexiva como *feedback* no sistema do ser.

organizante, uma síntese criativa das dimensões individual e pré-individual do indivíduo: um modo de se abrir à dimensão transindividual do ser. Primeiramente, vejamos como Simondon enlaça sujeito e transindividual:

> O sujeito é o conjunto formado pelo indivíduo individuado e pelo άπειρου que ele porta consigo; o sujeito é mais que indivíduo; ele *é indivíduo e natureza,* de uma só vez as duas fases do ser; ele tende a descobrir a significação dessas duas fases do ser resolvendo-as na significação transindividual do coletivo; o transindividual não é a síntese das duas primeiras fases do ser, pois essa síntese só poderia ser feita no sujeito, caso ela devesse ser rigorosamente síntese. Mas ele, no entanto, *é* sua significação, pois a disparação [disparidade] que existe entre as duas fases do ser contidas no sujeito *é* envolvida de significação pela constituição do transindividual (ILFI, p. 456-7).

O sujeito aparece como essa realidade que torna complementar as duas fases do ser: indivíduo e natureza, realidade individuada e realidade pré-individual. Essa disparidade produz um novo tipo de significação: a significação transindividual. O transindividual, para o sujeito, é a dimensão do ser que surge da captação da relação transoperatória que passa a ocorrer na individuação coletiva. Por esta razão, Simondon diz que o transindividual não é uma espécie de terceira fase do ser que opera como síntese das anteriores; o transindividual é um novo tipo de significação que o sujeito capta *como sentido da complementaridade das duas fases do ser.* Assim, podemos dizer que o transindividual é uma nova dimensão de sentido – e, portanto, também um novo tipo de problemática – que o sujeito capta. É por isto que não devemos hipostasiar o transindividual como *meta* final do devir do ser, ou dos sujeitos ético-políticos. Esse é o equívoco que Simondon aponta muito precisamente entre o *interindividual* e o *transindividual*: não há que se fazer do transindividual uma fase do ser na qual os indivíduos voltam a se relacionar como pertencentes a uma unidade substancial (ILFI, p. 450-2). O transindividual atravessa os grupos sociais, as relações interindividuais, e também a interioridade do indivíduo, sem pertencer a nenhuma dessas instâncias, e, tampouco sem ser a síntese de tais relações.

> O transindividual está com o indivíduo, mas ele não é o indivíduo individuado. Ele está com o indivíduo segundo uma relação mais primitiva que o pertencimento, a inerência ou a relação de exterioridade; por isso, ele é um contato possível para além dos limites do indivíduo; falar de alma é individualizar demais e particularizar demais o transindividual. A impressão de ultrapassamento dos limites individuais e a impressão oposta de exterioridade que caracterizam o espiritual têm um sentido e *encontram o fundamento de sua unidade de divergência nessa realidade pré-individual* (ILFI, p. 452 – itálicos nossos).

O transindividual é um "para além" do indivíduo que ocorre por um redimensionamento do "aquém" do indivíduo; para o indivíduo individuado e para as relações interindividuais, *o transindividual é a pré--individualidade do pré-individual. O transindividual é o conceito, talvez, mais pré-individual do pensamento simondoniano.* O transindividual não é uma nova dimensão do indivíduo ou das relações interindividuais, mas é uma nova dimensão de sentido no ser, na qual a relação entre realidade individual e realidade pré-individual existente no sujeito se processualiza. O nome que Simondon dá a essa processualização, a essa amplificação organizante, a essa síntese criativa do individual e do pré-individual – em relação à significação transindividual –, é espiritualidade. O transindividual é como um cristal povoado de água amorfa.

> Não se pode falar nem de imanência, nem de transcendência da espiritualidade relativamente ao indivíduo, pois a verdadeira relação é a do individual ao transindividual: o transindividual é o que está no exterior do indivíduo bem como dentro dele; de fato, o transindividual, não sendo estruturado, atravessa o indivíduo; não está em relação topológica com ele; *imanência ou transcendência* só podem ser ditas relativamente à realidade individuada; há uma anterioridade do transindividual relativamente ao individual, anterioridade que impede que se defina um nexo de transcendência ou de imanência; o transindividual e o individuado não são da mesma fase de ser: há coexistência de duas fases de ser, como a água amorfa num cristal (ILFI, p. 453).[8]

---

8   Assim como a espiritualidade não pode ser captada em relação à substancialização que termina produzindo a ilusão de transcendência ou imanência do transindivi-

SIMONDON: uma introdução em devir

Já havíamos visto como a ética expressava essa amplificação organizante das individuações: "a estabilidade do devir que é aquele do ser como pré-individuado, individuando-se e tendendo para o contínuo que reconstrói sob uma forma de comunicação organizada uma realidade tão vasta quanto o sistema pré-individual" (ILFI, p. 501). Nesse sentido, a ética reticular, que vimos antes, já expressa o sentido da defasagem do devir do ser, em suas distintas fases e dimensões; a ética reticular já capta o transindividual como reconstrução (ou problemática renovada) da disparidade ou disparação da realidade pré-individual. O que acrescentamos aqui, agora, ao falar da espiritualidade, é um tipo de experiência, um modo de existência do sujeito que o permite viver a complementaridade das três fases do ser (ILFI, p. 461), como, simultaneamente, um exceder--se a si mesmo ao exceder-se no devir do ser. "A espiritualidade é mais marginal que central relativamente ao indivíduo" (ILFI, p 295), ela se torna possível a partir da incompatibilidade do sujeito consigo mesmo e de sua incompatibilidade *no* devir do ser.

> A espiritualidade não é uma outra vida, e também não é a mesma vida; ela é outra e a mesma, ela é a significação da coerência do outro e do mesmo numa vida superior. A espiritualidade é a signi-

---

dual, também não se trata de captar a espiritualidade apenas em sua *tendência* à eternidade ou ao instante. Não abordaremos aqui essas discussões, que Simondon tece sobre os paradoxos da espiritualidade como eternidade fulgurante ou do fulgor eterno, por serem aspectos laterais da discussão sobre a espiritualidade que estamos realizando. De todo modo, apresentamos um lampejo da discussão simondoniana: "A espiritualidade não é somente aquilo que permanece, mas também aquilo que brilha no instante entre duas espessuras indefinidas de obscuridade e se oculta para sempre; o gesto desesperado, desconhecido, do escravo revoltado é espiritualidade como o livro de Horácio. A cultura dá muito peso à espiritualidade escrita, falada, exprimida, registrada. Essa espiritualidade que tende à eternidade por suas próprias forças objetivas, no entanto, não é a única; ela é apenas uma das duas dimensões da espiritualidade vivida; a outra, aquela da espiritualidade do instante, que não busca a eternidade e brilha como a luz de um olhar para se apagar em seguida, também existe realmente. Se aí não houvesse essa adesão luminosa ao presente, essa manifestação que dá ao instante um valor absoluto, que o consome em si mesmo, sensação, percepção e ação, não haveria significação da espiritualidade" (ILFI, p. 374).

ficação do ser como separado e atrelado, como só e como membro do coletivo; o ser individuado está ao mesmo tempo só e não-só; é preciso que ele possua as duas dimensões; para que o coletivo possa existir, é preciso que a individuação separada a preceda e ainda contenha algo de pré-individual, pelo qual o coletivo se individuará atrelando o ser separado. A espiritualidade é a significação da relação do ser individuado ao coletivo e, então, por consequência, também do fundamento dessa relação, quer dizer, do fato de que o ser individuado não é inteiramente individuado, mas ainda contém certa carga de realidade não-individuada, pré-individual, e que ele a preserva, a respeite, vive com a consciência de sua existência, em vez de se fechar numa individualidade substancial, falsa asseidade. É o respeito dessa relação do individuado e do pré-individual que é a espiritualidade (ILFI, p. 374-5).

A espiritualidade é a amplificação que o sujeito vive como compatibilidade possível da realidade individual e pré-individual do ser; compatibilidade que aparece no indivíduo como surgimento de uma nova significação, a do transindividual. A espiritualidade é flor dos paradoxos, rosácea amplificante das vidas (mundo) que se imbricam no indivíduo e em sua participação no coletivo. O devir do sujeito ético – quando inscrito em uma rede de atos e quando participante de significações – tem por valor a coexistência em uma rede de paradoxos que é a realidade da experiência subjetiva. A autoproblematização do sujeito, quando inserido em um coletivo, exige uma *individualidade transindividual*. O valor do coletivo é essa possibilidade de integração (religando o ser separado) dos devires dos indivíduos que, quando sujeitos, já não são mais devires *próprios*: por isso ele é único e não único, só e não-só; suas singularidades lhe são, simultaneamente, próprias e não próprias. O transindividual é a coexistência do pré-individual individual com o pré-individual coletivo; pré-individual e transindividual se tocam e se imbricam na experiência da espiritualidade cuja consciência é função da vida como exigência de transformação. A espiritualidade é essa imanência transcendente na qual o devir do sujeito já é o devir do coletivo. Os paradoxos da espiritualidade não bloqueiam a ação em uma realidade suspensiva, eles são o sentido segundo o qual o indivíduo, como devir amplificador, já é parte singular de um mundo. O sujeito já é uma ação do coletivo; ação segundo a qual o indivíduo devém transindividual, ou seja, simultaneamente, individual e pré-individual.[9]

---

9   Espiritualidade e subjetivação se encontram em um problema fundamental de nosso tempo: como é possível viver autenticamente? Do crescimento vertiginoso das redes sociais e mídias digitais à polarização do espectro político, da autenticação de si pelas curtidas e compartilhamentos dos outros, todas e todos parecem estar buscando para si uma vida autêntica e denunciando a inautenticidade da vida dos outros. Se um dia as lutas políticas estiveram radicalmente vinculadas à busca de autonomia, hoje, a busca de autenticidade se tornou eixo central da política, aparecendo como aspecto complementar necessário para lutarmos por uma vida boa e justa. Mesmo as lutas contra o racismo estrutural da sociedade brasileira, conta as violências sistemáticas perpetradas por agentes do Estado, contra a oligopolização e plataformização da economia, enfim, lutas contra a desigualdade social, econômica, de gênero e racial, vêm acompanhadas de discursos, justificativas, argumentos e enfrentamentos às opressões estruturais que convocam valores de uma vida autêntica. Em relação a essa problemática, o sujeito simondoniano aparece como um problema ético: que outra vida é possível? A ontogênese e a ética simondoniana formulam o problema político por excelência: como outra vida devém possível?

Em nossas sociedades neoliberais nos dizem que apenas um modelo de vida é possível. Toda existência que não siga esse modelo é marcada como uma vida economicamente inviável, sem valor. Dizem-nos que uma vida autêntica é aquela que aposta no indivíduo como uma empresa de si mesmo. Para o princípio básico do neoliberalismo, que é a concorrência, o sujeito coincide plenamente com o indivíduo que faz de sua vida uma luta pelo crescimento de produtividade, pelo bom desenvolvimento de suas funções vitais (tecnológica e sinteticamente controladas), pela exposição do eu com a espetacularização da intimidade. O sujeito vive e trabalha para se individualizar como uma empresa lucrativa e para conformar sua vida como uma mercadoria que procura aumentar seu valor de mercado. O indivíduo é uma empresa, sua subjetividade é uma mercadoria, sua vida é uma busca de valor econômico. Esse é o modelo de vida hegemônico da racionalidade neoliberal. A autonomia do sujeito é parametrizada pela lógica da concorrência e sua autenticidade é a individualidade como produto desejado e valorizado pelo mercado.

Na maioria das vezes, tal modelo de vida hegemônico vem acompanhado de um rechaço consciente ou inconsciente desse próprio modelo. Trata-se da subjetivação cínica do indivíduo neoliberal. Nessa, o esgotamento das possibilidades críticas em relação ao modelo de vida do indivíduo como empresa, leva a uma melancolia eufórica que goza da perda irremediável de qualquer possibilidade de

Dito resumidamente, a espiritualidade abre para o sujeito ético a possibilidade de ser, de modo paradoxal, indivíduo e pré-individual, único e membro do coletivo, é a vida que é, simultaneamente, outra e a mesma. A ética reticular simondoniana nos convida a viver na espiritualidade como autenticidade paradoxal do sujeito. Viver é arriscar todos os possíveis em uma experiência de transformação, conservando-se na transformação.

---

autenticidade, verdade e autonomia nas sociedades atuais. No momento em que se faz a constatação da intransparência de toda autenticidade, o único discurso possível passa a ser o da total inautenticidade dos modos de vida. A inautenticidade absoluta é a autenticidade do sujeito cínico. Existe, então, a pretensão de uma alienação autoimposta que diz que "somente é possível ser racional, sendo cínico; somente é possível ser autêntico, sendo inautêntico". Essa racionalidade gera uma moral do negacionismo, revisionismo e do relativismo permanentes; o defensor do politicamente incorreto é um moralista melancólico.

O crescimento das patologias psicossociais estão aí para indicar que no neoliberalismo e para esse modelo de subjetivação existe um impossível inexorável: *que o sujeito não seja um indivíduo*. A performatividade do indivíduo pode ser múltipla, inautêntica, contraditória, paradoxal, transgressiva etc. etc., mas sua unidade e identidade devem ser garantidas para que o sujeito possa ser representado, midiatizado, securitizado e endividado. Um pouco como ocorre com a globalização: o capital é global, mas a soberania dos países permanece fundamental para que possam existir dívidas, conflitos, guerras, e uma falsa disputa concorrencial. Essa identificação entre sujeito e indivíduo é a base das distintas formas de alienação no neoliberalismo.

O sujeito ético simondoniano, tal como o apresentamos aqui, é radicalmente distinto do modelo de subjetivação neoliberal por não ser um indivíduo autocentrado, uno e idêntico à sua subjetividade concorrencial. O sujeito autenticamente ético é uma unidade múltipla, uma coerência *solidária* entre o outro e o eu, em uma vida que se conserva na transformação – o mundo é uma imensa outridão. A autenticidade ético-política consiste na busca de ser um outro de si mesmo para que o outro também possa ser.

CONCLUSÃO

A relação analógica entre ética e ontogênese: a gênese do sujeito

Costuma ocorrer que ao final de um livro percebamos que tudo o que escrevemos apenas resvalou, olhou brevemente de soslaio para o problema que verdadeiramente nos interessava abordar. Nesse momento, talvez a única aposta verdadeira seria reescrever todas as páginas, cada uma das palavras, buscando o fracasso alegre, o renascimento perpetuado, de quem sabe que o autêntico problema que vive em nossas investigações e desejos apenas se dá a ver como um símbolo imperfeito do que conseguimos realizar. Essa individuação análoga de nossas intenções talvez seja o resultado, a única coisa que possamos oferecer como um lampejo de tudo o que se viveu, do que se reticulou. Uma conclusão, então, pode ser vista como um microcosmos literário que tece a rede das tentativas e intenções... que já são outras – os problemas se processualizaram e nos resta apontar para os contornos do que se individuou e para os devires que se amplificaram. Transdutivamente, a conclusão introduz um novo devir.

A filosofia habita a encruzilhada de alguns problemas, ideias e perguntas que são o índice de uma existência. Explicamos e nos implicamos nos conceitos para poder viver caminhos que se bifurcam – caminhares e travessias. Dobrar e desdobrar os conceitos de uma filosofia ou nossos "próprios" conceitos, talvez, seja um ato de amplificação: espargir a encruzilhada em todas as direções possíveis... habitar uma constelação.

Três veredas, três problemas se encontravam em nossa encruzilhada:

1. Qual a relação entre ética e ontogênese na filosofia de Simondon?

2. A ética simondoniana, ao ser o sentido da ontogênese, não estaria em operação para todos os seres, para todos os tipos de processos de individuação?

3. Que processos de subjetivação, que modos de vida estão implicados no que Simondon chama "sujeito"?

Com estes três problemas, amplificamo-nos na escrita desta introdução. Agora, como leitor do que escrevi, percebo que estes três problemas se conectam em uma inquietação que estava presente desde o início, mas que só neste momento consigo formular: toda metafísica ou ontologia – no caso de Simondon, uma ontogênese – não implica, simultaneamente, uma ética correlata? E, também, toda ética já não carrega consigo, invariavelmente, uma descrição da realidade e de suas transformações, do ser e do devir? Dizer o que, no ser e no devir, é real e possível já não é dizer quais modos de vida são autênticos, válidos e desejáveis? O receio, tão próprio do século XX, de que toda metafísica ou ontologia seja uma moral enrustida, não nos fez perder de vista que a ética pode ser não apenas prescritiva e que a moral pode ser um sentido transindividual em nossas vidas? E a política não seria esse devir correlato da ética e da ontogênese? Uma aposta de transformação da sociedade que é, simultaneamente, uma transformação de nossos modos de vida? Estas inquietações são possivelmente as perguntas que desde o começo mobilizaram este livro. E a partir delas fomos fazendo o seguinte percurso:

Começamos a Parte I, nos perguntando como a ontogênese simondoniana era, ao mesmo tempo, uma teoria do devir do ser e um modo de captação do devir que estava também aberto ao devir. Neste sentido, pareceu-nos que a ontogênese, ao pluralizar as lógicas e ontologias, deveria ser compreendida, simultaneamente, como uma teoria e como uma operação do ser que afeta a própria teoria. A ontogênese, como devir do ser, deveria estar também aberta a um *devir do devir*. Com esta compreensão, elaboramos o primeiro capítulo tentando mostrar como a descrição do ser como *polifasado* e do devir como *uma operação de defasagem do ser em relação a si* possuía ao menos três sentidos na filosofia simondoniana:

SIMONDON: uma introdução em devir

1. A constituição de uma *epistemologia alagmática* que postula a complementaridade entre estruturas e operações para as processualidades do ser.

2. A constituição de uma metafísica renovada que, partindo de uma singular compreensão da informação, capta o devir do ser não mais como uma degradação da informação inicial ou como uma degeneração das essências.

3. A instauração de operações do conhecimento que produzem um excesso da teoria em relação a si mesma, fazendo da teoria também um sistema metaestável.

Esses três sentidos se conjugavam para constituir uma compreensão da filosofia de Simondon como uma filosofia em devir e que, portanto, não se circunscreve em uma lógica e uma ontologia unitária e unicizante. Se a ontogênese simondoniana constitui uma unidade de pensamento, é apenas como uma unidade transdutiva, uma teoria metaestável, um pensamento em devir que exige um devir pensante.

No entanto, uma tendência totalizante, um afã esquemático parecia persistir quando observávamos a insistência de Simondon em dividir os processos em três momentos e quando percebíamos que o conceito de informação permitia ao filósofo constituir um esquema geral de pensamento. Ao invés de fugirmos dessa discussão e dessa problemática da filosofia simondoniana, decidimos enfrentá-la. Então, no segundo capítulo, realizamos uma investigação sobre a importância do conceito de informação para sua filosofia. Isto nos permitiu, primeiramente, averiguar a hipótese de uma teoria geral presente na filosofia de Simondon. Tentamos mostrar que se tal teoria ou esquema geral estava realmente presente na filosofia simondoniana, ele poderia ser encontrado no conceito de amplificação. Os três modos da operação de amplificação foram, assim, analisados como modos da informação operar em relação aos processos de individuação. A transdução, a modulação e a organização não coagulavam o devir dos processos de individuação, mas, ao contrário, permitiam que Simondon forncesse modos de processualização do devir. Insistimos que a amplificação permitia ao filósofo pensar uma *individuação da individuação*. Com isto, acreditamos haver ampliado significativamente a compreensão da ontogênese simondoniana, apontando que a individuação e a ontogênese não deveriam ser identificadas com a transdução – como fizeram muitos leitores e leitoras –, dado que ela é apenas um modo das processualidades do ser.

Antecipando, mesmo que indiretamente, as discussões sobre normas, normatividade e normalização – assim como retomando a importância da complementaridade entre estruturas e operações – tentamos mostrar que a filosofia simondoniana é mais bem compreendida quando levamos em conta que o devir não é pura transdução e operação, mas ele também comporta momentos de sedimentação, de estruturação, de modulação e organização. Para uma filosofia aberta ao *devir do devir* é fundamental que o devir jamais se reduza a apenas um modo de processualização ou amplificação. Tendo isto em consideração, demos ainda mais um passo tentando mostrar como a própria operação de informação pode produzir um excesso da ontogênese. Tratava-se de retomar a dimensão pré-individual da informação como aquela que dispara a dimensão pré-individual da ontogênese. Tal movimento, ligeiramente redundante, retomava a compreensão de que a própria ontogênese e o esquema geral da amplificação nunca se sedimentavam como uma realidade totalmente individuada. Esta nos parece uma das maiores contribuições do pensamento simondoniano para a filosofia: o pensamento, o conhecimento e a própria filosofia são processos de individuação em devir *análogos* ao devir do ser; isto significa que tais instâncias não devem nunca se considerar totalmente individuadas, mas podem persistir como realidades metaestáveis abertas às suas dimensões pré-individuais.

Todo este movimento confirmaria uma suspeita: o conceito de pré-individual era uma das grandes criações de Simondon. Mais que a individuação, o pré-individual nos parecia ser o conceito central para repensarmos tudo novamente. Agora, por que Simondon tratou o que talvez seja sua maior contribuição à filosofia como uma hipótese? Tentando responder e nos implicar nessa pergunta, escrevemos o terceiro capítulo da Parte I. Mostramos como o pré-individual era um índice da permanência das dimensões do ser e do pensamento como realidades problemáticas. Como

SIMONDON: uma introdução em devir

afirmou Deleuze, Simondon substitui o negativo pelo problemático; e nós complementaríamos, substitui a falta pelo excesso. A hipótese do pré-individual permitiu a Simondon estabelecer que a ontogênese (o devir do ser) não está já individuada – seja como teoria ou como um modo de operação – mas é uma permanente imbricação e coexistência das dimensões do ser em sua processualidade. Isto é, a ontogênese é um processo no qual operam as dimensões pré-individual, individual e transindividual como funções e problemáticas da realidade. Tendo isto em consideração, propusemos que o próprio conceito de pré-individual estava em devir na captação de cada individuação, e que, portanto, podíamos falar de uma dimensão pré-individual do próprio pré-individual. Sugerimos, então, que é possível falar de uma *pré-individualidade do pré-individual*.

Esses foram os eixos que guiaram nosso comentário da ontogênese simondoniana. Com eles o que estávamos buscando, principalmente, era abrir essa possibilidade de compreensão da ontogênese como uma filosofia que cria uma *devir do devir*. Esse desdobramento da filosofia de Simondon nos pareceu fundamental para implicar a ética simondoniana na ontogênese. Por esta razão, podemos dizer que nossa tentativa foi a de construir uma ética da ontogênese. Nossa perspectiva interpretativa foi, então, a de que a ontogênese, quando considerada em relação aos devires do devir, já é uma ética. Mas, como falar de uma ética da ontogênese se ainda não havíamos minimamente explorado a ética simondoniana? E, ainda, como seria possível falar de uma ética simondoniana se o próprio filósofo diz que a teoria da individuação, por meio da noção de informação, apenas pode lançar as bases de uma ética, mas não pode realizá-la?

Este aparente impasse é dirimido se entendemos que a ética simondoniana não *se realiza* na teoria da individuação, mas surge como *sentido* da captação da ontogênese. É assim que as coindividuações, os sentidos das operações ontogenéticas *realizam a ética simondoniana*. Por essa razão, insistimos em vários momentos desta introdução que a ética e a ontogênese não estabelecem uma relação de homologia, mas de *analogia* entre si. A operação ético-política é o sentido da operação ontogenética, mas não se confunde com esta operação. Então, dizer que a "ontogênese já é uma ética" é apenas uma maneira mais contundente, mesmo que um tanto imprecisa, de dizer que a construção de uma filosofia ontogenética já implica uma teoria e uma operação ético-política; ainda que, para sermos verdadeiramente rigorosos, tivéssemos que dizer que a ontogênese *vive* eticamente ao longo de *ILFI*. A ética e a ontogênese que vivem em *ILFI* são irrepetíveis; cada novo mergulho na ética e na ontogênese exige *uma nova ontogênese da ética e uma nova ética da ontogênese*. Esses dois sentidos imbricados e correlatos renascem a cada nova experiência de individuação e de leitura da *Individuação*.

Disto decorre, provavelmente, minha maior insatisfação com esta introdução: dividir a leitura e a interpretação em uma parte específica sobre a ontogênese e uma sobre a ética é, de alguma forma, trair o sentido mais profundo da filosofia simondoniana. Contudo, precisávamos avançar etapa por etapa, camada por camada, nesta busca para compreendermos, ao final da Parte II, que a escrita que cria um sentido ético-ontogenético apenas surge quando tocamos a espiritualidade. Uma escrita que se reticule analogamente à reticulação do pensamento simondoniano, é uma escrita transindividual – que correlaciona, portanto, o pré-individual e o individual dos conceitos e dos movimentos textuais. E para esta escrita – estética, filosófica e espiritual – apenas seria possível exceder o pensamento simondoniano.

Era preciso realizar a apneia filosófica. Então, dedicamos a Parte II deste livro à introdução da ética simondoniana, tentando apontar – operando um redimensionamento da Parte I – como a ética constituía os sentidos do devir. Era uma tentativa de ir apontando como a analogia entre ética e ontogênese sempre esteve presente mesmo que silenciosa, ou momentaneamente silenciada. Foi uma feliz surpresa descobrir que as seis páginas de *ILFI* dedicadas à problemática ética eram uma espécie de ultracondensada analogia do movimento do próprio livro. A Parte II foi assim se tecendo como uma rede de analogias para elaborarmos uma *ontogênese da ética*.

Começamos o primeiro capítulo mostrando como a analogia entre ética e ontogênese era bastante evidente se considerávamos a crítica simondoniana ao hilemorfismo e ao substancialismo e sua crítica à ética teórica e à ética prática. Tentamos mostrar como ambas as críticas, cada uma a seu modo, engendravam a compreensão de que as tradições filosóficas haviam

SIMONDON: uma introdução em devir

incorrido em uma série de dualismos e dicotomias, para pensar a realidade e os modos de vida, e, isto, por terem postulado uma relação de oposição entre ser e devir – separação que ocorria pela substancialização desses como *termos* e não como conjuntos de *relações de relações* configurados historicamente.

No segundo capítulo, a partir dos desenvolvimentos realizados no capítulo sobre a metafísica da informação, tentamos elaborar as condições de existência da ética – talvez fosse mais preciso falarmos em *situações de existência ética*. Vimos que a ética pode operar quando existe informação no sistema do ser em relação a uma problemática – física, vital ou psicossocial. A informação é uma exigência de individuação, as individuações são processos que resolvem as problemáticas surgidas no ser, estas problemáticas se estruturam como *relacionalidades* que são *significações* que permitem a comunicação entre processos, ou seja, tornam possível a compatibilidade de incompatíveis que ocorre quando uma problemática é resolvida. As individuações são um conjunto de relações, o ser dessas relações – aquilo que podemos captar como sentido das relacionalidades – é constituído pelas significações. Em suma, as significações são a atividade de relação que permite aos processos de individuação resolver suas problemáticas – e continuar se individuando. Vimos, com isso, que a ética ocorre quando um cristal se cristaliza, quando um vegetal realiza um tropismo, quando um ser humano age em relação num coletivo, enfim, a ética existe quando há comunicação, informação e significação, e estas instâncias antecedem os *nexos ou vínculos* que o pensamento humano cria.

Nesse momento, foi possível falar de uma das consequências mais radicais da filosofia simondoniana: não apenas a comunicação, a significação e a informação são instâncias que antecedem e independem do pensamento humano, mas a própria ética não é uma dimensão exclusiva da existência humana. Uma pedra, um tijolo, uma planta, um animal, um objeto técnico, todos eles são *seres éticos*. A filosofia simondoniana nos oferece, assim, um radical convite para ressignificarmos nossa relação com o mundo e com todos os seres que o habitam.

Contudo, para sermos condizentes com a filosofia simondoniana tínhamos que explicitar uma disjunção presente em sua ética. Para Simondon existe uma diferença entre *existir eticamente* e *captar o sentido da existência ética*. Digamos claramente: por mais que todos os seres existam eticamente, apenas para o *sujeito* é possível captar as significações de seus processos ontogenéticos como um sentido ético. Apenas o sujeito ético – e lembremos que não é uma exclusividade do ser humano a existência enquanto sujeito – pode autoproblematizar suas problemáticas, pode desdobrar as significações em sentidos. Apenas o sujeito é incompatível com suas compatibilidades e incompatibilidades, incompatível com seus processos de individuação, fazendo com que um novo tipo de problemática surja. Apenas para o sujeito a relação analógica entre ética e ontogênese ocorrerá como uma comunicação que exige um processo de coindividuação.

Tendo isto em conta, ainda no segundo capítulo, desenvolvemos uma análise dos dois modos da comunicação entre ética e ontogênese ocorrer: *a reciprocidade* e *a mutuação*. A reciprocidade era, então, definida por um isodinamismo recíproco que ocorria entre as operações ontogenética e ética. Para os seres não sujeitos, a correlacionalidade entre ética e ontogênese é necessária, ou seja, a dinâmica entre estruturas e operações em um processo de cristalização é necessariamente análoga à dinâmica entre normas e valores como sentido desse processo. Por outro lado, a mutuação é uma comunicação transoperatória contingente; isto quer dizer que a correlação entre as operações ética e ontogenética pode ocorrer de modo em que uma operação *aja* excedendo a outra operação e se excedendo na outra operação correlata. A correlação entre as duas operações – que resolvem problemáticas – é ela mesma, nesse caso, problemática. O sentido era definido, assim, como um modo do sujeito se *implicar* nessa correlação, um modo *autoproblemático*. As significações relacionais, no sentido, disparam novas atividades de relações que são as ações do sujeito. Seria como – e isto é uma comparação e não uma analogia – o cristal transformando sua atividade de cristalização no curso mesmo de um processo de cristalização. Isto não pressuporia necessariamente uma atividade consciente, pois a consciência é apenas uma das funções vitais de autoproblematização.

No terceiro capítulo, nos dedicamos a apresentar a operação ético--política. Mostramos, primeiramente, como há uma relação alagmática de complementaridade e transdutividade entre normas e valores. Isto significa que a defasagem da operação ético-política não poderia ser captada somente pelas normas ou pelos valores. Com esta compreensão, nos dedicamos a analisar especificamente o conceito de norma e o de valor para podermos compreender melhor a relação de complementaridade entre ambos e, finalmente, compreender as processualidades próprias da operação ético-política – operação que podia se abrir a novas problemáticas e novos devires a partir de uma informação ou de uma *ação*.

Com estas análises realizadas, partimos para a discussão central de como é possível *conhecer* a ética e como é possível *valorar* as ações. Tentamos mostrar que, mesmo a ética simondoniana não se vinculando aos problemas do juízo, isto não significava que ela sucumbia a um puro relativismo. A ética *relacional* – ou como vimos, depois, *reticular* – que Simondon constrói não é uma ética individualista ou subjetivista. Ela encontra seus próprios parâmetros de avaliação e de conhecimento no que Simondon compreende como *rede de atos* e *sentido moral destes atos*. Vimos como a inscrição de uma ação em uma rede de atos e sua dimensão moral eram condições para o *devir do sujeito*. A liberdade é, então, uma instância coletiva do sujeito, podendo ser compreendida como uma autoproblematização de si que lhe permite arriscar todos os possíveis em um processo de transformação, conservando-se na transformação e relacionando-se com as problemáticas transindividuais, para, assim, não devir indivíduo absoluto. Com isto, a vida e o viver podiam ser entendidos como um *nascimento perpétuo* e um *renascimento perpetuado* – do indivíduo na coletividade.

Por fim, o quinto capítulo foi uma espécie de protoconclusão no qual retomávamos as problemáticas que haviam sido disparadas em nossa encruzilhada filosófica. Apontávamos para a possibilidade de reler os conceitos, por assim dizer, "epistemológicos" de Simondon como conceitos ético-ontogenéticos. Vimos como a metaestabilidade, a transdução e a analogia podiam ser captadas em seus sentidos ético-ontogenéticos. Abordamos algumas consequências da compreensão de que a ética é uma dimensão presente na existência de todos os seres. Na sequência, arriscamos apontar como a ética simondoniana, correlata à ontogênese, poderia ser mais bem definida e caracterizada a partir do conceito de reticulação. A ética reticular já nos permitia nos aproximar de um dos modos de reticulação da realidade: a espiritualidade.

O que Simondon denomina "espiritualidade" é o ponto culminante de nossa leitura e, paradoxalmente, também o ponto a partir do qual tudo poderia ter começado a se transduzir. A espiritualidade é o sentido da relação analógica entre ética e ontogênese. Dessa correlação, nasce o sujeito. A espiritualidade é um modo de o sujeito habitar a autenticidade paradoxal de ser, único e não único, só e não-só, indivíduo e membro do coletivo, de ser o mesmo e o outro de "si mesmo". É um modo de coexistir nas dimensões pré-individual, individual e transindividual do ser. A espiritualidade trazia uma nova problemática para o sujeito: como viver autenticamente quando a autenticidade não é mais a coincidência entre indivíduo e sujeito, a identidade do sujeito consigo mesmo, a equivalência entre um "eu" e seus modos atuais de vida? Desta pergunta talvez tivéssemos que ter partido. Ou talvez dessa pergunta partimos e apenas pude perceber isto agora quando outros processos e transformações começam a se tecer.

Dissemos que um problema maior sustentava as três problemáticas que foram se escrevendo e inscrevendo neste livro. Toda ontogênese implica uma ética e toda ética carrega consigo uma ontogênese. As distintas maneiras da ética e da ontogênese se correlacionarem são as distintas maneiras de se compreender os modos possíveis de vida de um sujeito. Mesmo a separação irredutível entre ética e ontogênese denota um tipo de sujeito que poderíamos chamar de *trágico*. A plena coincidência e homologia entre ética e ontogênese produz o *sujeito neoliberal*. Há questões radicalmente políticas implicadas nos modos em que podem ser correlacionadas ética e ontogênese. No caso de Simondon, esta correlação se dá por analogia, pela relação transoperatória que faz uma operação exceder a outra e se exceder na outra, pelo sujeito como atividade autoproblemática, ou seja, pelo problema da autenticidade paradoxal do sujeito. Quisemos aqui construir a leitura que propõe que a relação analógica entre ética e ontogênese é correlata ao problema da autenticidade do sujeito, ou seja, o problema da vida na espiritualidade. Esta última correlação é talvez uma nova encruzilhada filosófica da qual se amplifica um novo problema, um outro viver...

Referências bibliográficas

Obras de Simondon:

SIMONDON, G. *A individuação à luz das noções de forma e de informação*. Tradução: Luís Eduardo Ponciano Aragon e Guilherme Ivo. São Paulo: Editora 34, 2020.

_____. *Do modo de existência dos objetos técnicos*. Tradução: Vera Ribeiro. Rio de Janeiro: Contraponto, 2020.

_____. *L'individuation à la lumière des notions de forme et d'information - préface de Jacques Garelli*. Grenoble: J. Millon, 2013.

_____. *Du mode d'existence des objets techniques*. Paris: Aubier, 1989.

_____. Alagmática. In: *A individuação à luz das noções de forma e de informação*. Tradução: Luís Eduardo Ponciano Aragon e Guilherme Ivo. São Paulo: Editora 34, 2020.

_____. Nota complementar sobre as consequências da noção de individuação. In: SIMONDON, G. *A individuação à luz das noções de forma e de informação*. Tradução: Luís Eduardo Ponciano Aragon e Guilherme Ivo. São Paulo: Editora 34, 2020.

_____. Forma, informação e potenciais. In: SIMONDON, G. *A individuação à luz das noções de forma e de informação*. Tradução: Luís Eduardo Ponciano Aragon e Guilherme Ivo. São Paulo: Editora 34, 2020.

_____. *A amplificação nos processos de informação*. Tradução: Pedro Peixoto Ferreira e Evandro Smarieri. Trans/Form/Ação, Marília, v. 43, n. 1, p. 283-300, Jan./Mar., 2020. Disponível em: https://revistas.marilia.unesp.br/index.php/transformacao/article/view/8165.

_____. *Communication et information: cours et conférences - édition établie par Nathalie Simondon et présentée par Jean-Yves Chateau*. Chatou: Editions de la Transparence, 2010.

_____. Culture et technique. In: SIMONDON, G. *Sur la technique (1953-1983)*. Paris: PUF, 2014.

_____. *Cours sur la perception: 1964-1965 - préface de Renaud Barbaras.* Chatou: Les Éditions de La Transparence, 2006.

_____. Historie de la notion d'individu. In: SIMONDON, G. *L'individuation à la lumière des notions de forme et d'information - préface de Jacques Garelli.* Grenoble: J. Millon, 2013.

_____. *L'invention dans les techniques: cours et conférences - édition établie et présentée par Jean-Yves Chateau.* Paris: Seuil, 2005.

_____. *Imagination et Invention (1965-1966).* Chatou: Les Éditions de La Transparence, 2008.

_____. *Dos lecciones sobre el animal y el hombre - traducción y edición técnica Tola Pizarro y Adrián Cangi; presentación de Jean-Yves Château; Postfacio de Adrián Cangi.* Buenos Aires: Ediciones La Cebra, 2008.

_____. *Sur la psychologie (1956-1967).* Paris: PUF, 2015.

_____. *Sur la technique (1953-1983).* Paris: PUF, 2014.

Outras:

AGUIRRE, G. Simondon como educador: una lectura transductiva en clave latinoamericana. In: BLANCO, J.; PARENTE, D.; RODRÍGUEZ, P.; VACCARI, A. (coords.) *Amar a las máquinas – cultura y técnica en Gilbert Simondon.* Buenos Aires: Prometeo Libros, 2015.

ATLAN, H. *A organização biológica e a teoria da informação.* Lisboa: Instituto Piaget, 2009.

BADIOU, A. *A República de Platão recontada por Alain Badiou.* Rio de Janeiro: Zahar, 2014.

BARDIN, A. *Epistemology and Political Philosophy in Gilbert Simondon – Individuation, Technics, Social Systems.* London: Springer, 2015.

_____. De l'homme à la matière: pour une "ontologia difficile". Marx avec Simondon. In: BARTHÉLÉMY, J-H, (dir.) *Cahiers Simondon – numéro 5.* Paris: L'Harmattan, 2013.

_____. Sobre a tecnicidade da filosofia: a obra de Simondon à luz da Note Complémentaire. In: *Revista Eco Pós*, Rio de Janeiro, 2017, v. 20, n. 1.

BARTHÉLÉMY, J-H. *Simondon ou l'encyclopédisme génétique.* Paris: Presses Universitaires de France, 2008.

_____. Du mort qui saisit le vif. Sur l'actualité de l'ontologie simondonienne. In: In: BARTHÉLÉMY, J-H, (dir.) *Cahiers Simondon – numéro 1*. Paris: L'Harmattan, 2009.

_____. GLOSSAIRE SIMONDON: lês 50 grandes entrées dans l'oeuvre". In: *Cahiers Simondon – numéro 5*. Paris: L'Harmattan, 2013.

_____. Glossary: Fifty Key Terms in The Works of Gilbert Simondon. In: DE BOEVER, A.; MURRAY, A.; ROFFE, J.; WOODWARD, A. (ed.) *Gilbert Simondon: being and technology*. Cheshire: Edinburgh University Press, 2012.

_____. *Penser l'individuation: Simondon et la philosophie de la nature - préface de Jean-Claude Beaune*. Paris: L' Harmattan, 2005.

_____. Simondon et la question éthique. In: BARTHÉLÉMY, J-H, (dir.) *Cahiers Simondon – numéro 1*. Paris: L'Harmattan, 2009.

_____. D'une rencontre fertile de Bergson et Bachelard: l'ontologie génétique de Simondon, In: WORMS, F.; WUNENBURGER, J-J., *Bachelard et Bergson – continuité et discontinuité?* Paris: PUF, 2006.

_____. *Life Technology: An Inquiry Into and Beyond Simondon*. London: Meson Press, 2015.

_____. *Penser l'individuation: Simondon et la philosophie de la nature - préface de Jean-Claude Beaune*. Paris: L' Harmattan, 2005.

_____. *Penser la connaissance et la technique après Simondon* / Jean-Hugues Barthélémy. Paris: Éditions L' Harmattan, 1982.

_____. (dir.) *Cahiers Simondon – numéro 1*. Paris: L'Harmattan, 2009.

_____. (dir.) *Cahiers Simondon – numéro 2*. Paris: L'Harmattan, 2010.

_____. (dir.) *Cahiers Simondon – numéro 3*. Paris: L'Harmattan, 2011.

_____. (dir.) *Cahiers Simondon – numéro 4*. Paris: L'Harmattan, 2012.

_____. (dir.) *Cahiers Simondon – numéro 5*. Paris: L'Harmattan, 2013.

_____. (dir.) *Cahiers Simondon – numéro 6*. Paris: L'Harmattan, 2015.

BERGSON, H. *As duas fontes da Moral e da Religião*. Tradução: Nathanael C. Caixeiro. Rio de Janeiro: Zahar, 1978.

_____. *Matéria e Memória*. Tradução: Paulo Neves. São Paulo: Editora WMF Martins Fontes, 2011.

_____. *O pensamento e o movente*. Tradução: Bento Prado Neto. São Paulo: Martins Fontes, 2006.

BLANCO, J.; PARENTE, D.; RODRÍGUEZ, P.; VACCARI, A. (coords.) *Amar a las máquinas – cultura y técnica en Gilbert Simondon*. Buenos Aires: Prometeo Libros, 2015.

BLANCO, J.; RODRÍGUEZ, P. Sobre la fuerza y la actualidad de la teoria simondoniana de la información. In: BLANCO, J.; PARENTE, D.; RODRÍGUEZ, P.; VACCARI, A. (coords.) *Amar a las máquinas – cultura y técnica en Gilbert Simondon*. Buenos Aires: Prometeo Libros, 2015.

BONTEMS, V. Esclaves et machines, même combat! L'aliénation selon Marx et Simondon. In: BARTHÉLÉMY, J-H, (dir.) *Cahiers Simondon – numéro 5*. Paris: L'Harmattan, 2013.

_____. Por que Simondon? A trajetória e a obra de Gilbert Simondon. *Revista Eco Pós*, Rio de Janeiro, 2017, v. 20, n. 1.

CANGI, A. *Deleuze: una introducción*. Buenos Aires: Quadrata, 2011.

CANGUILHEM, G. *O normal e o patológico*. Rio de Janeiro: Forense Universitária, 2011.

_____. *O conhecimento da vida*. Rio de Janeiro: Forense Universitária, 2012.

_____. Traité de Logique et de Morale. In: CANGUILHEM, G. *Oeuvres Complètes – tome I*. Paris: Librairie Philosophique J. Vrin, 2011.

CHABOT, P. *The Philosophy of Simondon – between technology and individuation*. New York: Bloomsbury, 2003.

CHATEAU, J-Y. *Le vocabulaire Simondon*. Paris: Ellipses, 2008.

_____. Présentation: Communication et Information dans l'oeuvre de Gilbert Simondon. In: SIMONDON, G. *Communication et information: cours et conférences - édition établie par Nathalie Simondon et présentée par Jean-Yves Chateau*. Chatou: Editions de la Transparence, 2010.

COMBES, M. *Gilbert Simondon and the Philosophy of the Transindividual*. Cambridge: The MIT Press Massachusetts, 2013.

_____. *La vie inséparée – Vie et sujet au temps de la biopolitique. Préface d'Isabelle Stengers*. Paris: Éditions Dittmar, 2015.

_____. Uma vida por nascer. In: *Revista Eco Pós*, 2017, v. 20, n. 1.

DARDOT, P.; LAVAL, C. *A nova razão do mundo: ensaio sobre a sociedade neoliberal*. São Paulo: Boitempo, 2016.

DE BOEVER, A.; MURRAY, A.; ROFFE, J.; WOODWARD, A. (ed.) *Gilbert Simondon: being and technology*. Cheshire: Edinburgh University Press, 2012.

DELEUZE, G. Gilbert Simondon, O indivíduo e sua gênese físico-biológica. Tradução Luiz B. L. Orlandi. In: *Ilha Deserta: e outros textos*. São Paulo: Iluminuras, 2006.

_____. *Post-scriptum* sobre as sociedades de controle. In: DELEUZE, G. *Conversações* (1972-1990). São Paulo: Ed. 34, 2010.

DELEUZE, G.; GUATTARI, F. *Mil Platôs: capitalismo e esquizofrenia, vol. 4.* Tradução: Suely Rolnik. São Paulo: Ed. 34, 2008.

_____. *O que é a filosofia?* Tradução: Bento Prado Jr. e Alberto Alonso Muñoz. Rio de Janeiro: Ed. 34, 2010.

DUHEM, L. La tache aveugle et le point neutre (Sur le Double "faux départ" de l'esthétique de Simondon). In: BARTHÉLÉMY, J-H, (dir.) *Cahiers Simondon – numéro 1*. Paris: L'Harmattan, 2009.

_____. Apeiron et Physis. Simondon transducteur dês présocratiques. In: BARTHÉLÉMY, J-H, (dir.) *Cahiers Simondon – numéro 4*. Paris: L'Harmattan, 2012.

FERNÁNDEZ, M. *Teorías*. Buenos Aires: Ediciones Corregidor, 1974.

FANON, F. *Peles negras máscaras brancas*. Salvador: EDUFBA, 2008.

FERREIRA, P. Reticulações: ação-rede em Latour e Simondon. In: *Revista Eco Pós*, Rio de Janeiro, 2017, v. 20, n. 1.

FRANCO, F. *A natureza das normas: o vital e o social na filosofia de Georges Canguilhem*. Dissertação defendida em 2012 pela Faculdade de Filosofia, Letras e Ciências Humanas da Universidade de São Paulo.

GUCHET, X. *Pour un humanisme technologique: culture, technique et société dans la philosophie de Gilbert Simondon*. Paris: Presses Universities de France, 2010.

HARAWAY, D. Manifesto ciborgue. In: TADEU, T. (org.) *Antropologia do ciborgue: as vertigens do pós-humano*. Belo Horizonte: Autêntica, 2016.

HARDT, M.; NEGRI, A. *Declaração – Isto não é um manifesto*. Tradução: Carlos Szlak. São Paulo: N-1 Edições, 2014.

HEREDIA, J.M. *Simondon como índice de uma problemática epocal*. Tese defendida em 2017, Faculdade de Filosofía y Letras de la Universidade de Buenos Aires. (inédito, trabalho compartilhado para leitura pelo autor da tese).

_____. Técnica y transindividualidad. In: BLANCO, J.; PARENTE, D.; RODRÍGUEZ, P.; VACCARI, A. (coords.) *Amar a las máquinas – cultura y técnica en Gilbert Simondon*. Buenos Aires: Prometeo Libros, 2015.

HOTTOIS, G. *Simondon et la philosophie de la "culture technique"*. Bruxeles: Le Point Philosophique, 1993.

JANKÉLÉVITCH, V. *Curso de Filosofia Moral*. Tradução: Eduardo Brandão. São Paulo: Martins Fontes, 2008.

_____. V. *O Paradoxo da Moral*. Tradução: Eduardo Brandão. São Paulo: Martins Fontes, 2008.

JUGNON, A. *Nietzsche et Simondon – le théâtre du vivant*. Paris: Éditions Dittmar, 2010.

LECOURT, D. The Question of the Individual in Georges Canguilhem and Gilbert Simondon. In: DE BOEVER, A.; MURRAY, A.; ROFFE, J.; WOODWARD, A. (ed.) *Gilbert Simondon: being and technology*. Cheshire: Edinburgh University Press, 2012.

LEOPOLDO E SILVA, F. *Descartes: a Metafísica da Modernidade*. São Paulo: Ed. Saraiva, 1993.

LIBERTELLA, H. *Las sagradas escrituras*. Buenos Aires: Editorial Sudamericana, 1993.

MARGAIRAZ, S. De l'intuition à la transduction: par-delà la valeur heuristique de l'analogie. Une interprétation de la filiation entre Bergson et Simondon. In: BARTHÉLÉMY, J-H, (dir.) *Cahiers Simondon – numéro 2*. Paris: L'Harmattan, 2010.

MARGAIRAZ, S.; RABACHOU, J. De la génération à l'ontogenèse: le préindividuel et la puissance chez Simondon et Aristote. In: BARTHÉLÉMY, J-H, (dir.) *Cahiers Simondon – numéro 4*. Paris: L'Harmattan, 2012.

MERLEAU-PONTY, M. *A estrutura do comportamento*. Tradução: Márcia Valéria Martinez de Aguiar. São Paulo: Martins Fontes, 2006.

_____. *Fenomelogia da Percepção*. Tradução: Carlos Alberto Ribeiro de Moura. São Paulo: WMF Martins Fontes, 2015.

_____. *O visível e o invisível*. Tradução: José Artur Gianotti e Armando Mora d'Oliveira. São Paulo: Perspectiva, 2012.

_____. *A natureza*. Tradução: Álvaro Cabral. São Paulo: Martins Fontes, 2000.

OLIVEIRA, E. *Filosofia da Ancestralidade*. Curitiba: Editora Gráfica Popular, 2007.

ORLANDI, L. *O indivíduo e sua implexa pré-indivdualidade*. Tradução: Ivana Medeiros. In: *O reencantamento do concreto*. Cadernos de Subjetividade. São Paulo: Hucitec, 1993.

ORTIZ, N. La experiencia del mundo, su expasión y la escritura. La estética según Gilbert Simondon. In: BLANCO, J.; PARENTE, D.; RODRÍGUEZ, P.; VACCARI, A. (coords.) *Amar a las máquinas – cultura y técnica en Gilbert Simondon*. Buenos Aires: Prometeo Libros, 2015.

PLATÃO. *A república*. Tradução: Anna Lia Amaral de Almeida Prado. São Paulo: Martins Fontes, 2006.

PELBART, P. *O avesso do niilismo – Cartografias do esgotamento*. São Paulo: N-1 Edições, 2013.

PRADO JÚNIOR, B. *Presença e campo transcendental: consciência e negatividade na filosofia de Bergson*. São Paulo: Editora da Universidade de São Paulo, 1988.

RAMOS, S. *A prosa de Dora: Uma leitura da articulação entre natureza e cultura na filosofia de Merleau-Ponty*. São Paulo: Editora da Universidade de São Paulo, 2013.

_____. Ensaio sobre a prudência em Aristóteles. In: BIRCHAL, Telma de Souza; THEOBALDO, Maria Cristina, (Org.). *Espaços de Liberdade: Homenagem a Sérgio Cardoso*. Cuiabá: EduFMT, 2018, p. 55-70.

RODRÍGUEZ, P. *Las palabras en las cosas: saber, poder y subjetivación entre algoritmos y biomoléculas*. Ciudad Autónoma de Buenos Aires: Cactus, 2019.

_____. *Prólogo. Individuar. De cristales, esponjas y afectos*. In: SIMONDON, G. *La individuación a la luz de las nociones de forma y de información*. Buenos Aires: Ediciones La Cebra y Editorial Cactus, 2009.

_____. Extrálogo. In: TIQQUN. *La hipótesis cibernética*. Buenos Aires: Hekht Libros, 2015.

_____. *Historia de la información: del nacimiento de la estadística y la matemática moderna a los medios masivos y las comunidades virtuales*. Buenos Aires: Capital Intelectual, 2012.

RUYER, R. *Filosofía del Valor*. México: Fondo de Cultura Económica, 1969.

_____. *A cibernética e a origem da informação*. Tradução: Maria Helena Kuhner. Rio de Janeiro: Paz e Terra, 1972.

SAFATLE, V. *Cinismo e a falência da crítica*. São Paulo: Boitempo Editorial, 2008.

SAUVAGNARGUES, A. *Crystals and Membranes: Individuation and Temporality*. In: DE BOEVER, A.; MURRAY, A.; ROFFE, J.; WOODWARD, A. (ed.) *Gilbert Simondon: being and technology*. Cheshire: Edinburgh University Press, 2012.

SCOTT, D. *Gilbert Simondon's Psychic and Collective Individuation*. London: Edinburgh Universtity Press, 2014.

SERRES, M. *Tempo de crise – o que a crise financeira trouxe à tona e como reinventar nossa vida e o futuro*. Rio de Janeiro: Bertrand Brasil, 2017.

SPIVAK, G. *Pode o subalterno falar?* Belo Horizonte: Editora UFMG, 2010.

TIQQUN. *La hipótesis cibernética*. Buenos Aires: Hekht Libros, 2015.

UEXKÜLL, J. *Andanzas por los Mundos circundantes – de los animales a los hombres*. Buenos Aires: Cactus, 2016.

VILALTA, L. *A criação do devir: ética e ontogênese na filosofia de Gilbert Simondon*. Dissertação defendida em 2017 pela Faculdade de Filosofia, Letras e Ciências Humanas da Universidade de São Paulo.

_____. *Ciberexistência – bem-vindo ao mundo dos cíbridos. AVATARES de la comunicación y la cultura*, n. 15 (junio 2018), disponível em: http://ppct.caicyt.gov.ar/index.php/avatares/article/view/13008/pdf.

_____. O neoliberalismo é uma governamentalidade algorítmica. *Lacuna: uma revista de psicanálise*. São Paulo, n. -9, p. 7, 2020, disponível em https://revistalacuna.com/2020/07/12/n-9-07/.

_____. El cerebro en individuación. *Reflexiones Marginales, saberes de frontera - Revista de la facultad de filosofía y letras UNAM*, v. 48, 2018, disponível em https://revista.reflexionesmarginales.com/el-cerebro-en-individuacion/.

_____. Quem o cérebro pensa que é? *DOIS PONTOS* (UFPR) DIGITAL, v. 16, 2019, disponível em: https://revistas.ufpr.br/doispontos/article/view/70255.

_____. Modos de existencia de los objetos digitales - aperturas simondonianas para una arqueogénesis de la información y una genealogía de lo digital. In: CONGOTE, Lina Marcela Gil. (Org.). *Individuación, tecnología y formación - Simondon: en debate*. 1ed. Antioqui: Editorial Aula de Humanidades, 2020.

VIRNO, P. *Cuando el verbo se hace carne – lenguaje y naturaleza humana*. Buenos Aires: Ediciones Tinta Limón, 2009.

_____. *Y así sucesivamente al infinito*. Buenos Aires: Fondo de Cultura Económica, 2013.

VV. AA. *El concepto de información en la ciencia contemporánea – Colóquios de Royaumont*. México: Siglo XXI Editores, 1966.

WIENER, N. *Cibernética e sociedade – O uso humano de seres humanos*. São Paulo: Cultrix, s.d.

_____. *Cibernética: ou o controle e comunicação no animal e na máquina*. São Paulo: Perspectiva, 2017.

Agradecimentos

A: Foram tantos os que faltaram que se faltar mais um não vai caber.
B: E quem faltou por último?
(*Para uma teoria da Humorística*. Macedonio Fernández).

Este livro foi construído a partir de minha dissertação de mestrado defendida no Departamento de Filosofia pela Faculdade de Filosofia, Letras e Ciências Humanas da Universidade de São Paulo em 2017. Ali, a seção de agradecimentos abria o texto como que anunciando o fim de um ciclo. Não faltou gratidão para manifestar e tanto faltou que chegou a não caber...[1] Ali dizia que "com a multiplicação das teses acadêmicas, certamente, padecemos de um *boom* estatístico de leitores de agradecimentos". Aqui pretendo ater-me ao gênero livro – trabalho lento, solitário, silencioso e transindividual.

Em primeiro lugar, agradeço a minha companheira Mariana Morato Marques pelo apoio e incentivo para transformar aquela pesquisa neste livro – que só foi possível pois nasceu do amor, do companheirismo, da parceria, das conversas, enfim, de nossa vida comum. Com ela, agradeço também ao Gu e a Lobinha por serem minha família e povoarem a casa que eu chamo de lar. Com eles, meus pais aos quais nunca conseguirei manifestar suficientemente meu amor e minha gratidão. E com eles toda a família – em especial minha vó Luiza – e a família da Mari que passei a também chamar de minha. A minha família espiritual: Babaala, Babá Arruda, Ya Sandra Carminholi, Babalaô Fábio Ifagunwá, e todos e todas

---

1   Para outros agradecimentos, ver: VILALTA, L. *A criação do devir: ética e ontogênese na filosofia de Gilbert Simondon*. Dissertação defendida em 2017 pela Faculdade de Filosofia, Letras e Ciências Humanas da Universidade de São Paulo. Disponível em: https://teses.usp.br/teses/disponiveis/8/8133/tde-11042018-160953/pt-br.php.

do Terreiro de Umbanda Filhos de Aruanda/ Ilê Axé Egbé Igburuinã, pelo caminho do orixá e pela filosofia macumbeira. A todos e todas da Aurora dos Navegantes de Todos os Santos pela folha, o cipó e a densidade espiritual da Floresta que me foi revelada. A Beatriz Chnaiderman, Clara Figueiredo, Fábio Franco, Rafael Schincariol, Antonio Arruda e Isadora Krieger pela amizade: fonte inesgotável de realidade pré-individual – devo mais a vocês o que se encontra neste livro do que seria capaz de expressar. Aos amigos e colegas do Instituto Vladimir Herzog, pela memória e pelo valor. Aos queridos amigos que me apresentaram um Simondon maravilhoso e encantado, Pablo Manolo Rodríguez, Natalia Ortiz Maldonado e Gonzalo Aguirre. Aos amigos brasileiros com quem encantamos um Simondon macumbeiro, Thiago Novaes, Evandro Smarieri, Maria Fernanda Novo, Carol Peres, Herivelto Souza; e aos latino-americanos com que tanto aprendi, Juan Manuel Heredia, Jorge Montoya, Lina Marcela Gil Congote, Javier Blanco, Cristóbal Durán, Felipe Kong, Fernanda Bruno, Dina Czeresnia, Paula Sibilia, Claudinei Biazoli, Pedro Ferreira, Diego Viana, Henrique Parra, Luiz Orlandi, Paulo Vieira, entre tantos outros e outras que fazem parte da Rede Latino-americana de Estudos Simondonianos (Relés). A Lula Mari, Ariel Pennisi e Adrián Cangi, pela amizade, pensamento intempestivo e paixão política. A Bruna Coelho, Eduardo Socha, Pedro Arantes, Beto Propheta, Rogério Giorgion, e outros amigos e amigas com quem fui aprendendo tanto. Aos colegas do Grupo de Estudos Política & Subjetividades (GEPS), do Grupo de Estudos Espinosanos, do grupo de estudos do prof. Vladimir Safatle e dos almoços na casa do Ronaldo, com quem pude discutir muitos dos desenvolvimentos das pesquisas que deram origem a este livro. A Marilena Chaui, pela generosidade. A Silvana de Souza Ramos, minha orientadora, pelo prefácio deste livro e por seguir me colocando precisos e preciosos problemas que mantém minhas pesquisas em individuação. A CAPES pela bolsa de pesquisa que permitiu a realização desse trabalho. Aos editores, Joana Monteleone e Haroldo Ceravolo Sereza, por terem acreditado neste livro. À leitora e ao leitor que me acompanhou nessa viagem – ou que está prestes a embarcar.

Alameda nas redes sociais:

Site: www.alamedaeditorial.com.br
Facebook.com/alamedaeditorial/
Twitter.com/editoraalameda
Instagram.com/editora_alameda/

Esta obra foi impressa em São Paulo no inverno de 2021. No texto foi utilizada a fonte Adobe Garamind Pro em corpo 11,6 e entrelinha de 16,5 pontos.